DE QUELLE SOURCE A DONC RAYONNÉ LA BEAUTÉ D'HÉLÈNE QUI FUT L'OBJET DE TANT DE COMBATS, OU DE TOUTES CES FEMMES DONT LA BEAUTÉ EST SEMBLABLE À CELLE D'APHRODITE ? ET DE FAIT, D'OÙ VIENT AUSSI LA BEAUTÉ D'APHRODITE ELLE-MÊME, OU DE TOUT ÊTRE HUMAIN TOTALEMENT BEAU, OU ENCORE DE L'UN DE CES DIEUX QUI ONT PU SE PRÉSENTER À NOTRE VISION OU DE CEUX QUI, MÊME S'ILS NE SE PRÉSENTENT PAS, ONT EN EUX UNE BEAUTÉ QUI POURRAIT ÊTRE VUE ?

LES ÉCRITS DE PLOTIN

LES ÉCRITS DE PLOTIN

COLLECTION FONDÉE PAR PIERRE HADOT

BIBLIOTHÈQUE DES TEXTES PHILOSOPHIQUES

LES ÉCRITS DE PLOTIN

PLOTIN

TRAITÉ 31

V, 8

SUR LA BEAUTÉ INTELLIGIBLE

Introduction, traduction, commentaire et notes
par

Anne-Lise Darras-Worms

Ouvrage publié avec le concours du laboratoire ÉRIAC
(Équipe de Recherche Interdisciplinaire sur les Aires Culturelles, EA 4705)
Université de Rouen Normandie
Normandie Université, UNIROUEN, ERIAC, 76000 Rouen, France

PARIS
LIBRAIRIE PHILOSOPHIQUE J. VRIN
6, place de la Sorbonne, V[e]

2018

À la Librairie philosophique J. Vrin

Triaté 20 (I, 3). *Sur la dialectique*, introduction, traduction, commentaire et notes par Jean-Baptiste Gourinat, 2016

Imprimé en France

ISSN 0249-7972
ISBN 978-2-7116-2823-0
www.vrin.fr

À la mémoire de Pierre Hadot

Une première version de cet ouvrage a été présentée au mois de décembre 2013, à l'Université de Strasbourg, dans le cadre d'une Habilitation à diriger des recherches dont le garant était Laurent Pernot, devant un jury dont les autres membres étaient Philippe Hoffmann, Filip Karfík, Yves Lehmann, Alexandrine Schniewind, Ruth Webb et Marie-Anne Zagdoun. Je dois beaucoup à leur lecture ainsi qu'aux discussions qui ont eu lieu lors de la soutenance, à celles qui l'ont précédée ou l'ont suivie. Je n'oublie pas non plus les échanges antérieurs à propos de Plotin au Centre de recherche philologique de l'Université de Lille-III, notamment avec André Laks, Alain Lernould et Philippe Rousseau.

Je remercie la Librairie Philosophique J. Vrin non seulement pour la publication de cet ouvrage mais aussi pour la reprise de la collection « Les Écrits de Plotin », fondée par Pierre Hadot en 1988, et suis profondément reconnaissante envers Gwenaëlle Aubry et Dominic O'Meara pour leur relecture et leurs conseils.

Toute ma gratitude va enfin à l'Équipe de Recherche Interdisciplinaire sur les Aires Culturelles de l'Université de Rouen Normandie et à son directeur, Miguel Olmos, qui ont soutenu ce travail, ainsi qu'à tous ceux qui l'ont suivi de près, Catherine Baroin, Isabelle Gassino, Emmanuel Lascoux, Angela Longo, Estelle Oudot et Luciana Soares.

Anne-Lise Darras-Worms
Paris, juillet 2017

TABLE DE CORRESPONDANCES

Ordre des Ennéades → Ordre chronologique

Enn.	Chron.	Enn.	Chron.	Enn.	Chron.	Enn.	Chron.	Enn.	Chron.	Enn.	Chron.
I 1	53	II 1	40	III 1	3	IV 1	21	V 1	10	VI 1	42
2	19	2	14	2	47	2	4	2	11	2	43
3	20	3	52	3	48	3	27	3	49	3	44
4	46	4	12	4	15	4	28	4	7	4	22
5	36	5	25	5	50	5	29	5	32	5	23
6	1	6	17	6	26	6	41	6	24	6	34
7	54	7	37	7	45	7	2	7	18	7	38
8	51	8	35	8	30	8	6	8	31	8	39
9	16	9	33	9	13	9	8	9	5	9	9

Ordre chronologique → Ordre des Ennéades

Chron.	Enn.	Chron.	Enn.	Chron.	Enn.	Chron.	Enn.	Chron.	Enn.	Chron.	Enn.
1	I 6	10	V 1	19	I 2	28	IV 4	37	II 7	46	I 4
2	IV 7	11	V 2	20	I 3	29	IV 5	38	VI 7	47	III 2
3	III 1	12	II 4	21	IV 1	30	III 8	39	VI 8	48	III 3
4	IV 2	13	III 9	22	VI 4	31	V 8	40	II 1	49	V 3
5	V 9	14	II 2	23	VI 5	32	V 5	41	IV 6	50	III 5
6	IV 8	15	III 4	24	V 6	33	II 9	42	VI 1	51	I 8
7	V 4	16	I 9	25	II 5	34	VI 6	43	VI 2	52	II 3
8	IV 9	17	II 6	26	III 6	35	II 8	44	VI 3	53	I 1
9	VI 9	18	V 7	27	IV 3	36	I 5	45	III 7	54	I 7

AVANT-PROPOS

Cette nouvelle traduction française de Plotin a été rendue nécessaire par les progrès que la recherche plotinienne a accomplis depuis cinquante ans. Elle propose de rendre, dans la mesure du possible, les écrits de ce philosophe accessibles au lecteur moderne, non seulement grâce à une traduction *qui essaiera, par tous les moyens utilisables, de rendre intelligible le texte d'un auteur qui, trop souvent, exprime sa pensée avec une concision désespérante, mais aussi à l'aide d'un* commentaire *qui s'efforcera de suivre pas à pas le texte en expliquant la suite des idées, le mouvement de pensée que l'on peut observer dans le Traité plotinien. Il est bien évident que la division en parties, ainsi que les titres des parties et les sous-titres, qui ont été ajoutés dans la traduction, ne sont pas de Plotin, mais nous les avons introduits pour aider le lecteur à s'orienter (la division en chapitres, qui ne correspond pas toujours exactement aux divisions de la pensée, a été faite par Marsile Ficin). L'*introduction *cherchera à donner une vue générale et synthétique sur l'ouvrage. Des* notes critiques, *en général brèves, justifieront tel ou tel choix effectué dans la traduction et indiqueront les sources littérales du texte de Plotin. Un bref* index *rassemblera pour chaque Traité les mots techniques principaux et leur traduction.*

Le texte grec *que nous traduirons sans le reproduire est celui qui a été publié par P. Henry et H.-R. Schwyzer (*editio minor, *désigné désormais par H-S*[2]*), en trois volumes, à Oxford (Clarendon Press) en 1964, 1977, 1982. Mais le lecteur pourra utiliser également l'*editio maior *de P. Henry et H.-R. Schwyzer (= H-S*[1]*), parue en trois volumes en 1951, 1959, 1973 à Paris, Bruxelles, et Leyde (Museum Lessianum, Series Philosophica, t. XXXIII-XXXV). Quand la traduction que nous proposons suppose un texte différent aussi bien de H-S*[1] *que de H-S*[2]*, nous l'avons indiqué dans les notes critiques. Mais nous n'avons pas signalé systématiquement nos divergences avec l'édition Theiler qui, à côté d'excellentes conjectures que nous avons adoptées et citées, corrige trop souvent* *le texte des manuscrits pour des raisons purement grammaticales. À ce sujet, rappelons qu'il existe une précieuse étude de la grammaire de Plotin dans l'article «* Plotinos *» de H.-R. Schwyzer dans le* Pauly-Wissowa. *Nous n'avons pas indiqué en note toutes les particularités grammaticales du style de Plotin.*

Cette traduction aura la particularité de présenter les Traités de Plotin dans leur ordre chronologique que nous connaissons grâce aux chapitres 4 à 6 de la Vie de Plotin *par son disciple Porphyre, pour les besoins de l'ordre systématique qu'il avait voulu introduire dans l'œuvre littéraire de son maître, en disposant de manière artificielle ses écrits selon le schéma de six* Ennéades.

Dans les citations de Plotin (et de la Vie de Plotin *par Porphyre), nous donnerons d'abord le numéro du Traité dans l'ordre chronologique, par exemple : 38, suivi des indications correspondant à l'ordre systématique des* Ennéades, *par exemple 38 (VI, 7), ensuite, selon l'usage habituel, les numéros des chapitres et des lignes de chapitres de l'édition Bréhier (ces lignes étant conservées telles quelles dans toutes les éditions récentes), donc, finalement, par exemple : 38 (VI, 7), 1, 1. On trouvera au début de chaque volume de la présente collection une table de correspondance entre l'ordre chronologique et l'ordre systématique.*

Pierre Hadot

STRUCTURE ET THÈMES DU TRAITÉ

I. DATE ET PLACE DU TRAITÉ DANS L'ŒUVRE DE PLOTIN

1. *Date et place du Traité dans l'édition des* **Ennéades** *par Porphyre*

D'après les reconstitutions établies par Richard Goulet dans son article sur « Le système philosophique de la Vie de Plotin »[1], Plotin a commencé à écrire en 254 ap. J.-C. soit, selon Porphyre du moins[2], dix ans après son arrivée à Rome. Le *Traité 31* aurait été rédigé pendant le séjour de Porphyre lui-même à Rome[3]. Comme celui-ci y est arrivé probablement vers 263[4] et qu'il resté, dit-il, pendant six ans auprès de son maître avant de partir en Sicile, la rédaction du *Traité 31*[5] peut donc être située dans une période allant de 263 à 268 ap. J.-C., celle de la « maturité », selon Porphyre[6].

Ce dernier, quand il a édité les écrits de Plotin, a choisi de placer celui-ci dans la cinquième *Ennéade*, qui « contient les écrits qui concernent l'Intellect ». Mais, précise-t-il, « chacun de ces livres

1. Cet article figure dans le tome I de l'ouvrage collectif *Porphyre, La Vie de Plotin*, Luc Brisson *et alii*, Paris, Vrin, 1982, p. 187-227. Sauf mention contraire, nous citons le texte de Porphyre dans la traduction de ces auteurs.

2. *Vie de Plotin*, 4, 9 *sq*.

3. *Vie de Plotin*, 5, 1-6.

4. *Cf.* R. Goulet, « Le système philosophique de la Vie de Plotin », art. cit., p. 218.

5. Celui-ci ainsi que vingt-quatre autres, toujours selon Porphyre (chap. 5).

6. *Vie de Plotin*, 6, 28-29.

contient dans certains passages <des sujets> et sur ce qui est au-delà et sur l'intellect dans l'âme et sur les idées »[1]. Le *Traité 31* (V, 8) occupe la huitième place, entre le *Traité 18* (V, 7), intitulé « Sur la question de savoir s'il y a des formes même des êtres individuels » et le *Traité 5* (V, 9), qui a pour titre « Sur l'Intellect, les Idées et l'Être ». Dans le *Traité 18*, très court, Plotin critique certains platoniciens qui, même s'ils admettent, comme les Stoïciens et contre Aristote, que l'individuation résulte de la forme, et non de la matière, n'en concluent pas pour autant qu'il existe des formes des êtres individuels. L'objection essentielle de Plotin réside dans le fait que toutes les âmes contiennent en elles les mêmes *logoi* et que l'individuation s'explique par la prépondérance, en une âme donnée, de tel ou tel *logos*. Dans le *Traité 5*, Plotin soutient trois thèses essentielles : il existe bien un Intellect séparé; l'Intellect est tous les êtres; les objets de l'Intellect sont les Idées. De ces deux traités, c'est sans doute le second, le *Traité 5*, qui contient les points de contact les plus importants avec le *Traité 31*. Dans les chapitres 9 et 10 en particulier, la conception des Idées ou des Formes, du monde intelligible et de leurs relations avec l'Intellect est très proche de celle qui est développée en plusieurs passages du *Traité 31* (principalement les chapitres 4 et 8). Or ce traité fut l'un des premiers que rédigea Plotin, puisqu'il est le cinquième dans l'ordre chronologique de rédaction. On constate ainsi que non seulement le classement effectué par Porphyre, mais aussi la thèse d'une évolution de la pensée de Plotin, soutenue par certains commentateurs[2], peuvent être l'un et l'autre sujets à caution, au moins sur certaines questions. En effet, en ce qui concerne plus spécifiquement l'édition de Porphyre, la lecture du *Traité 31* confirme, certes, l'observation formulée au

1. *Vie de Plotin*, 25, 32-35.

2. Celle-ci est soutenue principalement et de façon quasi systématique par P.A. Meijer (ainsi dans son étude du *Traité 9*, *Plotinus on the Good or the One (Enneads VI, 9), An Analytical Commentary*, Amsterdam, 1992) et plus récemment par J.-M. Narbonne, *cf.* « Les écrits de Plotin, genre littéraire et développement de l'œuvre », *Laval philosophique et théologique*, vol. 64, n° 3, 2008 ainsi que le chapitre intitulé « Le développement de l'œuvre », dans l'introduction aux *Œuvres complètes* de Plotin, Paris, Les Belles Lettres, 2012.

chapitre 25 de la *Vie de Plotin* à propos des écrits contenus dans la cinquième *Ennéade* : « chacun de ces livres », dit Porphyre, « contient dans certains passages <des sujets> et sur ce qui est au-delà et sur l'intellect dans l'âme et sur les idées ». Mais cette observation perd de sa pertinence dès lors qu'on la replace dans une perspective d'ensemble de la philosophie plotinienne : il est inévitable que tout développement portant sur l'Intellect aborde les relations de celui-ci avec le niveau inférieur, l'Âme, et le niveau supérieur, l'Un ou le Bien. La même observation pourrait tout autant s'appliquer aux écrits de la sixième *Ennéade* ou même au premier traité rédigé par Plotin, « Sur le Beau », dont la proximité avec le *Traité 31* est certaine.

2. *Place du* Traité 31 *dans l'ordre chronologique des Traités : la « tétralogie anti-gnostique »*

Porphyre retrace cependant aussi, au chapitre 16 de la *Vie de Plotin*, l'ordre chronologique de rédaction des traités. Plusieurs commentateurs [1] ont ainsi pu formuler la thèse suivante : le traité « Sur la Beauté intelligible » faisait probablement partie d'un écrit plus vaste, constitué de quatre traités que Porphyre aurait répartis dans trois des six tomes des *Ennéades* pour les besoins de l'édition "raisonnée" des écrits de son maître. Il s'agit des traités *30* (III, 8), *Sur la contemplation, 31* (V, 8), *Sur la beauté intelligible, 32* (V, 5), *Sur l'Intellect et que les intelligibles ne sont pas hors de l'Intellect, et sur le Bien* et *33* (II, 9), *Contre les Gnostiques* [2]. On y repère en effet une étroite communauté de thèmes, de thèses, d'objections, de critiques et d'argumentations laissant penser que cet écrit unique avait pour principal objectif de réfuter les

1. À la suite de R. Harder, dans l'article intitulé « Eine neue Schrift Plotins », *Hermes Zeiteschrift für Klassique Philologie*, 71, 1936, p. 1-10, V. Cilento, C. Elsas, F. García Bazán et C. Guerra ont soutenu cette thèse, réfutée cependant en particulier par A. M. Wolters et R. Dufour (voir les références bibliographiques à la fin de l'ouvrage).

2. Comme le précise Porphyre au chapitre 4 (4, 16-19) de la *Vie de Plotin*, les titres ne sont pas de Plotin : « ces écrits, faute d'un titre donné par Plotin, en recevaient de chacun un différent ». Porphyre a donc indiqué les titres « qui ont prévalu ».

doctrines des Gnostiques, dont certains faisaient partie de l'auditoire régulier de Plotin [1].

Dans une communication inédite [2] intitulée « Les Traités 30-33 constituent-ils un grand écrit dirigé contre les Gnostiques ? », Pierre Hadot s'appuie en particulier sur les travaux de Richard Harder [3] pour montrer plus spécifiquement en quoi la cohérence de l'ensemble tient à la visée résolument polémique adoptée par Plotin. Certes, comme le soulignent nombre de commentateurs [4], ce n'est pas dans ce seul écrit que Plotin s'est opposé aux Gnostiques et l'on trouve, disséminées dans l'ensemble de l'œuvre, des traces évidentes de la polémique avec ses principaux adversaires. Mais c'est dans la tétralogie que son opposition frontale se manifeste le plus clairement.

Pierre Hadot montre en outre que les traités *30*, *31* et *32* constituent « comme une sorte d'écrit préparatoire au *Traité 33*, dans lequel Plotin expose les principes fondamentaux qui fondent son opposition au gnosticisme ». Son argumentation se fonde principalement sur « deux faits indiscutables : d'une part, les *Traités* 30-32 annoncent le *Traité 33* par les multiples allusions qu'ils font aux opinions gnostiques, d'autre part, le premier chapitre du *Traité 33* résume, dans la perspective d'une polémique anti-gnostique, le contenu des *Traités* 30-32 ». Les trois premiers traités ont aussi en commun d'avoir pour sujet fondamental l'Intellect, l'Un, et leur relation, tandis que la question de l'Âme est reléguée au second plan. Ils sont plus spécifiquement « formés par l'entrelacement entre six thèmes plus ou moins récurrents : l'Intellect comme *theôria*, comme Beauté, comme *sophia*, comme Vérité [5], l'Un comme au-delà de l'Intellect et l'évocation,

---

1. Voir l'article M. Tardieu, « Les Gnostiques dans la *Vie de Plotin* », dans l'ouvrage collectif *Porphyre, La Vie de Plotin*, Luc Brisson *et alii*, Vrin, Paris, 1982, t. II, p. 503-546.

2. Cette communication a été présentée lors du colloque consacré aux « Thèmes et problèmes du *Traité 33* », qui s'est tenu au Collège de France en juin 2005.

3. R. Harder, « Eine neue Schrift Plotins », *Hermes Zeiteschrift für Klassique Philologie*, 71, 1936, p. 1-10.

4. Voir l'étude de J.-M. Narbonne, *Plotinus in Dialogue with the Gnostics*, Leiden-Boston, Brill, 2011.

5. Ces thèmes sont présents dans chacun des trois premiers traités, mais la définition de l'Intellect comme « contemplation » (*théôria*) est plus spécifiquement analysée et

reprise dans chacun des traités, du mythe hésiodique d'Ouranos, Cronos et Zeus, qui représentent l'Un, l'Intellect et l'Âme ».

D'autres liens encore unissent chacun de ces écrits. Le thème de la lumière, cette lumière continue qui irradie depuis l'Intellect jusqu'aux niveaux inférieurs de la réalité sensible et révèle, par la présence lumineuse de la forme, la continuité d'un monde à l'autre, est ainsi un autre thème commun (*cf.* par exemple *31*, 3, 4-6 et 33, 2, 16-18 ou *33*, 3, 1-3). On trouve de même des conceptions similaires, à propos de l'art, dans les chapitres 1 du *Traité 31* d'une part, 1 et 12 du *Traité 33* d'autre part. Le chapitre 13 du *Traité 33* permet, quant à lui, d'élucider certaines assertions contenues dans le *Traité 31* à propos des astres ou des dieux intelligibles. Enfin, la description, en *33*, 16, 39-56, des émotions que l'on peut éprouver devant la beauté du monde sensible rappelle explicitement la fin du *Traité 30* et le début du *Traité 31*, dans une référence commune au *Banquet* et au *Phèdre*.

Chacun des trois premiers traités a donc une fonction à la fois précise et déterminante dans le dispositif stratégique mis en place pour répondre aux critiques des Gnostiques. De façon rapide et schématique, l'on peut dire que dans un premier temps – le *Traité 30* – Plotin développe principalement la thèse selon laquelle tout, depuis les êtres sensibles jusqu'aux réalités intelligibles et à l'Intellect lui-même, est *contemplation*. Il met ensuite en œuvre, ou plutôt en acte, à la fin du *Traité 30* puis dans l'ensemble du *Traité 31*, cette contemplation pour faire *voir* et comprendre la véritable nature de l'Intellect et du monde intelligible, comme l'indiquent à la fois les premières et les dernières phrases du traité[1]. Puis, dans un troisième temps – le *Traité 32* –, il prend appui sur la thèse de l'identité absolue des êtres intelligibles et de l'Intellect (cf. *31*, 4 et 9) pour définir cette nature unique et indivisible

---

développée dans le *Traité 30*, tandis que celle de l'Intellect comme Beauté et Sagesse (*sophia*) l'est principalement dans le *Traité 31*, et celle de l'Intellect comme Vérité dans le *Traité 32*.

1. Respectivement *31*, 1, 4-6 et 13, 22-24.

comme *vérité*[1], la situer dans la relation “hiérarchique” des trois niveaux de réalité (Un, Intellect, Âme) et faire d’elle l’émanation première de l’Un-Bien dont il a auparavant démontré l’identité.

Au sein de ce dispositif, le *Traité 31* occupe une place centrale en raison de l’enjeu que représente la question du beau dans le débat avec les Gnostiques. Plotin s’appuiera en effet, dans le *Traité 33*, sur les démonstrations et les résultats obtenus dans l’écrit préparatoire pour combattre plus ouvertement les positions gnostiques, et en particulier leur mépris du monde sensible ainsi que leur refus de considérer celui-ci comme l’image nécessairement belle d’un modèle intelligible qui est la Beauté même. C’est ce qui explique la volonté très claire, tout au long du *Traité 31*, de mettre en évidence le statut métaphysique et ontologique de celle-ci.

D’un traité à l’autre

Une étude comparative un peu plus précise des trois premiers traités de la tétralogie ne peut que renforcer la thèse d’un écrit unique.

Si l’on se penche par exemple sur les premières lignes du *Traité 31*, la continuité qui marque le passage d’un traité à l’autre est frappante : celle-ci est d’ordre conceptuel, certes, mais aussi syntaxique et même “tonale”.

Dès les premières phrases (*31*, 1, 1-6), en effet, Plotin annonce que la discussion qui va suivre s’inscrit dans le prolongement de celle du traité précédent. Introduites par la conjonction de subordination « puisque », ces phrases résument, de fait, les conclusions de la discussion antérieure, mais au moyen d’une reformulation visant à montrer que la discussion va se poursuivre dans une perspective différente : désormais explicitement située “au niveau”, si l’on peut dire, de l’Intellect, celle-ci aura pour finalité d’amener le lecteur à concevoir, autant qu’il est possible, le principe premier, l’Un, à travers

1. En *31*, 4, 1-2, il est dit en effet que « là-bas [*i.e.* dans le « lieu intelligible »], la vérité est aussi à la fois la mère, la nourrice, l’essence et la nourriture ».

l'actualisation d'une vision et d'un discours[1] dont l'objet est la *beauté* de l'Intellect et du monde intelligible. Cette discussion constitue donc une étape nouvelle dans l'argumentation générale des *Traités 30-32*, comme le montre la comparaison de ce passage, situé à la fin du dernier chapitre du *Traité 30*, avec les premières lignes du *Traité 31* :

> Puisque l'Intellect est beau, et le plus beau de tous les êtres, placé dans la pure lumière et le pur éclat, enveloppant la nature des êtres véritables – lui dont même ce monde beau d'ici-bas n'est qu'une ombre et une image –, placé dans la splendeur totale, car rien d'inintelligent, de ténébreux, de non soumis à la mesure n'est en lui, vivant une vie bienheureuse, sans nul doute la stupeur saisirait celui qui peut le voir, lui, qui s'enfonce en lui et qui ne fait qu'un avec lui, comme il faut. Exactement comme celui qui lève ses regards vers le ciel et voit les astres briller, réfléchit ensuite en lui-même à celui qui les a créés et le recherche, de même il faut aussi que celui qui contemple le monde intelligible, le voit en lui-même, et admire celui qui a créé aussi le monde de là-bas, recherche qui a fait exister un être tel que lui, où, comment il est, celui qui a engendré pareil fils, l'Intellect, belle plénitude et plénitude venue de lui ?[2].

Deux thèmes, étroitement liés et présents à la toute fin du dernier chapitre du *Traité 30*, se retrouvent très exactement au tout début du *Traité 31*. Il s'agit, d'une part, du thème de la beauté de l'Intellect, d'autre part, de celui du père de cette beauté :

> Puisque nous affirmons que celui qui a atteint la contemplation du monde intelligible et intellectuellement conçu la beauté de l'Intellect véritable sera capable d'introduire aussi dans sa pensée le *père* de celui-ci – c'est-à-dire celui qui est *au-delà de* l'Intellect –, tâchons maintenant de voir et de dire pour nous-mêmes, autant qu'il est

1. Nous usons ici à dessein du vocabulaire aristotélicien puisque, dans le dernier chapitre du *Traité 30*, s'exprime ainsi : « puisque l'Intellect est une certaine vision et une vision qui voit effectivement, elle est donc une puissance qui est passée à l'acte » (*30*, 11, 1-3). Par rapport à l'acte de voir, dont la pleine actualité est propre à l'Intellect, l'acte de dire est sans aucun doute second, il est davantage le fait de l'âme (dans sa partie supérieure) qui voit l'Intellect voyant et tâche de dire ce qu'elle voit.

2. *30*, 11, 26-38. Sauf mention contraire, les traductions de Plotin sont les nôtres.

possible de dire pareilles choses, de quelle manière l'on pourrait contempler la beauté de l'Intellect et du monde de là-bas [1].

On note en outre que la continuité d'un écrit à l'autre se trouve renforcée tout autant par la présence d'une subordonnée causale (« puisque ») que par la tournure exhortative de la phrase, caractérisée par l'emploi du subjonctif d'ordre ou d'exhortation (« essayons »).

Enfin, l'exaltation perceptible dans la longue période qui clôt le traité précédent permet de mieux saisir non seulement l'enjeu, mais aussi la tonalité particulière des premières phrases du *Traité 31* : les deux s'expliquent par le niveau de vision – intellectuelle et non sensible – auquel celui-ci se situe.

On comprend donc dès les premières lignes que l'ensemble constituera non seulement une suite logique, mais aussi une réponse à l'injonction formulée à la fin du *Traité 30*, qui justifie et oriente le discours sur la nature même de l'Intellect et du monde intelligible.

Ainsi Plotin a montré, dans le *Traité 30*, non seulement que *tout* était contemplation mais aussi que toute contemplation, même la plus faible, était en elle-même une production ou une "création". Voilà pourquoi, au chapitre 1 du *Traité 31*, les productions artistiques peuvent être définies comme le résultat de l'activité contemplative de l'artiste puis, au chapitre 2, les beautés naturelles comme celui de l'activité contemplative, à un niveau supérieur, de la nature elle-même, au chapitre 3 ensuite, les conduites morales comme les manifestations de la contemplation par l'âme de l'Intellect et enfin, au chapitre 4, les réalités intelligibles – les Formes ou les Idées – comme des produits de l'activité contemplative de l'Intellect. C'est pour ces mêmes raisons que le monde sensible, en tant qu'il est l'image du monde intelligible et le produit de la contemplation du Démiurge, est nécessairement beau (chapitre 8), ce qui contredit entièrement la thèse gnostique selon laquelle ce monde-ci est laid parce qu'il résulte du raisonnement et de la volonté réfléchie d'un Démiurge en lui-même mauvais (chapitres 7 et 8). On peut ajouter que la thèse principale du *Traité 31*, l'identité de

1. *31*, 1, 1-6.

la Beauté et de l'Intellect, est annoncée dans le dernier chapitre du *Traité 30* (11, 25-32).

De la même façon, les trois premiers chapitres du *Traité 32* s'inscrivent dans le prolongement du traité précédent, puisque la conclusion du *Traité 31* est exprimée sous la forme d'une question :

> Par conséquent, le beau est là-bas et vient de là-bas. Ce que nous avons dit suffit-il donc pour amener à comprendre de façon claire le *lieu intelligible*, ou bien faut-il revenir en arrière et suivre un autre chemin, comme ceci ? [1].

À cette question, Plotin apporte une réponse à la fois différée et différente par sa forme, mais semblable sur le fond. La conception, déjà argumentée dans le *Traité 31*, selon laquelle les êtres intelligibles forment, avec l'Intellect, une nature unique et indivisible est ainsi reprise en 32, 3, 1. Celle-ci est la Beauté première, émanation de l'Un-Bien (cf. *32*, 12) et ne peut être perçue primitivement que de façon intuitive, par la vision intérieure et non par l'exercice de la pensée (cf. *31*, 9 et 11). De même, la différenciation entre Dieu-Un et Dieu-Intellect (*32*, 3 et 4, 4-6) est déjà suggérée dans la reprise, aux chapitres 12 et 13 du *Traité 31*, du mythe de la généalogie des dieux. Fondée sur l'interprétation commune du *Parménide* (144 e), cette volonté de différencier les niveaux de réalité est destinée à contredire les Gnostiques, qui attribuaient au Principe premier la pensée.

II. Mouvement et composition

> Son enseignement était informel et laissait beaucoup de place à la discussion la plus libre, et dans ses écrits, sa philosophie nous est présentée non pas étape par étape, suivant une exposition ordonnée, mais dans un perpétuel maniement et remaniement des grandes questions centrales, toujours à partir de points de vue légèrement différents et en référence à différents types d'objections et de questionnements.

1. *31*, 13, 22-24.

Cette réflexion d'A. H. Armstrong, dans la préface à sa traduction des traités de Plotin [1], se révèle particulièrement pertinente pour la tétralogie anti-gnostique. L'on peut en effet y repérer, comme en un microcosme de l'ensemble de l'œuvre, les marques tangibles de l'incessant travail de reprise, de reformulation mais aussi de déplacement et d'invention de la pensée, à partir de thèses et de thèmes récurrents, qu'évoque A.H. Armstrong. L'enjeu est cependant avivé ici par le contexte polémique dans lequel il s'inscrit. On peut en outre se demander si le souci constant de contrer les thèses gnostiques, et en particulier celle selon laquelle le monde sensible est le produit de l'acte réfléchi et intentionnel d'un démiurge mauvais, ne produit pas des effets sur la composition même du traité, du point de vue non seulement de l'agencement et de la succession, peu linéaire, de l'argumentation mais aussi de l'expression stylistique, extraordinairement variée et changeante, qui le caractérise. On y voit ainsi Plotin tantôt habité lui-même, comme en témoigne le style imagé, l'extrême concision et le rythme régulier de ses propos, par la vision du monde intelligible et intérieur vers lequel il cherche, dans un mouvement protreptique, à guider les regards de son lecteur ou de son auditeur, tantôt affirmant avec force, parfois même de façon péremptoire ou sous la forme à peine atténuée de questions rhétoriques traduisant une profonde indignation, les thèses qu'il veut défendre ou les critiques qu'il veut formuler.

Le mouvement comme la composition du *Traité 31* répondent cependant à plusieurs objectifs. Un objectif pédagogique tout d'abord : il s'agit de mettre en pratique un “exercice spirituel” qui a pour but de conduire l'auditeur ou le lecteur à la contemplation du « lieu intelligible », première étape de ce cheminement intellectuel qui doit mener ensuite à la contemplation de l'Un. Le second objectif dépend étroitement du premier : il faut démontrer qu'il existe une réelle continuité depuis le monde sensible, point de départ du chemi-

1. *Plotinus*, with an English Translation by A. H. Armstrong, vol. I, *Preface*, p. VIII, Harvard University Press, Cambridge, MA, W. Heinemann Ltd, London, 1978 (1966 [1]). [*NB*. C'est nous qui traduisons.]

nement, jusqu'au monde intelligible et à l'Intellect, puisque l'un est l'image de l'autre : c'est là, en effet, l'une des thèses fondamentales du traité. La notion de "contemplation", qui constituait le thème principal du traité précédent, joue dans ce processus un rôle fondamental. En effet, si « tout » – dans l'ensemble de la réalité sensible et intelligible –, « contemple » et si « tout » est le produit d'une contemplation, il est alors plus aisé de prendre conscience qu'il n'existe aucune solution de continuité d'un monde à l'autre. L'exercice spirituel acquiert ainsi sa pleine valeur d'"exercice de contemplation" et l'écrit tout entier constitue en lui-même une contemplation "en acte", seule susceptible de nous « faire comprendre de façon claire le *lieu intelligible* » (*31*, 13, 23).

Mais ces deux objectifs sont aussi intrinsèquement liés à l'enjeu polémique du traité, qui explique en partie le mouvement ascendant de la réflexion : le choix d'adopter la démarche platonicienne du *Banquet* et du *Phèdre* vise en effet à répondre, par anticipation, à l'une des critiques majeures formulées à l'encontre des Gnostiques dans le *Traité 33*. Puisque ceux-ci n'ont absolument pas compris Platon, dont ils vont jusqu'à « falsifie[er] les doctrines » [1], il faut, *a contrario*, suivre celui-ci au plus près, à la fois dans son enseignement et dans sa méthode. En ce sens, le mouvement du *Traité 31* participe déjà, à lui seul, de l'entreprise de justification des doctrines platoniciennes propre aux écrits anti-gnostiques.

Plotin propose donc à son auditeur ou lecteur de parvenir à la contemplation de façon progressive et graduée, comme Diotime incite Socrate à le faire dans le *Banquet* [2]. Cette méthode est identique à celle du *Traité 1* (I, 6), *Sur le Beau* [3] : celui qui veut contempler le Beau doit contempler d'abord les beautés sensibles, puis celles des « belles occupations et des sciences » pour être en mesure de percevoir ensuite la beauté dans l'âme, et parvenir enfin à la contemplation du Beau en soi. Certes, dans l'interprétation qu'en donne Plotin, la Beauté est l'Intellect lui-même, dont la contemplation constitue la dernière étape avant celle de l'Un ou du Bien – ce point est essentiel – mais la

1. *33*, 6, 25.
2. Platon, *Banquet*, 210 a -212 a.
3. Cf. *Traité 1* (I, 6), 1-3.

progression est la même, du moins dans ses principaux moments. Car Plotin, dans le *Traité 1* comme dans le *Traité 31*, ménage de nombreuses pauses, de nature différente – tantôt purement contemplatives, tantôt argumentatives. La progression n'est donc pas continue mais procède plutôt par « remontées » successives. Les retours, reprises, remaniements et variations de point de vue sont également fréquents, comme le souligne A. H. Armstrong.

Dans une brève introduction **(1, 1-6)**, Plotin énonce l'objet du traité : il s'agit de voir et de dire comment on peut contempler la beauté de l'Intellect et du monde intelligible. L'exercice consiste alors à s'interroger, dans un premier temps, sur la beauté dans l'art, puis dans la nature, dans l'âme enfin **(1, 6-3, 7)**. L'examen successif des raisons pour lesquelles une œuvre d'art (1, 6-40) et un produit de la nature (2, 1-46) peuvent être perçus comme beaux montre que leur beauté résulte de la présence active, en eux, de la Forme (*eidos*). Cette Forme est davantage présente dans l'âme, qu'elle illumine et à laquelle elle fait comprendre l'origine de cette lumière et beauté premières, supérieures à elle : c'est l'Intellect (3, 1-8). On remonte ainsi, à chaque étape, à la beauté antérieure jusqu'à ce que l'on parvienne à la cause première de ces différentes beautés, ordonnées selon un principe hiérarchique : la beauté de l'Intellect, qui est étudiée pour elle-même dans un second temps **(3, 8–4, 54)**.

Après avoir proposé des définitions de l'Intellect et indiqué que le meilleur moyen pour l'appréhender serait de partir de l'intellect des dieux (3, 8-18), Plotin instaure, au cœur de l'ascension, une longue pause, répartie en deux temps. Nous nous trouvons d'abord (3, 18-27) placés au niveau de l'intellect “divin”, tel qu'il se manifeste en nous-mêmes lorsque nous sommes purifiés ou bien tel qu'il est, éternellement pur, dans les dieux, qui ne sont beaux que par lui. La description des intellects divins constitue ainsi une propédeutique à la contemplation de la vie “paradisiaque” du monde intelligible – c'est-à-dire divin – qui suit immédiatement (3, 27–4, 54). Ce moment-ci correspond à la fois à la description du Beau en soi dans le *Banquet* (211 c–212 a) et à la vision de l'âme dans le *Phèdre* (250 b-d), puisque ces deux textes de référence sont lus et interprétés conjointement. La contemplation s'énonce donc, comme chez Platon, par le biais d'une description – que l'on pourrait qualifier de « mystique » au sens premier du terme en ce qu'il s'agit d'une initiation – de ce monde totalement beau, caractérisé par la luminosité et la transparence absolues, l'intériorité réciproque des êtres intelligibles, le mouvement et le repos purs, la contemplation sans satiété et la sagesse (*sophia*).

L'introduction de la notion de *sophia*, à ce moment précis du traité, joue un rôle déterminant : interprétée comme la « science en soi » du *Phèdre* (247 c) et préférée au terme *sophrôsunè* (« sagesse », employé aussi dans le *Phèdre*), cette notion occupe en effet une place importante dans la polémique anti-gnostique, c'est pourquoi son introduction constitue en quelque sorte un pivot à partir duquel la réflexion s'oriente dans une nouvelle direction.

C'est le troisième moment du traité **(5, 1–6, 18)** : dans une courte phrase de transition (4, 54-56), Plotin propose explicitement de prendre un nouveau départ et réitère le mouvement ascensionnel inspiré du *Banquet*, mais de façon accélérée. Il démontre en effet, dans les chapitres 5 et 6, que toute production, dans l'art comme dans la nature et dans l'âme (5, 1-15), provient d'une *sophia* sans raisonnement et que l'Intellect *est* cette *sophia*, dont le monde sensible est le produit. Il s'agit, pour reprendre les termes de Pierre Hadot, d'une sagesse « substantielle, qui n'est pas un discours, mais un être », comparable à « la science sans discours des hiéroglyphes égyptiens » [1], donnés en exemple par Plotin (5, 15-6, 18).

Le long développement consacré au thème de la *sophia*, plus argumentatif que descriptif, pourrait laisser penser que l'on a perdu de vue le thème de la Beauté. Or il n'en est rien, car cette digression apparente s'insère étroitement dans le dispositif stratégique mis en place par Plotin pour contrer les Gnostiques et leur mépris du monde sensible. C'est en effet la thèse de l'identité entre *sophia* et Intellect qui permet à Plotin de critiquer ensuite explicitement la conception gnostique de la "création" du monde **(6, 18–7, 47)** : conception absurde, car

1. Pierre Hadot, *Études de patristique et d'histoire des concepts*, Paris, Les Belles Lettres, 2010, p. 129.

le monde n'est pas et ne peut être le produit d'une intention réfléchie (6, 18–7, 28). Ainsi, toute comparaison avec la création humaine (7, 28-35) et, plus largement, tout discours rationnel sur la formation du monde sont également inopérants (7, 28-47).

Mais c'est surtout parce que l'Intellect est *sophia* qu'il est non seulement *la* Beauté en soi mais aussi, par voie de conséquence, le modèle du monde sensible, dont la dévalorisation serait ainsi totalement infondée. La démonstration – capitale dans le cadre de la polémique ainsi engagée – de la beauté du modèle (*paradeigma*) occupe les chapitres 8 et 9 **(8,1–9,48)**. Plotin se livre dans un premier temps à l'exégèse d'un passage du *Timée* (37 c) pour prouver, en s'adressant davantage à l'intellect qu'à l'âme de son lecteur, que le modèle est nécessairement beau (8, 1-23). C'est la preuve par la « nécessité » (*anankè*). Mais, conscient que celle-ci ne suffit peut-être pas, il s'adresse dans un second temps à l'âme et fait usage de la méthode persuasive (*peithô*), et non plus argumentative, pour faire percevoir à son lecteur, et non plus seulement comprendre, la beauté du monde intelligible (9, 1-48)[1]. Il l'invite ainsi à se soumettre à un exercice spirituel étonnant de "dé-spatialisation" du monde sensible (9, 1-15) : nous devons nous représenter le monde intelligible comme une sphère lumineuse dépourvue de toutes les caractéristiques matérielles du monde sensible afin d'être en mesure de voir, *en nous-mêmes*, la véritable nature du monde intelligible. Cet exercice de l'imagination constitue le prélude à une invocation du « dieu » (l'Intellect) qui « vient » et se déploie alors dans toute sa splendeur comme puissance une, totale et infinie (9, 15-36), où se manifeste l'identité absolue et parfaite de la beauté et de l'être (9, 36-48), les deux ne faisant qu'un.

Ayant ainsi à la fois compris et perçu la véritable nature du monde intelligible et de l'Intellect, nous sommes désormais en état de le contempler. Tel est le but initial du traité, énoncé au chapitre 1. La nature, les modalités et les effets de cette vision d'un genre différent, réservée à ceux-là seuls qui sont capables de l'exercer – les dieux et

1. Plotin expose la différence entre ces deux types de démonstration et de preuve dans le *Traité 49* (V, 3), 6, 9-10.

certaines âmes – ainsi que les révélations auxquelles « celui qui a vu » a pu accéder, sont étudiés dans les deux dernières parties.

Comment la vision du « lieu intelligible » s'opère-t-elle? Que révèle-t-elle? Les réponses à ces questions sont apportées en deux temps dans la sixième partie du traité **(10, 1–11, 39)**. Plotin s'appuie tout d'abord, au chapitre 10, sur une exégèse du mythe de la procession des dieux et des âmes dans le *Phèdre* (246 e) pour décrire à nouveau le « lieu intelligible ». La Beauté-Intellect y apparaît depuis la région supra-céleste comme objet de contemplation pour les dieux et les âmes conduits par Zeus, qu'il identifie à l'âme du monde. Une double constatation s'impose alors : le lieu intelligible se caractérise par sa beauté et sa luminosité *totales*, *unificatrices* – ce thème est récurrent dans le traité [1] –, ce qui a pour effet d'abolir toute distinction entre celui qui voit et ce qu'il voit. Sa vision est intérieure, elle est celle du dieu ou de l'Intellect *en lui*.

La nature singulière de la vision du Beau, déjà exposée par Platon dans le *Phèdre* (250 b-d) est déterminante et essentielle, c'est pourquoi elle mérite d'être analysée en détails pour elle-même. Le chapitre 11 constitue ainsi un *excursus* induit par le souci constant d'interpréter correctement Platon. Reprenant une thèse déjà présente au début du traité (chapitre 2), mais aussi dans le *Traité 30* et le *Traité 32* [2], Plotin montre ici que cette vision intérieure revêt deux aspects, ou plus précisément correspond à deux états distincts de l'âme : un état de conscience, dans lequel l'âme se place à distance d'elle-même et se voit elle-même comme belle ou comme beauté, et un état d'inconscience, incompatible avec le dédoublement propre à la pensée, dans lequel l'âme n'a plus conscience ni d'elle-même en tant qu'âme ni, *a fortiori*, de *sa* beauté ou même de *la* Beauté : Beauté, Intellect et âme ne sont alors plus qu'une seule et même réalité.

Tout comme le développement antérieur consacré à la notion de *sophia* (dans les chapitres 5 et 6), cet *excursus* n'implique pas pour

1. Voir en particulier les chapitres 4 et 9.

2. Voir *Traité 30*, chap. 6 et *Traité 32*, chap. 12. Ce thème est aussi repris au chapitre 13 du *Traité 31* (13, 19-22); il s'agit en outre de l'un des thèmes majeurs du *Traité 1* (I, 6).

autant que Plotin s'écarte ici du but qu'il s'est préalablement fixé. Cette pause réflexive lui permet en effet de fixer le cadre et les conditions d'énonciation dans lesquels sera tenu, et pourra par conséquent être compris, le discours qui va suivre. Ce discours se situe en effet sur un plan différent et il est d'un autre type que celui des discours précédents. Celui qui le tient, dans les deux derniers chapitres du traité qui en constituent la septième et dernière partie (chapitres 12 et 13), est « celui qui a vu », le « voyant ». Son langage est donc de l'ordre de la *révélation*, comme la phrase de transition par laquelle ce discours est introduit au début du chapitre 12 le suggère implicitement : « Mais précisément, après qu'il a vu, que ce soit en tant qu'il est différent ou en tant qu'il est demeuré ce qu'il est lui-même, qu'annonce-t-il ? ». L'interprétation des mythes relatifs à la généalogie hésiodique des dieux qui s'ensuit – pièce importante du dispositif stratégique de Plotin dans sa polémique contre les Gnostiques et présente dans les autres écrits de la tétralogie – se présente donc avant tout comme la traduction directe et immédiate de la vision consciente ou inconsciente à laquelle le locuteur a eu accès. La légitimité et la véracité du discours de l'herméneute s'en trouvent ainsi considérablement renforcées.

Le mythe, selon la définition donnée dans le *Traité 50* (III, 5) [1], développe en plusieurs temps, par le biais de représentations imagées, ce qui est intrinsèquement compact et un. L'exégèse du mythe de filiation divine auquel se réfère ici Plotin énonce donc, sous une autre forme et en les réunissant, les thèses majeures du traité [2]. Mais en elle en élargit surtout le cadre, à travers l'analyse détaillée des relations entre les trois niveaux de réalité – Un, Intellect, Âme, respectivement identifiés à Ouranos, Cronos et Zeus – et permet de ce fait au lecteur de situer de façon plus évidente, grâce à la force persuasive du mythe, la place et le statut de la Beauté dans la hiérarchie des trois Principes : la Beauté n'est pas seulement « au niveau de » l'Intellect mais elle *est*

1. *50*, 9, 24-29.

2. Voir l'article de P. Hadot, « Images mythiques et thèmes mystiques dans un passage de Plotin, V, 8, 10-13 », dans *Néoplatonismes. Mélanges offerts à Jean Trouillard*, ENS Fontenay-aux Roses, mars 1981, p. 205-214 (en particulier p. 211).

l'Intellect tout comme l'Intellect *est* Beauté, Beauté « en premier » (13, 12). Dans ces conditions, la position des Gnostiques, qui s'obstinent à refuser d'admettre non seulement la beauté du monde sensible mais aussi son éternité (12, 11-26), est d'autant plus grave et lourde de conséquences. Elle est en effet révélatrice non seulement de leur totale incompréhension de Platon, mais plus généralement de leur désinvolture à l'égard de l'antique culture hellénique qu'ils se plaisent à injurier et dénigrer[1]. L'interprétation du mythe d'Hésiode permet ainsi d'opposer aux mythes et aux inventions des Gnostiques une "vérité" d'autant plus solide et certaine qu'elle est héritée d'une tradition.

L'écrit se conclut par un mouvement descendant : avant de demander si ce qui a été dit « suffit pour amener à comprendre de façon claire le *lieu intelligible* » (*31*, 13, 23-24), Plotin revient en effet à la question de la beauté de l'âme qui n'a été que brièvement évoquée dans le traité. Dernière pique contre les Gnostiques sans doute puisque, comme il le souligne dans le *Traité 33*, quiconque aime le père aime ses enfants, « or toute âme vient de ce père-là (*patros ekeinou*) » (*33*, 16, 9), c'est-à-dire du père intelligible, l'Intellect. C'est l'occasion pour lui de rappeler que *toutes* les âmes sont belles : l'Âme hypostase (Zeus), mais aussi l'Âme du monde (Aphrodite, fille de Zeus) et les âmes individuelles. Les deux premières sont elles aussi nécessairement Beauté en un certain sens, de même que *notre* âme est belle lorsqu'elle se connaît elle-même (cf. *31*, 13, 21-22), c'est-à-dire quand elle est tournée vers l'Intellect.

Comparaison avec les autres Traités du « grand écrit »

Par sa composition et son mouvement, le *Traité 31* se rapproche davantage du traité précédent que du traité suivant. La méthode ascendante, empruntée au *Banquet*, ne se retrouve en effet ni dans le *Traité 32*, ni dans le *Traité 33*. De même, hormis la description de la procession à partir du Principe Premier et du cortège du Grand Roi,

1. Cf. *Traité 33*, 6, 6-7 et 43-44.

au chapitre 3 du *Traité 32*, il n'existe pas, dans les deux derniers traités du grand écrit, de moment ou de "pause contemplative" comme dans les deux premiers.

Le *Traité 30*, en revanche, paraît construit suivant le même mouvement que le *Traité 31*. De fait, Plotin fournit, au chapitre 5, un indice révélateur de la construction du traité : « la contemplation remont[e] de la nature à l'âme, puis de celle-ci vers l'Intellect et les contemplations dev[iennent] toujours plus intimes et plus unies à ceux qui contemplent » (*30*, 8, 1-2). La composition reflète cette thèse, puisque les chapitres 2 à 4 sont consacrés à contemplation de la nature, les chapitres 5 à 7, à celle de l'âme et le chapitre 8, à celle de l'Intellect. À partir du chapitre 9, la notion de contemplation est cependant abandonnée au profit d'un développement consacré à l'Un : l'Un, lui, ne contemple pas et n'a pas à contempler. Mais si Plotin insiste alors fortement sur la différenciation entre le Premier et l'Intellect, il le fait à travers une discussion caractérisée par un recours fréquent aux images – celle du son au chapitre 9, de la source et de la plante au chapitre 10 – pour conclure sur une vision "en acte" de la beauté de l'Intellect, grâce à laquelle le lecteur se trouve presque naturellement conduit à la contemplation de l'Un.

On pourrait ainsi qualifier les deux premiers traités du grand écrit de traités "bi-partites". Les premières parties, relativement longues, sont consacrées à un exposé argumentatif des thèses plotiniennes – sur la contemplation, dans le *Traité 30*, sur la Beauté, dans le *Traité 31* – exposé entrecoupé, comme on l'a vu à propos du *Traité 31*, de pauses contemplatives. Les secondes parties, plus courtes, correspondent à un moment principalement "contemplatif", consacré à la vision seule [1].

De façon générale, ces moments de contemplation se caractérisent par un changement de vocabulaire [2]; le champ lexical de la vision et du regard y est très présent, l'argumentation très peu développée : il est fait davantage appel au sentiment, à l'affectivité, aux sensations. La transformation du discours est cependant progressive. Certains

1. Le même type de répartition peut être observé dans le *Traité 1* (I, 6), *Sur le Beau*.

2. Ceci est sensible à plusieurs reprises dans le *Traité 31* (chapitres 12 et 13, mais aussi chapitre 4).

passages constituent ainsi des moments-clés, qui sont autant d'indices du changement à venir. Dans le *Traité 31*, cette phrase du chapitre 7, dans laquelle Plotin décrit la façon dont les choses existent dans le monde intelligible, en est un exemple significatif : « <Là-bas> en effet, les choses ne résultent pas de la consécution logique ni de la réflexion, mais existent avant la conclusion et avant la réflexion; de fait, tout cela – le raisonnement, la démonstration et la preuve – vient après » (7, 41-44). Au-delà de sa valeur argumentative, ces propos constituent aussi une sorte de justification théorique, à la fois rétrospective et anticipatrice, des discours tenus, qui doivent s'adapter à leur objet.

Il ne faut certes pas négliger l'aspect rhétorique de ce type de procédé, et cela d'autant moins que les deux traités s'inscrivent dans une polémique réelle. Mais il ne faut pas non plus oublier que ces discours cherchent aussi à exprimer des réalités en elles-mêmes inexprimables, qui ne peuvent être appréhendées que de façon intuitive et non rationnelle.

III. Thèmes

1. *Références et thèmes platoniciens*

Il en va de l'œuvre de Platon comme des doctrines anciennes auxquelles Plotin fait allusion dans le *Traité 10* (V, 1) :

> Ces propos n'ont absolument rien de nouveau et ils ont été énoncés non pas à l'instant, mais il y a longtemps, sans être développés; les propos que nous tenons maintenant n'en sont que les exégètes, et nous nous appuyons sur les écrits de Platon lui-même qui témoignent de l'antiquité de ces doctrines » [1].

À première lecture, l'expression « sans être développés » comme le terme « exégète » confirment que le seul but des écrits est d'*expliquer*, au sens étymologique du terme, ce que les Anciens ont dit. Toute tentative d'intervention personnelle ou volonté d'innover sont donc exclues. Plotin s'insurge ainsi violemment, dans le *Traité 33*, contre les

1. *10*, 8, 11-14.

« innovations » des Gnostiques, qui établissent une philosophie « bien à eux » et sont pour cette raison « en-dehors de la vérité »[1]. En effet, ils « n'ont pas compris Platon » et « interprètent dans le plus mauvais sens les doctrines de cet homme »[2]. Outre le fait que Plotin est sans doute en cela représentatif d'une époque, celle des IIe et IIIe siècles où la nouveauté n'est acceptable que si elle se présente comme de l'"antiquité" ou du moins de l'ancienneté, force est de reconnaître qu'à d'autres moments de son œuvre, les limites qu'il s'assigne ici paraissent reculer, ce qui donne à celle-ci la dimension d'une œuvre "ouverte" – œuvre d'invention, au sens premier de « découverte ». Dans le *Traité 31*, il souligne ainsi la tâche *heuristique* qu'impose le double statut d'héritier et d'exégète : « en ce qui concerne la science de là-bas, celle que Platon avait précisément en vue lorsqu'il dit qu'elle n'est *pas non plus celle qui est différente dans un objet différent*[3] – et quant à savoir en quel sens, il nous l'a laissé rechercher et découvrir, si toutefois nous prétendons mériter cette appellation – peut-être vaut-il donc mieux commencer en partant de là »[4]. Plotin utilise ici le seul terme d'« appellation » (*prosègoria*), mais certains traducteurs n'hésitent pas à comprendre « notre appellation <de platoniciens> »[5]. Si l'on relie ces propos aux assertions concernant le caractère obscur ou énigmatique des paroles de Platon[6], on comprend que la quête du sens, c'est-à-dire de la « vérité »[7], qui oriente ce travail de décryptage, doit s'appuyer autant sur le contenu doctrinal que sur les mots eux-mêmes : ce travail porte donc aussi sur le "langage" platonicien.

L'étude des thèmes platoniciens ne peut donc être dissociée de celle de la forme sous laquelle ils apparaissent dans le texte de Plotin, c'est-à-dire des citations ou allusions, directes ou indirectes, que l'on

1. *33*, 6, 10-12.
2. *33*, 6, 19 et 25-26.
3. *Phèdre*, 247 d 7-e 1.
4. *Traité 31*, 4, 52-55. Cf. *Phèdre*, 247 d 7-e1.
5. Voir les notes de la traduction.
6. Cf. *Traité 4* (IV, 2), 2, 49; *Traité 6* (IV, 8), 1, 22-26; *Traité 15* (III, 4), 5, 1; *Traité 39* (VI, 8), 19, 14; *Traité 43* (VI, 2), 22, 1 et 13; *Traité 45* (III, 7), 13, 10.
7. Cf. *Traité 45* (III, 7), 1, 7-16.

peut y repérer. Les écrits comme les cours de Plotin ne sont pas, en effet, de simples exposés ou commentaires, mais de véritables « exercices spirituels », destinés à un auditoire ou un lectorat d'initiés, comme l'a montré Pierre Hadot [1].

Nous n'évoquerons ici que quelques-uns des thèmes platoniciens que Plotin reprend dans ce traité, ceux qui nous paraissent les plus étroitement liés aux questions majeures qui y sont abordées ainsi qu'à la lecture et à l'interprétation, par Plotin, des dialogues qui en constituent les textes de référence : le *Banquet*, à cause de la référence à la hiérarchie du Beau telle que l'expose Diotime; le *Phèdre*, auquel renvoient d'une part l'évocation du cortège des dieux et des âmes qui, à la suite de Zeus, vont contempler le monde des êtres intelligibles et de l'essence (*ousia*), d'autre part l'expression de « lieu intelligible » sur laquelle se clôt le traité; la *République* et la reprise de la notion de « beauté inconcevable »; le *Timée* enfin, objet d'un conflit d'interprétation à propos de la façon dont il faut concevoir l'action du Démiurge telle que l'expose Platon.

Thèmes du Banquet

C'est au chapitre 2 du *Traité 31* que la reprise de thèses propres au *Banquet* apparaît le plus clairement. Le contexte est le suivant : il s'agit d'expliquer pourquoi toute beauté est, en soi et nécessairement, beauté intelligible, c'est-à-dire beauté intérieure [2] et ne réside pas dans la matière, dans la masse ou la grandeur qui sont, elles, dans l'extérieur. Plotin se réfère alors au *Banquet* : « Que l'objet de notre poursuite est autre et que la beauté ne réside pas dans la grandeur, c'est ce que montrent aussi la beauté dans les sciences, la beauté dans les occupations et, de manière générale, la beauté dans les âmes » [3].

---

1. *Cf.* P. Hadot, « Exercices spirituels », *Annales de la V e section de l'EPHE*, 1977, p. 25-70; article repris dans *Exercices spirituels et philosophie antique*, Paris, Albin Michel, 2002 [2], p. 18-74.

2. Cf. *31*, 2, 34 : c'est « l'intérieur qui nous émeut ».

3. *31*, 2, 35-38 et *Banquet*, 210 b – c et 211 c.

Cette référence a une double fonction. Elle constitue tout d'abord une preuve supplémentaire de la démonstration qui précède, comme le suggère l'expression « ce qui montre que ». Ensuite, tout comme les références à la *République* au début du traité [1], elle permet d'assurer une transition au sein de l'argumentation. Le renvoi à ces beautés non sensibles que sont la beauté des occupations et des sciences et, d'une manière générale, celle de l'âme, dont Plotin dit ensuite qu'elle est « véritablement beauté à un degré supérieur » [2], constitue en effet un point d'articulation de l'argumentation. D'une définition négative de la beauté (on dit *où* elle n'est pas), on passe ainsi à une définition positive : elle est *dans* et c'est celle *de* l'Intellect. L'usage de cette citation paraît donc, à première lecture, ressortir à la logique du discours. Mais il est aussi plus complexe.

Le renvoi à ce passage précis du discours de Diotime introduit en effet une autre notion : celle de "hiérarchie" [3]. Diotime met en place, on le sait, une hiérarchie du beau, qui mène de la beauté des corps à celle du Beau en soi (donc à la beauté intelligible) en passant par celle des occupations, des sciences et des âmes. C'est par conséquent au contexte général de cette citation que Plotin fait allusion ici de façon indirecte : son but n'est pas seulement de passer d'une définition à l'autre, mais aussi d'un niveau de réflexion à l'autre et, plus encore, d'un niveau de réalité à l'autre. Or ce passage est précisément permis par la reprise implicite de la dialectique ascendante du *Banquet*. De fait, on retrouve la notion de hiérarchie au chapitre 3 : « Il existe donc dans la nature aussi un principe rationnel, archétype de la beauté qui est dans le corps et, par rapport à celui qui est dans la nature, celui qui

1. Ces références assurent la transition entre ces deux premières étapes de l'écrit contre les Gnostiques que constituent les *Traités 30* et *31*.

2. 31, 2, 39-40 : cette beauté est proprement celle de la sagesse (*phronèsis*) que l'on voit en quelqu'un et dont on se réjouit sans regarder son visage. On pense ici à la figure de Socrate et au portrait que brosse de lui Alcibiade à la fin du *Banquet*.

3. Nous utilisons ce terme avec des guillemets car son emploi peut susciter des réserves, les notions de « priorité » et de « postériorité » étant le plus souvent mieux adaptées pour décrire la structuration plotinienne de l'ensemble de la réalité, comme le montre Dominic O'Meara dans « The hierarchical ordering of reality », *in* L. P. Gerson, *The Cambridge Companion to Plotinus*, Cambridge University Press, 1996, p. 66-81.

est dans l'âme, et dont provient précisément celui qui est dans la nature, est plus beau »[1]. L'emploi du terme « archétype » et du comparatif « plus beau » réactivent cette notion de hiérarchie : une véritable "chaîne du beau" est ainsi mise en place, dans laquelle la présence de la forme est soulignée, alors qu'elle ne l'est pas chez Platon. C'est parce que l'on est, grâce au *Banquet* pourrait-on dire, parvenu au niveau de l'intelligible, que l'on peut commencer à définir puis contempler l'Intellect : non pas, comme dans le *Banquet*, la Forme du Beau ou le Beau en soi, mais cette Beauté même qu'est l'Intellect. Dans ce contexte, il est alors possible de se référer au *Phèdre*, et plus précisément au passage qui concerne le « lieu supra-céleste »[2] : décrire et définir les dieux, c'est décrire et définir l'Intellect et les intelligibles.

Thèmes du Phèdre

Les références au *Phèdre* apparaissent tout d'abord comme une réponse à la question programmatique du premier chapitre du traité : « essayer de voir et de dire [...] de quelle manière l'on pourrait contempler la beauté de l'Intellect et du monde de là-bas » (*31*, 1, 5-6). Le but ultime étant de « concevoir » l'Un (le père, celui qui est au-delà de l'Intellect), Plotin s'attache, dans ce traité que l'on pourrait aussi lire comme un long commentaire du *Phèdre*, à montrer la présence de l'Un dans l'Intellect et le monde intelligible.

Soulignons au passage ce fait révélateur de la pratique herméneutique de Plotin : comme pour tous les dialogues de Platon auxquels il se réfère, celui-ci ne s'intéresse, dans ses écrits, qu'à des passages précis des œuvres, et toujours les mêmes : pour le *Banquet*, le discours de Diotime et pour le *Phèdre*, une partie du second discours de Socrate, celle qui porte sur la nature de l'âme (246 a–250 c), dans laquelle sont évoqués successivement les conditions du voyage de l'âme vers le monde intelligible, la procession des âmes (le cortège de Zeus), l'objet de la vision à laquelle elles ont part (le lieu supra-céleste) et la nature de cette contemplation de la réalité. Or c'est sans doute

1. *31*, 3, 1-3.
2. *Phèdre*, 247 c – e.

dans le caractère exclusif et répétitif du choix effectué que réside aussi la spécificité et, par conséquent, la nouveauté du « platonisme » de Plotin. Si ce choix n'est pas strictement personnel, puisqu'il résulte largement d'une tradition de lecture des dialogues, sa systématisation fait sens et c'est elle qui confère à l'œuvre de Plotin sa singularité.

La première référence au *Phèdre* (247 a – 249 c) apparaît au chapitre 3, dans lequel Plotin fait allusion à la vision qu'ont les dieux du « ciel intelligible » (*31*, 3, 27-36). Le même passage est repris, mais de façon plus précise et littérale, au chapitre 10. Après avoir décrit la « vie facile » qui est celle des dieux dans ce monde-là, puis défini la beauté et l'intériorité du monde intelligible comme une « sagesse » (*sophia*, chap. 4), Plotin précise que toute production, dans l'art comme dans la nature, vient d'une *sophia* sans raisonnement et il démontre que l'Intellect est précisément la *sophia* dont procède le monde sensible, produit sans volonté ni raisonnement (chapitres 5 et 6). Il revient alors au thème de l'Intellect comme beauté, modèle d'un monde sensible que l'on aurait tort de critiquer, comme le font les Gnostiques, et établit une sorte de trilogie « être-beauté-Intellect » (chapitres 7 à 9). La description du cortège des dieux (Zeus « s'avance le premier » pour contempler le monde intelligible, « tandis qu'à sa suite vont les autres dieux, les démons et les âmes, celles qui sont capables de regarder cela »[1]) est à ce moment introduite par le connecteur logique « c'est pourquoi »[2] (*dia touto*). Cette expression, qui peut renvoyer à des interprétations et débats antérieurs à propos de ce passage du *Phèdre*, dont fait état le commentaire de Hermias[3], a en outre pour fonction non seulement d'expliquer et de valider le texte de Platon mais aussi, pour ce qui concerne le texte de Plotin, de lui permettre de s'auto-désigner comme exégèse.

Il est certain qu'un arrière-plan polémique oriente le sens des développements du chapitre 3 au chapitre 10 : en effet, la référence à la *sophia* fait nécessairement songer aux doctrines des Gnostiques que

---

1. *31*, 10, 1-4 et *Phèdre*, 246 e 4-6 ; voir aussi *31*, 10, 1-8.
2. *31*, 10, 1.
3. Hermias, *In Platonis Phaedrum scholia*, éd. C. M. Lucarini et Cl. Moreschini, Berlin, de Gruyter, 2012.

Plotin combat dans tout son écrit. L'on comprend par là même qu'il lui importe aussi au plus haut point d'affirmer à ce moment, plus que ne le fait Platon, le lien et la continuité du monde sensible et du monde intelligible. Or, l'argument fondateur est précisément celui de l'*unité* qui, dans ces chapitres comme dans le traité suivant, le *Traité 32*, est présentée comme la caractéristique principale de l'Intellect et du monde intelligible. Nous percevons là encore les « effets » de la référence préliminaire au « père » de l'Intellect – c'est-à-dire, pour Plotin, à l'Un.

En outre, peu avant le passage auquel se réfère Plotin dans le *Traité 31*, Socrate a annoncé qu'il allait maintenant parler de « la nature de l'âme, divine comme humaine, en observant ses états et ses actes »[1]. De fait, l'on peut dire que le long processus au terme duquel l'âme accède enfin à la contemplation de l'intelligible est constitué d'« actes » successifs qui sont le fait de l'âme : séparée du corps, elle en est le “sujet”, au sens actif du terme. Or ce point est davantage supposé admis, ou évident, qu'omis par Plotin. En revanche, à peine s'est-il, à la fin du chapitre 3, référé au *Phèdre*, qu'il développe longuement la définition et la description du lieu supra-céleste qu'il y trouve et construit, à partir de là, sa propre conception de l'Intellect et du monde intelligible. Il ne paraît revenir sur les efforts fournis par l'âme pour accéder à la contemplation de ce lieu que plus loin, au chapitre 9. Mais cette référence est si vague et si allusive que l'on est droit de se demander si l'on peut même encore parler de « référence » et s'il ne s'agit pas là plutôt, de notre part, d'une hypothèse de lecture, fondée sur une reconstruction ou une reconnaissance *a posteriori* de certains éléments du discours socratique. En effet, c'est tout d'abord à la nature de l'acte de contemplation en lui-même que Plotin s'intéresse alors. Pour pouvoir contempler ce lieu, il nous faut, selon lui, saisir par la pensée le monde sensible ; « dans l'âme » doit se produire ensuite « une sorte de représentation lumineuse d'une sphère contenant toutes choses en elle-même », dont nous en supprimons ensuite la masse matérielle pour, enfin, invoquer « le dieu qui a produit [cette sphère]

1. *Phèdre*, 245 c 2-4.

dont [on possède] l'image » et le prier de venir. Celui-ci peut alors venir, « en apportant le monde qui lui est propre avec tous les dieux qui sont en lui », il est « à la fois un et tous et chacun est tous réunis en un [...] »[1]. C'est, de nouveau, à la nature du lieu intelligible et à l'Intellect, identifié à la Beauté, qu'il consacre la suite de la réflexion au chapitre 9.

Il semble que l'on se soit alors considérablement éloigné des références platoniciennes. Cette distance est cependant moins importante qu'on ne pourrait le croire, comme le montre la lecture du chapitre 10.

Au début de ce chapitre, en effet, Plotin suit à nouveau le *Phèdre* : le texte décrivant la procession des dieux et celle des âmes à leur suite, vers le monde intelligible, constitue une paraphrase partielle, émaillée de quelques citations directes (10, 1-8)[2]. La difficulté à contempler qu'éprouvent certaines âmes, et qu'évoque aussi Platon[3], est de nouveau mentionnée, mais de façon très allusive. Les « états » de l'âme dont parlait Socrate ne sont donc peut-être pas entièrement absents du discours de Plotin. Cependant, si la reprise plotinienne semble bien s'apparenter ici à une *imitatio*, au sens rhétorique du terme, elle fait rapidement place à une nouvelle description du lieu supra-céleste et de la vision que nous pouvons en avoir.

Une nouvelle fois, Plotin paraît donc faire un usage de la référence platonicienne identique à celui qu'il avait auparavant fait du *Banquet* et de la dialectique ascendante : celle-ci lui permet de conduire ou plutôt de reconduire son interlocuteur dans l'espace du monde intelligible. À un premier niveau de lecture, l'on pourrait dire qu'il déplace sur l'Intellect l'accent que Platon faisait porter sur l'âme. Mais ceci n'est pas tout à fait exact. Si on lit de façon précise la suite du texte à partir du chapitre 10, on s'aperçoit en effet qu'il combine et, pour ainsi dire, confond la description du monde intelligible et les caractéristiques qui lui sont propres, avec la définition du type de vision qui doit être celle de l'âme lorsqu'elle se trouve tout entière *dans* le monde

1. *31*, 9, 8-17.
2. Cf. *Phèdre*, 246 e 4-6 et 247 a 7.
3. Cf. *Phèdre*, 247 b 3-6 et 248 a 1 – c 2.

intelligible et qu'elle est devenue elle-même Intellect. Ce procédé avait déjà été employé, de façon brève et partielle cependant, dans la première partie du traité, au chapitre 4 : il se trouve ici réactivé, mais amplifié. À ce moment du discours, nous sommes placés par lui à un certain niveau de la réflexion qui s'y construit : nous sommes en effet *dans* l'Intellect et son monde. Une fois de plus, Plotin semble interpréter "au pied de la lettre" – d'un certain point de vue, bien sûr – la description de Socrate : le discours de celui-ci est perçu comme performatif, ce qui signifie que Plotin s'inscrit lui-même – et *nous* inscrit aussi – dans une proximité et une communauté de pensée avec lui. Nous avons donc réellement l'impression d'assister à l'acte de penser et de voir l'objet même du discours (l'Intellect et le monde intelligible), comme seule l'âme initiée ou "progressante" est capable de le faire. Cela explique le ton prescriptif employé. C'est par conséquent par des chemins détournés que, d'une certaine manière, Plotin retrouve et rejoint Platon. De fait, le thème directeur du discours de Socrate n'a pas été entièrement perdu : dans le *Traité 31* aussi, c'est l'âme qui agit ou, plus précisément, l'âme totalement identifiée à l'Intellect. Certes, la façon dont Plotin conçoit non seulement l'acte de contempler mais aussi l'objet même de la contemplation s'éloigne sensiblement de ce que nous lisons dans le *Phèdre*. En effet, ce qui, pour Plotin, caractérise avant tout cette vision entièrement dématérialisée ainsi que son objet, immatériel lui aussi, totalement transparent et lumineux, est l'*unité*. Mais n'est-ce pas dans le *Phèdre* que l'on lit cette définition de la réalité intelligible et de l'Intellect comme « l'essence qui est réellement sans couleur, sans figure, intangible, et ne peut être contemplée que par le pilote de l'âme, l'Intellect, lui seul » [1] ?

Les références à ce dialogue sont donc multiples et diffuses. Tantôt explicites ou implicites, empruntées à différents passages d'une partie du second discours de Socrate, elles fondent et structurent le texte de Plotin. Celui-ci les dissocie ou les associe dans la construction de son argumentation pour les adapter à une démarche propédeutique qui

1. Cf. *Phèdre*, 247 c 6-8. Sauf mention contraire, les traductions des auteurs de l'antiquité sont les nôtres.

n'est pas sans rapport avec celle de Platon. De même, l'étude de la *nature* du lieu intelligible de la *République* et de sa contemplation trouve elle aussi son origine et sa justification dans les propos tenus par Socrate. Cependant, ceux-ci fonctionnent davantage comme un prétexte à des développements issus du mouvement interprétatif de la lecture, dont la dynamique consiste surtout à déplacer les accents, et donc les enjeux : à créer un « nouveau » platonisme.

Une « beauté inconcevable » : République, *509 a 6*

L'expression « beauté inconcevable », utilisée à deux reprises dans le *Traité 31*, apparaît dans d'autres traités dans un emploi comparable [1]. Elle est utilisée par Platon dans la *République* pour définir la beauté du Bien [2]. Or, elle qualifie ici non pas la beauté du Bien, mais celle de l'Intellect ou du monde intelligible. Au chapitre 3, Plotin dit des dieux : « En effet, vénérables et beaux sont tous les dieux et leur *beauté* <est> *inconcevable* » [3]. Plus loin, au chapitre 8, au sein d'une argumentation qui s'appuie sur le *Timée* et vise à justifier la beauté du monde sensible, il pose cette question : « De fait, si celui-là n'était pas ce qui est supérieurement beau *d'une beauté inconcevable*, quel objet serait plus beau que ce monde-ci que nous voyons ? » [4]. Le déplacement du sens de l'expression platonicienne a pour effet de brouiller les repères : ce qui se dit du Bien peut-il donc se dire *aussi* de l'Intellect ? Même si celui-ci est l'image de celui-là, leur beauté est-elle identique ? Mais en quel sens ? Si l'on se réfère aux propos tenus à la fin du traité précédent, le *Traité 30*, ainsi qu'à ceux début du *Traité 31*, il semble que la réponse puisse être affirmative. Mais on ne peut comprendre ce déplacement sans avoir à l'esprit l'une des thèses principales du traité, spécifiquement plotinienne, selon laquelle l'Intellect et le monde intelligible sont la Beauté même et s'identifient réciproquement. Le

1. *Cf.*, par exemple, *Traité 1* (I, 6), 8, 2 ; *Traité 32* (V, 5), 3, 8 ; *Traité 33* (II, 9), 17, 36.
2. *République*, 509 a 6.
3. *31*, 3, 18-19.
4. *Ibid.*, 8, 21-22.

recours à cette citation est donc révélateur et transforme considérablement la perspective platonicienne.

Il est cependant impossible de faire ici abstraction du contexte dans lequel s'inscrit cette référence, contexte avant tout polémique, puisque ceux qui critiquent le monde sensible sont les Gnostiques. Plotin ajoute en effet, immédiatement après la question posée au chapitre 8 que nous avons citée plus haut : « De là vient qu'ils ont tort, ceux qui méprisent ce monde-ci, à moins qu'en effet, ce ne soit dans la mesure où il n'est pas le monde de là-bas. » Dans ce contexte, l'application à l'Intellect d'une "caractéristique" du Bien relève aussi de la rhétorique et a une fonction persuasive. Tout se passe comme si, dès que Plotin parle de la Beauté – celle du Bien ou celle de l'Intellect –, l'expression platonicienne surgissait de façon quasi mécanique : l'on serait ainsi en présence d'un "texte-réflexe", relevant d'un langage commun à lui et à ses auditeurs ou lecteurs, le langage platonicien. Cette allusion a donc pour fonction de renforcer la démonstration au sein d'un discours dont le caractère rhétorique est confirmé à la fois par la tournure exclamative de la phrase du chapitre 3 et par l'emploi d'une expression hyperbolique (*huperkalon*) dans la question posée au chapitre 8.

Thèmes du Timée

C'est dans ce même chapitre 8 que l'exégèse du *Timée*, sur laquelle repose en majeure partie la thèse selon laquelle le monde sensible, image d'un modèle qui est la Beauté même, est nécessairement beau, et la réfutation des Gnostiques qui s'ensuit, est assumée par Plotin de façon explicite. La tactique qui consiste opposer, face à des gens qui « n'ont pas compris Platon » (cf. *33*, 6), une interprétation correcte de celui-ci, est en effet particulièrement bien mise en évidence dans la troisième partie de ce chapitre (*31*, 8, 7-23).

Le texte auquel se réfère Plotin de façon précise est un passage très bref du *Timée* : 37 c 7-d 1. Platon y évoque la joie qui saisit le démiurge lorsqu'il voit le monde qu'il a créé : « Or lorsque le père qui l'avait engendré comprit qu'il se mouvait et vivait, devenu une image (*agalma*) des dieux éternels, il se réjouit et, rempli d'admiration, il eut l'intention de le rendre davantage semblable encore à son modèle »[1]. Or la façon dont Plotin utilise et interprète, à des fins de réfutation, cette courte phrase de Platon est révélatrice de sa pratique herméneutique en général. Dans le chapitre précédent, le chapitre 7, il a longuement argumenté en faveur de la thèse d'une production du monde sans intention réfléchie ni raisonnement ou délibération préalables, s'inscrivant ainsi dans une longue tradition d'interprétation critique du *Timée* qu'il renouvelle en partie pour, en quelque sorte, radicaliser à la fois la position des Gnostiques et la sienne, de façon à rendre plus sensible le caractère irréductible de sa propre opposition[2]. Mais dans le chapitre 8, tout se passe comme si la critique du *Timée* n'avait plus d'importance, ou du moins une importance très relative. Ce qui importe en effet, à ce moment-là, est d'insister sur la beauté du modèle, c'est-à-dire le monde intelligible et l'Intellect (*31*, 8, 1-5), seule susceptible de faire saisir et reconnaître la beauté du monde sensible. Plotin n'hésite pas alors à mettre en évidence les émotions joyeuses du démiurge à la vue de l'ouvrage qu'il a réalisé, et même à modifier le texte de Platon de façon à rendre encore plus perceptible l'intention délibérée du "créateur" de ce monde-ci. « C'est bien pourquoi Platon », écrit Plotin, « voulant signifier ceci [la beauté du modèle] en visant davantage de clarté puisque c'est à nous qu'il s'adresse, représente le démiurge approuvant l'œuvre qu'il vient d'achever : il veut nous montrer par là quelle joie procure la beauté du modèle et de l'idée » (*31*, 8, 7-11). L'interprétation proposée ici est assez subtile : ce serait uniquement par souci de pédagogie (« c'est à nous qu'il s'adresse ») que Platon aurait évoqué la joie éprouvée par le démiurge. Ceci lui permet de poursuivre et d'insister : « Le "il se réjouit" renvoie au modèle : c'est là ce que <Platon> rend suffisamment clair dans la suite

1. Voir l'article de Jérôme Laurent, « La beauté du dieu cosmique », dans J. Laurent (éd.), *Les dieux de Platon*, Presses Universitaires de Caen, 2003, p. 25-40.

2. Voir à ce sujet l'exposé très détaillé de cette tradition d'interprétation du *Timée* et les conclusions nuancées de D. O'Meara dans son article « Gnosticism and the Making of the World in Plotinus », *in* B. Layton (ed.), *The Rediscovery of Gnosticism*, vol. I, Leiden, E. J. Brill, 1980, p. 365-378.

du discours. Il dit en effet : “il se réjouit et voulut le rendre encore davantage semblable au modèle lui-même”. Il montre ainsi quelle est la beauté du modèle en disant que ce qui provient de lui est beau lui aussi, en tant qu'image de celui-là » (*31*, 15-20). On note que l'on passe de la simple intention à la volonté, puisque le verbe *épinoèsen* (« il eut l'intention de ») employé par Platon devient *éboulèthè* (« il voulut ») chez Plotin. C'est donc, selon Plotin, à la beauté du modèle que se rapportent la joie et l'admiration, alors qu'elles se rapportent à celle du monde créé dans le *Timée*. L'accent est par conséquent déplacé d'un référent à l'autre afin que le texte platonicien, utilisé comme argument, corresponde mieux, fût-ce au prix d'un détournement de son sens premier, à la thèse générale du traité selon laquelle il n'est de beauté qu'intelligible.

2. *La critique des Gnostiques* [1]

Critique de la multiplication des « intermédiaires » entre les différents niveaux de la réalité

La multiplication des principes ou des niveaux de réalité (les Éons) chez les Gnostiques constitue l'une des cibles de la critique de Plotin. Celui-ci rappelle ainsi, au début du *Traité 33* (*33*, 1,3 – 3,15), que le Bien ou l'Un constituent une nature une et identique (33, 1, 5-6), qu'il n'y a rien au-dessus de cette nature (*33*, 1, 12), qu'il ne faut donc « pas remonter vers d'autres principes mais, mettant celui-là en tête, placer à sa suite l'Intellect – ce qui pense originellement – et, à la suite de l'Intellect, l'Âme, car tel est l'ordre conforme à la nature des choses »

1. La littérature consacrée aux Gnostiques est immense. Pour un exposé plus détaillé des conceptions gnostiques, on pourra cependant se reporter aux articles de Pierre Hadot et Michel Tardieu, respectivement « Gnostiques I. Le Gnosticisme » et « Gnostiques II. Les Collections gnostiques », dans le *Dictionnaire de l'histoire du christianisme*, Paris, Encyclopædia Universalis-Albin Michel, 2000, p. 453-463 et 463-473. L'on pourra aussi consulter l'ouvrage de Michel Tardieu et Jean-Daniel Dubois, *Introduction à la littérature gnostique*, t. I, Paris, Éditions du Cerf-Éditions du CNRS, 1986 ainsi que le volume de la Pléiade paru en 2007 : *Écrits gnostiques. La bibliothèque de Nag Hammadi* (édition publiée sous la direction de Jean-Pierre Mahé et Paul-Hubert Poirier), Paris, Gallimard. Nous sommes particulièrement redevable à ces études.

et qu'« il ne faut poser ni plus, ni moins de principes » (*33*, 1, 12-16). Les six premières lignes du premier chapitre du *Traité 31* ainsi que ses trois derniers chapitres correspondent en tous points à cette hiérarchie.

Or celle des Gnostiques est bien différente. Les deux grands systèmes de pensée gnostiques, séthiens et valentiniens[1], se caractérisent en effet par une pluralité d'entités, depuis le Premier principe jusqu'au monde matériel. Dans la gnose séthienne, à la suite d'une triade constituée du Père – Dieu transcendant, invisible et indicible –, de la Mère (Barbélô) et de l'Enfant (Autogène) vient toute une série d'entités (les Éons) qui sont autant de multiplications de ces figures primitives. La Mère est la Pensée Première (« Prôtoennoia », « Pronoia ») du Dieu transcendant, puis vient d'une part Sophia, mère du Démiurge mauvais, qui a créé le monde sensible, nécessairement laid par conséquent, bien que les âmes humaines contiennent des parcelles de la divinité propre à la Pensée ou Mère Première, d'autre part « Épinoia », ou Ève spirituelle. On retrouve dans le système valentinien la thèse d'un Principe premier, Père, Pro-Père ou « Abyme »; coexistant avec sa pensée (*Ennoia*), celui-ci produit le Fils (un Intellect). Le Père comme le Fils étant à la fois unité et dualité, d'eux naît un monde divin, le « Plérôme », constitué d'un très grand nombre d'entités spirituelles, les « Éons », organisés selon une hiérarchie précise et associés par « couples » comprenant une puissance masculine et une puissance féminine. Le dernier et le plus jeune des Éons, « Sophia », est à l'origine du monde sensible.

C'est donc cette série d'entités intermédiaires multiples que critique Plotin dans le *Traité 31*, en affirmant non seulement l'unicité des trois principes, mais aussi l'unité et l'identité absolues de l'Intellect et des intelligibles, qui sont la Beauté même.

*La notion de « sagesse » (*sophia*)*

La notion de « sagesse » (*sophia*), qui joue un rôle important dans l'argumentation propre aux *Traités 31* et *33*, constitue elle aussi l'un des points essentiels de la polémique qui oppose Plotin aux

1. Selon Irénée, la doctrine des Séthiens est la source de celle des Valentiniens.

Gnostiques. S'il insiste en effet, dans le *Traité 31*, sur l'identité de la *sophia* et de l'Intellect – celle-ci étant entendue comme purement intuitive et non pas calculatrice [1] – c'est pour en souligner, contrairement aux Gnostiques, la supériorité, la perfection et la puissance, productive et spontanée. Il cherche donc à stigmatiser, comme il le fait au chapitre 10 du *Traité 33*, l'incohérence qu'il y aurait à supposer, en elle comme en l'âme, une quelconque tendance à s'incliner vers le bas, cette descente étant à l'origine de « ce qu'ils appellent le Démiurge » [2]. Les Gnostiques soutiennent en effet que Sophia, le dernier des Éons, à cause de sa passion pour le Père – qu'elle a voulu connaître alors qu'elle en est incapable – a été entraînée dans une chute dont a résulté une sorte d'avorton difforme qu'elle a poussé hors du Plérôme. C'est le « premier Archonte », le Démiurge mauvais qui a créé l'homme psychique. L'une des principales caractéristiques de l'Éon Sagesse étant son ignorance, l'on ne peut par conséquent s'étonner de voir Plotin insister à rebours, au chapitre 4 du traité, sur la science absolue de l'Intellect défini comme *sophia*, « sagesse » ou « science en soi ».

La critique de la conception gnostique de la « création » du monde

Selon Plotin, le monde résulte d'un mouvement spontané, non réfléchi, sans inclinaison : ainsi, « l'Âme du monde demeure elle-même, étrangère à tout souci, sans faire de raisonnement pour diriger le Tout, et sans avoir rien à rectifier, mais en l'ordonnant avec une puissance prodigieuse, grâce à la contemplation de ce qui est avant elle » (*33*, 2, 13-15) [3]. Ces propos, les développements du chapitre 8 du même traité et la terminologie elle-même (« belle image », « sagesse admirable ») –, révèlent une communauté de conceptions entre les deux traités, puisque l'on retrouve très exactement des thèses (voire

1. Cf. *31*, 4, 36 – 6, 19.

2. Cf. *33*, 10, 17-33.

3. Voir aussi *33*, 4, 8-9 et 15-16 : l'Âme produit « à partir de ce qu'elle a vu là-haut » et non pas « en vertu d'un raisonnement » car « l'acte de produire est inhérent à sa nature et sa puissance est productrice ».

des expressions) identiques dans le *Traité 31*, en particulier dans les chapitres 7 et 8.

La critique de Plotin porte en particulier, au chapitre 7, sur l'interprétation erronée de la notion d'« intention » (*épinoia*) car celle-ci suppose que la production du monde sensible soit comparable à la création humaine. Ce faisant, il s'inscrit dans une longue tradition, sinon critique, du moins corrective, de la conception platonicienne de l'activité du Démiurge dans la *Timée*[1]. Il faut donc être attentif à la spécificité des objections plotiniennes[2]. Celles-ci sont en effet étroitement liées au but que s'est fixé Plotin dès le début du traité, implicitement reformulé au chapitre 8 : affirmer la beauté de l'Intellect et du monde intelligible et mettre en évidence celle du monde sensible. Or cette beauté, les Gnostiques ne pouvaient l'admettre puisque le monde résulte, selon eux, de l'erreur et de « l'audace » (*tolmè*) originelles de l'Éon Sophia, actes de séparation et d'indépendance à l'égard du Principe Premier.

Contre l'idée d'une « terre nouvelle »

La notion de « lieu », à ce point centrale dans le *Traité 31* que celui-ci pourrait aussi être lu comme un long commentaire de la notion platonicienne de « lieu intelligible », constitue un autre élément du conflit qui oppose Plotin à ses adversaires. Pour ceux-ci en effet, le salut des âmes réside dans le changement de « lieu », c'est-à-dire dans la remontée depuis le monde sensible, par essence mauvais, vers le lieu originaire, c'est-à-dire vers le Plérôme. À première vue, cette conception n'est pas très différente de celle de Platon, si l'on pense au fait que « fuir au plus vite d'ici vers là-bas », pour reprendre une expression du *Théétète* (176 a), constitue une nécessité qui s'impose de façon impérieuse à l'âme, comme le montrent aussi le *Banquet* et le *Phèdre*.

---

1. Ainsi chez Aristote et dans la tradition aristotélicienne, chez les Épicuriens ainsi que dans le moyen platonisme. Voir à ce sujet l'article de D. O'Meara déjà cité.

2. D. O'Meara suggère aussi que la critique plotinienne vise sans doute davantage ceux de ses auditeurs qui, sans être des Gnostiques revendiqués, pouvaient se laisser séduire par cette interprétation pourtant erronée du *Timée*.

Plotin développe d'ailleurs longuement le thème de la fuite dans le *Traité 1*[1]. Mais, outre le fait que le monde sensible, en tant qu'image du monde intelligible, n'est pas et ne peut être laid, la façon dont il conçoit le monde intelligible est très différente. Ainsi, c'est contre l'idée, qui leur est propre, d'une « terre nouvelle »[2] qu'il oppose, dans le *Traité 31*, l'affirmation selon laquelle « ce n'est pas sur une terre en quelque sorte étrangère que chacun marche » (*31*, 4, 15).

La singularité principale de cet écrit reste cependant la priorité accordée à la Beauté, « beauté de l'Intellect et du monde de là-bas ». Certes, la visée est avant tout polémique, mais la thèse de l'identité de l'Intellect et de la Beauté est l'une des thèses fondamentales de la philosophie de Plotin, au point que le titre même du traité peut paraître redondant.

3. *La « Beauté intelligible »*

Titre du Traité

La question de la Beauté est au centre de deux des cinquante-quatre écrits plotiniens, du moins si l'on s'en tient à leurs titres et à leurs *incipit* : le *Traité 1*, « Sur le Beau » et le *Traité 31*, « Sur la Beauté intelligible ». Or nous savons par Porphyre que « Plotin n'avait pas donné de titre lui-même <à ses traités> » et que « chacun donnait un titre différent à chacun d'entre eux », lui-même se contentant d'indiquer « ceux qui ont prévalu »[3]. L'interprétation et la réception des deux traités, telles qu'elles s'expriment tout d'abord à travers les titres qui leur ont été attribués, sont en elles-mêmes révélatrices. Elles invitent en effet à penser que l'objet propre à chacun des deux écrits était perçu comme plus large dans le premier cas, plus restreint dans le second.

1. *Traité 1* (I, 6), chap. 8.
2. *Traité 33* (II, 9), 5, 24-25.
3. *Vie de Plotin*, chap. 1, 16-19. Voir à ce sujet le chapitre de M.-O. Goulet-Cazé consacré à « L'édition porphyrienne des *Ennéades* », dans Porphyre, *La Vie de Plotin*, *op. cit.*, p. 280-327.

L'examen des textes ne révèle certes pas de différence significative : l'adjectif substantivé *to kalon*, « le beau » et le substantif *to kallos*, « la beauté » sont en effet employés à fréquence à peu près égale dans les deux traités. On constate cependant que *to kallos* y désigne toujours la beauté « en soi », la forme intelligible du Beau, tandis que *to kalon* recouvre une acception plus large : l'expression peut renvoyer tantôt au beau sensible, tantôt au beau intelligible mais Plotin l'utilise aussi dans le *Traité 1* soit pour distinguer le Beau intelligible du Bien soit, inversement, pour assimiler ce qu'il appelle le « Beau premier » et le Bien [1].

De fait, si le titre du *Traité 1* suggère un objet d'étude plus vaste que celui du *Traité 31*, c'est peut-être en raison du point de vue à partir duquel la notion de beauté y est étudiée. Dans le second traité, Plotin aborde en effet la réflexion sur la notion de beauté en se plaçant d'emblée au niveau de l'Intellect [2] et, même si la méthode adoptée est comparable d'un écrit à l'autre [3] – il faut partir des beautés sensibles pour s'élever par degrés jusqu'à la Beauté intelligible –, c'est sur la nature de celle-ci, et en particulier son identité totale et absolue avec l'Intellect, que Plotin concentre l'essentiel de ses analyses. Celles du *Traité 1* portent en revanche majoritairement sur la relation entre l'âme individuelle et le beau. Il s'agit d'expliquer d'une part les émotions éprouvées par l'âme face à un bel objet, d'autre part le jugement de beauté que celle-ci est conduite à émettre, mais aussi de montrer en quoi et à quelles conditions l'âme est ou peut être belle. Car seule l'âme devenue ou redevenue belle est en mesure d'appréhender la Beauté en soi, c'est-à-dire l'Intellect et, au-delà, la « Beauté inconcevable » du Bien ou de l'Un. Tout se passe donc comme si, dans le *Traité 31*, « l'état » de l'âme purifiée, devenue pur intellect, était

1. Voir en particulier la fin du chapitre 9 du *Traité 1* (I, 6).

2. Cf. *31*, 1, 1-6 et cette phrase : « ici, c'est à partir de l'intellect entièrement purifié en nous ou, si tu veux, des dieux, que <l'on saura> de quelle nature est l'intellect en eux » (*31*, 3, 16-18).

3. La méthode dialectique, platonicienne. La composition des deux écrits comporte auissi de nombreuses similitudes.

considéré sinon comme acquis, du moins comme une condition implicite.

Cette différence de points de vue ne doit cependant pas faire oublier que les deux écrits reposent sur des thèses communes et constantes d'un traité à l'autre : la fonction anagogique et analogique du beau pour la contemplation de l'Intellect et du monde intelligible, puis de l'Un/Bien; l'idée selon laquelle, dans le sensible comme dans l'intelligible, la beauté, qui toujours révèle la présence de la Forme intelligible (*eidos*), est fondamentalement une et unique et constitue en cela le *signe* ou la « trace » de la présence de l'Un. De fait, bien que les modalités la réponse soient différentes, la question du statut de la Beauté par rapport à l'Un est elle aussi posée dans les derniers chapitres de chaque traité (*1*, 7-9 et *31*, 12-13). Quant à la thèse fondamentale du *Traité 31*, celle de l'identité entre Intellect et Beauté, elle apparaît clairement dès le *Traité 1*, à propos des choses qui « existent réellement » : « Que signifie "existent réellement" ? » – Eh bien, "choses belles" » (*1*, 5, 19-20).

On peut enfin se poser cette question : si les thèses sont communes, mais les points de vue différents, les objectifs ne sont-ils pas toujours les mêmes ? Ne s'agit-il pas à chaque fois de faire comprendre au lecteur la véritable nature de l'âme, du monde intelligible, de l'Intellect et de l'Un, le guider vers leur contemplation, lui faire voir la beauté du monde sensible et répondre ainsi du même coup, *dès* le premier traité, aux critiques et aux interprétations erronées des Gnostiques ?

La notion de « Beauté intelligible » dans les autres écrits de Plotin

Nous avons tâché de mettre en évidence à plusieurs reprises, dans cette introduction, la façon dont Plotin élabore et argumente la thèse fondamentale du *Traité 31*, selon laquelle il n'existe de beauté qu'intelligible. Nous étudierons de façon plus détaillée dans le commentaire l'origine, la spécificité et les implications de cette thèse. Celle-ci informe et structure cependant le système philosophique de Plotin dans son ensemble, c'est pourquoi nous donnerons ici un rapide aperçu des passages des autres écrits[1] plotiniens qui peuvent être mis en relation avec la thèse fondamentale du traité, en souscrivant ainsi aux propos de A. H. Armstrong déjà cités : « sa philosophie nous est présentée [...] dans un perpétuel maniement et remaniement des grandes questions centrales, toujours à partir de points de vue légèrement différents et en référence à différents types d'objections et de questionnements »[2].

Les relations entre beauté sensible et intelligible sont bien sûr analysées dans le *Traité 1*, « Sur le Beau », mais aussi dans les *Traités 27* (IV, 3), chapitres 9 et 10 et *47* (III, 2), chapitre 7. L'on voit en outre, dans les deux premiers chapitres du *Traité 20*, (I, 3), Plotin décrire les émotions du musicien et de l'amant face à la beauté, et affirmer qu'il faut leur prouver, par les voies de la dialectique, que ce sont les êtres intelligibles et l'Intellect qui les émeuvent.

C'est sur la thèse de l'identité de l'Intellect et de la Beauté (cf. *31*, chapitre 9) que se fonde l'argumentation du chapitre 7 du *Traité 10* (V, 1), ainsi que des chapitres 7 et 18 du *Traité 34* (VI, 6). De façon générale, la façon dont Plotin relie la Beauté aux trois niveaux de réalité (Un/Bien, Intellect et Âme) est essentielle pour comprendre le statut du Beau chez Plotin. Pour la question des liens entre Un/Bien, Beauté et Intellect, on se reportera au *Traité 8* (VI, 9), chapitre 4, au *Traité 39*, chapitres 8, 10 et 15 ainsi qu'au *Traité 51* (I, 8), chapitres 2 et 13. Quant à celle des relations entre Un/Bien, Intellect, Âme (Âme hypostase et âmes individuelles) et Beauté, elle est développée en particulier dans les chapitres 22, 30, 32 et 33 du *Traité 38* (VI, 7). On retrouve enfin l'idée selon laquelle c'est l'Intellect qui donne à l'âme sa beauté dans le *Traité 2* (IV, 7), chapitre 13, le *Traité 5* (V, 9), chapitre 2 et le *Traité 34* (VI, 6), chapitre 7.

4. *Art et Beauté*

Parmi les thèses importantes du *Traité 31*, celle d'une identité entre art et Beauté, associée à la revalorisation du statut de l'art qui en est la

1. Hormis ceux de la tétralogie anti-gnostique.
2. A. H. Armstrong, *Plotinus*, *op. cit.*, p. VIII.

conséquence directe, a particulièrement marqué ses lecteurs et ses commentateurs. La conception de l'art exposée au premier chapitre du traité leur est en effet apparue comme profondément novatrice. Prenant le contre-pied de la célèbre critique platonicienne de l'art au livre X de la *République*[1], selon laquelle l'œuvre d'art ne serait qu'une imitation d'imitation, éloignée de la nature de trois degrés, Plotin définit à l'inverse l'art comme une activité proprement noétique. Si une pierre façonnée par un artiste pour devenir une statue est plus belle qu'une pierre brute, c'est, selon lui, « en vertu de la forme que l'art a introduite en elle ». Or cette forme est la forme intérieure, qui est dans l'intellect de l'artiste[2]. Voilà pourquoi l'œuvre d'art ne peut être considérée comme une simple imitation :

> Mais si quelqu'un méprise les arts parce qu'ils produisent en imitant la nature, il faut dire tout d'abord que les choses naturelles aussi imitent d'autres choses. Ensuite, il faut savoir que les arts n'imitent pas tout simplement ce qui est vu, mais qu'ils remontent aux principes rationnels, dont provient la nature. Puis il faut savoir aussi qu'ils produisent beaucoup de choses par eux-mêmes et même suppléent, parce qu'ils possèdent la beauté, à toute déficience en quelque objet que ce soit : ainsi Phidias, qui produisit son Zeus sans se référer à aucun objet sensible, mais en le concevant tel qu'il serait, si Zeus consentait à apparaître à nos regards[3].

L'art possède ainsi une double caractéristique. Il relève *simultanément* d'une activité mimétique et “poiétique”, ou plus exactement “poiétique” *parce que* mimétique et il produit[4] des objets par référence à un modèle non pas sensible, comme l'affirme Platon dans

1. *Cf.* Platon, *République*, X, 596 d-e, 597 a-e, 598 b 5. Voir aussi *République*, V, 486 b.

2. Cf. *31*, 1, 12-16 et 15-18.

3. *31*, 1, 32-40.

4. Nous préférons en effet traduire le verbe *poiein* par « produire » plutôt que par « créer », afin d'éviter toute confusion et de mettre en évidence la thèse fondamentale de Plotin selon laquelle il n'existe pas de « création » proprement dite, c'est-à-dire pas de création *ex nihilo*, et encore moins de « fabrication » dans l'art comme dans la nature, dans l'âme en général (l'âme individuelle, l'âme du Monde ou l'Âme universelle) et dans l'Intellect.

la *République*, mais intelligible. La critique plotinienne est conséquente et s'appuie en grande partie sur des thèses d'inspiration aristotélicienne [1]. La production artistique ou "poiètique" consiste en effet dans l'information de la matière par la forme (*eidos*) et la domination [2] de la seconde sur la première : c'est d'elles, et d'elles seules, que résulte la beauté d'une œuvre selon Plotin. L'art procède donc *comme* le fait la nature [3], en remontant aux « principes rationnels » (*logoi*) des choses. Mais Plotin va jusqu'à affirmer que l'art fait mieux que la nature, en ce qu'il peut suppléer aux défauts des objets produits par la nature, qu'il rend plus beaux. Cette affirmation est à rapprocher de la conception aristotélicienne de la *mimèsis* poétique [4], puisque l'artiste (Phidias, en l'occurrence) représente les hommes tels qu'ils *pourraient* être, et non tels qu'ils sont. C'est donc un art purement conceptuel, "idéel" plus encore qu'idéal, qu'il envisage ici, puisque « participer à l'art » signifie « participer à la Forme » [5]. Il ne s'agit pas même, en effet, d'une participation à la seule Forme du Beau, comme l'affirmait Platon de tous les beaux objets [6], mais à *la* Forme en général, qui est Beauté.

Cette thèse n'est pas propre au *Traité 31*, puisqu'on retrouve dans d'autres traités comme le *Traité 1* (I, 6) [7] ou le *Traité 20* (I, 3) [8] l'idée selon laquelle ni la beauté d'une œuvre ni celle d'un être humain ne peuvent relever de critères purement arithmétiques. Au chapitre 1 du *Traité 1*, Plotin critique même de façon virulente ceux qui considèrent que « c'est la bonne proportion (*summetria*) des parties les unes par rapport aux autres et par rapport au tout ainsi que l'ajout de la belle couleur qui produisent la beauté pour la vue [...] » [9]. Cette théorie, très

1. Voir par exemple Aristote, *Métaphysique*, 1032 b, 1033 a-b, 1034 a. *Physique*, I, 9, 192. *Éthique à Nicomaque*, VI, 4, 1140 a.

2. *Cf.* l'emploi du verbe *kratein* en *31*, 1, 9; la même thèse est présente dans le *Traité 1* (*1*, 2, 16).

3. *Cf.* Aristote, *Physique*, II, 8, 199 a 12-13; 194 a 21.

4. *Cf.* Aristote, *Poétique*, 1451 a et 1453 b.

5. *31*, 1, 12-18.

6. *Cf.* Platon, *Phédon*, 100 c 3-5.

7. *1*, 2, 13-18.

8. Cf. *Traité 20*, chap. 2.

9. *1*, 1, 22 *sq*.

répandue dans l'Antiquité et à laquelle Plotin lui-même souscrit pourtant à d'autres moments[1], est selon lui insuffisante en ce qu'elle ne permet pas de rendre compte de la beauté d'une chose simple (*1*, 1, 30-34). Car la beauté provient nécessairement de « quelque chose d'autre qui s'ajoute à la bonne proportion » : dans les objets sensibles, les corps humains, les conduites morales ou même dans les sciences, elle résulte toujours de la présence et de l'activité de l'âme tournée vers l'Intellect, de l'Intellect lui-même et, au-delà, de l'Un ou du Bien. Comme il le rappelle dans un très beau passage du *Traité 38* (VI, 7), c'est l'âme qui rend beau un être humain et provoque le désir. Voilà pourquoi « la splendeur de la beauté »resplendit au plus haut point sur un visage vivant, alors que sur un visage mort on n'en voit plus que le vestige » et « pour ce qui est des statues, les plus vivantes [sont] les plus belles, même si les autres ont plus de symétrie ». Et « un homme laid, s'il est vivant », est « plus beau qu'un homme, sans doute beau, mais représenté dans une statue », parce qu'il est « plus désirable, [...] parce qu'il a une âme, [...] parce qu'il a plus la ressemblance avec le Bien, [...] parce que son âme a été colorée en quelque sorte par la lumière du Bien »[2].

L'activité de l'artiste humain telle que Plotin l'expose dans le *Traité 31* est en cela comparable à celle du démiurge du *Timée*, ce que révèle l'usage des termes *agalma* (« représentation », et plus spécifiquement « statue », *31*, 1, 9) et *dèmiourgos* (*31*, 1, 18)[3]. Or la référence implicite au *Timée* n'est pas anodine et constitue en elle-même une première réponse, réitérée dans les chapitres suivants de façon plus explicite et argumentée, aux Gnostiques et à leur mépris affiché du monde sensible. Platon montre en effet dans le *Timée* que le démiurge crée son ouvrage, l'univers, parfois désigné par le terme même d'*agalma*, conformément à un modèle intelligible, raison pour laquelle cet ouvrage est beau. Plotin transpose donc la conception platonicienne de l'activité du démiurge pour l'appliquer à l'art en général et, d'une certaine manière, réfute les thèses de la *République* par celles du *Timée*.

1. Voir par exemple le *Traité 47* (III, 2), chap. 2.
2. *38*, 22, 22-36, traduction P. Hadot (*Traité 38*, Paris, Éditions du Cerf, 1988).
3. Voir l'emploi de ce terme en *Timée*, 28 a – 29 a et 37 c.

Il est certain que cette conception novatrice de l'art s'explique par le contexte polémique du traité : « Non, encore une fois, mépriser le monde, les dieux ainsi que les autres beautés qui sont en lui, ce n'est pas devenir un homme de bien », lit-on au chapitre 16 du *Traité 33*, dans lequel la thèse de la présence et de l'activité de l'intelligible dans la totalité du monde sensible est longuement argumentée, à travers l'exemple des accords musicaux, des rapports arithmétiques et géométriques, des peintures et œuvres d'art en général, ou encore des visages humains et des astres [1].

Mais cette explication demeure partielle, car la revalorisation du statut de l'art qu'induit la position "anti-platonicienne" défendue dans le premier chapitre du *Traité 31* ne peut être considérée comme secondaire. Elle a, de fait, suscité de nombreux commentaires.

Les questions essentielles sont celles de l'originalité, réelle ou supposée, de la théorie plotinienne, mais aussi du renouvellement profond de la conception de l'art en général qu'elle aurait engagé et de ses possibles effets sur l'art de son temps et des époques ultérieures. La nouveauté des conceptions esthétiques de Plotin a été défendue en particulier par des historiens de l'art comme André Grabar, Peter Brown ou encore, bien que de façon plus nuancée, par E. Panofsky [2]. Or la dévalorisation de l'art n'est pas aussi systématique chez Platon lui-même qu'on le croit généralement [3], de même que Plotin, inversement, n'accorde pas toujours à l'art un statut ontologique aussi fortement affirmé qu'il l'est dans ce chapitre, car il reprend plusieurs

---

1. Cf. *33*, 16, 1-2 et 39-56 en particulier.

2. P. Brown, *The World of Late Antiquity*, Londres, W. W. Norton & Company, 1989; A. Grabar, « Plotin et les origines de l'esthétique médiévale », dans *Les origines de l'esthétique médiévale*, Paris, Macula, 1992, p. 29-57; E. Panofsky, *Idea. Contribution à l'histoire du concept de l'ancienne théorie de l'art*, trad. fr. H. Joly, Paris, Tel-Gallimard, 1983. Voir aussi les analyses de W. Beierwaltes dans l'article « Image and Counterimage? Reflections on Neoplatonic Thought with respect to its place today », *in* H. J. Blumenthal, R. Marcus (eds.), *Neoplatonism and Early Christian Thought*, London, Variorum Reprint, 1981.

3. Voir par exemple Platon, *République*, V, 472 d et VI, 484 c, *Banquet* 209 a. L'article de Daniel Babut constitue une mise au point éclairante à ce sujet : « Sur la notion d'imitation dans les doctrines esthétiques de la Grèce classique », *Revue des Études Grecques* n°s 465-466, Paris, 1983, p. 82-87.

fois à son compte l'idée selon laquelle l'art ne fait qu'imiter un modèle sensible [1].

La spécificité de la thèse plotinienne est donc complexe. Elle tient tout d'abord au fait que Plotin a étroitement lié sa conception de l'art à une théorie du Beau. C'est ce qu'ont montré en leur temps A.N.M. Rich dans son article « Plotinus and the Theory of Artistic Imitation » [2] et Ernst Cassirer dans l'ouvrage qu'il consacre à la question du Beau et de l'art chez Platon, *Eidos et Eidolon* [3]. E. Cassirer rappelle en effet que « toutes les théories de l'art ultérieures <à Platon> maintiennent la corrélation avec le beau qu'elles acceptent presque comme un présupposé évident » alors que pour Platon, « cette corrélation s'inverse en son contraire », puisqu'il « présente l'Idée du beau en la niant dans son apparition sensible ». Selon lui, Plotin, en revanche, en montrant que « l'art n'est plus régi par la simple *mimèsis*, mais par une fonction authentiquement productrice », a établi de manière durable un lien entre l'œuvre d'art et le beau, ouvrant ainsi la voie à une « évaluation systématique de l'œuvre d'art ». E. Cassirer relativise cependant la nouveauté de Plotin sur ce point, en rappelant que Platon lui-même avait déjà envisagé la possibilité d'une « création dans le beau » [4]. Mais Jean Pépin est sans doute celui qui propose les réponses les plus convaincantes à la question de l'originalité de Plotin, dans un chapitre de l'ouvrage collectif consacré à la *Vie de Plotin* par Porphyre, intitulé « L'épisode du portrait de Plotin » [5]. Il montre en effet que la

---

1. Ainsi dans le *Traité 27* (IV, 3), 10, 17-19, le *Traité 5* (V, 9), 11, 1-4 ou encore le *Traité 42* (VI, 2), 22, 39-46.

2. Article paru dans la revue *Mnemosyne*, 13, 1960, p. 233-239.

3. E. Cassirer, « *Eidos* et *Eidôlon. Le problème du Beau et de l'art dans les dialogues de Platon* », dans *Écrits sur l'art*, trad. fr. C. Berner, F. Capeillères, J. Carro, J. Gaubert, Paris, Éditions du Cerf, 1995, p. 27-52.

4. *Ibid.* p. 51.

5. Porphyre raconte en effet dans la *Vie de Plotin* (1, 4-9) que celui-ci refusa que l'on fît son portrait au motif qu'on lui demandait de « consentir à laisser derrière lui un reflet de reflet, plus durable celui-là [c'est-à-dire plus durable que celui « dont la nature nous a entourés »], comme si c'était là vraiment l'une des œuvres dignes d'être contemplées ! ». Voir J. Pépin, « L'épisode du portrait de Plotin », dans *Porphyre, La Vie de Plotin*, *op. cit.*, t. II, p. 301-330 ainsi que l'appendice à ce chapitre, « L'art de Phidias comme paradigme de l'esthétique du modèle intelligible », *ibid.*, p. 331-334.

singularité de celui-ci a consisté à soutenir conjointement *deux* esthétiques, celle du modèle sensible *et* celle du modèle intelligible, qui en réalité ne s'opposent pas. Réfutant la thèse selon laquelle les conceptions esthétiques de Plotin auraient évolué, il rappelle, comme nous l'avons souligné précédemment, que la seconde esthétique est présente dès le *Traité 1.* Il précise que « le principe qui rend compte de leur opposition sans exclusive » réside « dans le degré de qualité de l'œuvre d'art »[1] et que l'on en trouve les prémisses dans le texte du *Timée* (28 a–b) où la beauté du monde créé par « l'artisan en général » provient de la référence à un modèle intelligible. Il y aurait donc « au sommet l'art souverain d'un Phidias qui ne trouve pas dans le monde sensible son point de départ » et « au plus bas l'art d'imitation décrié par Platon »[2].

Le fait que Plotin ait pu soutenir tour à tour ou conjointement deux esthétiques, en privilégiant l'une par rapport à l'autre en fonction du contexte, n'ôte donc rien au caractère novateur des affirmations que contient le premier chapitre du *Traité 31*, même si la figure de Phidias, artiste “divin”, est déjà présente chez plusieurs auteurs antérieurs à Plotin[3]. De fait, l'idée selon laquelle l'art a pour finalité le beau ainsi que le parallèle établi entre l'œuvre de l'artiste et la création divine – quand bien même l'artiste ne ferait que redoubler la nature – tout comme la conception d'un art “idéel” qui produit des objets pouvant être, en un certains sens, plus *vrais* que nature, semblent avoir tenu un rôle important dans un certain nombre de théories esthétiques ultérieures, depuis l'Antiquité tardive jusqu'à notre époque.

On le constate ainsi chez saint Augustin[4] mais aussi, au Moyen Âge, chez Thomas d'Aquin qui soutient l'accord des deux

---

1. *Ibid.* p. 319.
2. *Ibid.* p. 319.
3. Voir ainsi Cicéron, *De oratore*, 7-10; Philostrate, *Vie d'Apollonios de Tyane*, 6,19 qui écrit aussi dans le prologue de la *Galerie de Tableaux* : « ne pas aimer la peinture, c'est mépriser la vérité même » (trad. A. Boudot, Paris, Les Belles Lettres, 2001).
4. Voir l'étude de J.-M. Fontanier, *La beauté chez saint Augustin*, Presses Universitaires de Rennes, 2008.

esthétiques[1] et, à la Renaissance, Marsile Ficin, traducteur de Plotin : « De même que les œuvres d'art sont les représentations des réalités naturelles, de même les réalités naturelles sont des représentations des réalités divines. Mais les œuvres d'art, parce qu'elles ont un point commun, la matière, s'approchent davantage de la vérité des réalités naturelles, que les réalités naturelles de la vérité des réalités divines »[2]. Des conceptions très proches, soulignant la puissance divine et créatrice de la peinture et du peintre, sont présentes chez Nicolas de Cues, Michel Ange, Alberti ou Léonard de Vinci : « Si le maître veut voir des beautés capables de lui inspirer de l'amour, il a la faculté de les créer, [...] ce qu'il y a dans l'univers par essence, présence ou fiction, il l'a, dans l'esprit d'abord, puis dans les mains », écrit ce dernier[3].

Reprises au XVIIe siècle par les platoniciens de Cambridge et au XIXe siècle par les romantiques allemands, les thèses plotiniennes sur la beauté intelligible et leur incidence sur la fonction et le statut de l'art comme de l'artiste offrent en outre une proximité surprenante avec celles d'artistes plus proches de notre époque comme Picasso, Matisse[4] ou encore Kandinsky qui, dans son essai paru en 1911 et intitulé *Du spirituel dans l'art et dans la peinture en particulier*, affirme de nouveau que la beauté est nécessairement intérieure.

---

1. *Cf.* U. Eco, *Le problème esthétique chez Thomas d'Aquin*, trad. M. Javion, Paris, P.U.F., 1993; *Art et beauté dans l'esthétique médiévale*, trad. M. Javion, Paris, Grasset, 1997.

2. Marsile Ficin, *Théologie platonicienne de l'immortalité des âmes*, trad. R. Marcel, Paris, Les Belles Lettres, 1964, t. II, livre XI, p. 138. Voir à ce sujet l'étude d'André Chastel, *Marsile Ficin et l'art*, Genève, Droz, 1975.

3. Léonard de Vinci, *Traité de la peinture*, textes traduits et présentés par A. Chastel, Paris, Berger-Levrault, 1987, p. 114; Nicolas de Cues, *Le tableau ou la vision de Dieu*, trad. A. Minazzoli, Paris, Éditions du Cerf, 1986; pour Michel Ange, on pourra se reporter aux analyses de E. Panofsky dans *Studies in Iconology. Humanistic Themes in the Art of the Renaissance*, New York, Icon Editions, Harper and Row, 1972[4], p. 180-181 ; Leon Battista Alberti, *De la peinture*, trad. J.-L. Schefer, Paris, Macula, 1992.

4. Voir à ce sujet la « Note sur l'esthétique de Plotin » de Pierre Hadot, placée en annexe de la première édition de *Plotin ou la simplicité du regard*, Paris, Plon, 1963, p. 163-169.

PLOTIN
SUR LA BEAUTÉ INTELLIGIBLE

ABRÉVIATIONS ET SIGLES UTILISÉS DANS LES NOTES CRITIQUES DE LA TRADUCTION

1. Manuscrits

Famille w

A Laurentianus 87, 3

E Parisinus Graecus 1976

Famille B

B Laurentianus 85.15

Famille x

R Vaticanus Reginensis Graecus 97

J Parisinus Graecus 2082

Famille U

U Vaticanus Urbinas Graecus 62

Famille C

C Monacensis Graecus 449

Famille z

Q Marcianus Graecus 242

L Ambrosianus Graecus 667

2. ÉDITIONS, TRADUCTIONS, ÉTUDES CRITIQUES DU *TRAITÉ 31*

ARMSTRONG A. H. — *Plotinus*, vol. V, Londres-Cambridge (Mass.), Loeb Classical Library, 1984.

BRÉHIER E. — Plotin, *Ennéades*, t. V, Les Belles Lettres, Paris, 1931.

CASAGLIA M., GUIDELLI C., LINGUITTI A. et MORIANI F. — *Enneadi di Plotino*, vol. IV-VI, Torino, Unione Tipografico-Editrice Torinense, 1997.

CILENTO V. — Plotino, *Enneadi*, Bari, Laterza, 1949.

CILENTO V. — *Paideia antignostica* [*Ennéades* III, 8, V, 8, V, 5, II, 9]. Introduction et commentaire, Florence, Le Monnier, 1971.

CREUZER F. — *Plotini Enneades*, cum Marsilii Ficini interpretatione castigata, Paris, Didot, 1855.

FAGGIN G. — Plotino, *Enneadi*, Milano, Rusconi, 1992.

FICINUS M. — *Plotini Opera*, Latina Interpretatio, Florence, 1492 (voir aussi Creuzer).

GUIDELLI C. — *Sul bello intelligibile (V, 8)*, Opuscula n° 26, Genova, Il Melangolo, 1989.

HARDER R. — *Plotins Schriften*, Deutsche Übersetzung, Bd. IIIa & IIIb, Leipzig, Meiner, 1964.

HENRY P. — *Études plotiniennes I. Les états du texte de Plotin*, Paris-Bruxelles, 1938.

HENRY P. — *Études plotiniennes II. Les manuscrits des* Ennéades, Paris-Bruxelles, 1948.

HENRY P., SCHWYZER H.-R. — *Plotini Opera*, t. III, Museum Lessianum, Series Philosophica, Desclée de Brouwer, Paris – L'Édition Universelle, Bruxelles, 1959[2] (= *Editio major*, citée : H.-S.[1])

HENRY P., SCHWYZER H.-R. — *Plotini Opera*, t. II, Oxford, Clarendon Press, 1977 (= *Editio minor*, citée : H.-S.[2])

IGAL J. — Plotino, *Enéadas*, V-VI, Madrid, Ed. Gredos, 1998.

KALLIGAS P. — Εννεάς Πέμπτη, αρχαίο κείμενο, μετάφραση, σχόλια, Αθήναι, Κέντρον Ερεύνης της Ελληνικής και Λατινικής Γραμματείας, 2013.

KIRCHHOFF A. — *Plotini Opera*, Leipzig, Teubner, 1856.

KROKIEWICZ A. — *Les Ennéades de Plotin* (traduction en polonais), Varsovie, Presses de l'Université Jagolienne, 1959.

LAURENT J., PRADEAU J.-F. — *Plotin*, vol. 5, *Traités 30-37*; traduction et notes du *Traité 31* par J. Laurent, GF-Flammarion, Paris, 2006.

MATHIAS P. — *Plotin, Du Beau. Ennéades I, 6 et V, 8*. Paris, Presses Pocket, 1991.

MACKENNA S. — The *Enneads*, 4th ed. rev. by B.S. Page, London, Faber & Faber, 1957.

MIGUEZ J.-A. — *Plotino*, Bibl. de iniciación filosófica, Buenos Aires, Aguilar, vol. V, 1967.

ROLOFF D. — Plotin, *Die Grosschrift* [III, 8 (30); V, 8 (31); V, 5 (32); II, 9 (33)], New York, de Gruyter, 1970.

SOARES L. G. — *Plotino, Acerca da Beleza Inteligível (Enéada V, 8 (31))*. Indroduçâo, tradução e notas, Kriterion, Revista de Filosofia (Brasil) (44, 107), 2003, p. 110-135.

VOLKMANN R. — *Plotini Enneades*, t. I, Leipzig, Teubner, 1883.

3. VOCABULAIRES

BONITZ H. — *Index aristotelicus*, Berlin, 1870; Graz, 1955, 2e éd.

LIDDEL H.-G., SCOTT R. et JONES H.-S. — *A Greek English Lexicon*, Oxford, Clarendon Press, 1968.

SLEEMAN J. H., POLLET G. — *Lexicon Plotinianum*, Leyde (Brill) - Louvain (University Press), 1980.

4. PROBLÈMES GRAMMATICAUX

DENNISTON J.D. — *The Greek Particles*, Oxford, 1954.

HUMBERT J. — *Syntaxe grecque*, Paris, 1960[3].

SCHWYZER H. R. — art. « Plotinos », *Paulys Realencyclopädie*, t. 21, 1951, col. 471-592 (et *Supplementband*, 15, 1978, col. 311-327).

5. Note sur la traduction

La traduction s'appuie sur le texte grec établi par H.-S. [2]. Mais le lecteur pourra utiliser aussi H.-S. [1]. En effet, quand la traduction suppose un texte différent aussi bien de H.-S. [2] que de H.-S. [1], nous l'avons signalé dans la liste des Modifications au texte grec de H.-S. [1] et de H.-S. [2] et dans les notes de la Traduction.

Les *crochets obliques* <> indiquent une addition d'un mot ou de lettres, que nous adoptons, qu'elle ait été proposée par H.-S. ou par un autre éditeur ou par nous-même. Les nouvelles conjectures ou graphies que nous proposons sont signalées en note. Nous n'avons signalé en note les additions ou conjectures de H.-S. que lorsqu'elles donnaient matière à discussion.

Les *parenthèses* correspondent à ce qui, pour le sens, est une parenthèse dans le texte de Plotin. Nous avons signalé en note, autant que possible, les nouvelles ponctuations que suppose parfois notre traduction.

Les *tirets* ont le même sens, lorsqu'ils sont placés à l'intérieur d'une phrase ; ils marquent une plus forte séparation que la parenthèse. Placés en début de phrase, ils soulignent les articulations (demandes et réponses) d'une argumentation dialectique.

Les *guillemets* « » marquent que le mot ou l'expression employé par Plotin est explicitement présenté par lui comme une formule empruntée à Platon ou à un usage particulier.

Les *italiques* indiquent une citation littérale d'une phrase ou d'une expression, la plupart du temps platoniciennes.

PLAN DU TRAITÉ

INTRODUCTION : OBJET DU TRAITÉ : VOIR ET DIRE COMMENT ON PEUT CONTEMPLER LA BEAUTÉ DE L'INTELLECT ET DU MONDE INTELLIGIBLE (1, 1-6)

PREMIÈRE PARTIE : LA BEAUTÉ DANS L'ART, LA NATURE ET L'ÂME (1,6 – 3,8)

PREMIÈRE SECTION : LA BEAUTÉ DANS L'ART (1, 6-40)

1. L'exemple des deux pierres : une pierre travaillée par l'art et une pierre brute (1, 6-12)
2. Thèse : la beauté d'une œuvre d'art résulte de la présence en elle de la forme (1, 12-15)
3. Argumentation (1, 15-32)
4. Conséquence : objections à ceux qui critiquent l'art en ce qu'il imite la nature (1, 32-40)

DEUXIÈME SECTION : LA BEAUTÉ DANS LA NATURE (2, 1-46)

1. Les beautés naturelles : définition (2, 1-6)
2. Question : d'où vient leur beauté ? (2, 6-14)
3. Réponse et thèse : leur beauté provient de la forme (2, 14-16)
4. Argumentation (2, 16-46)

TROISIÈME SECTION : LA BEAUTÉ DANS L'ÂME (3, 1 - 8)

DEUXIÈME PARTIE : LA BEAUTÉ DANS L'INTELLECT (3, 8 – 4, 54)

PREMIÈRE SECTION : DÉFINITIONS DE L'INTELLECT (3, 8-18)

1. Définitions (3, 8-10)
2. Question : quelle image peut-on se faire de lui ? (3, 10-12)

2. Évocation du monde intelligible : puissance une et multiple, totale et infinie (9, 15-36)
3. Puissance totale et identité parfaite de la beauté et de l'être (9, 36-47)

SIXIÈME PARTIE : VISION DU MONDE INTELLIGIBLE ET DE L'INTELLECT (10, 1 –11, 39)

PREMIÈRE SECTION : EXÉGÈSE DU *PHÈDRE*, ZEUS ET LE CORTÈGE DES VOYANTS (10, 1-43)

1. La capacité à voir (10, 1-22)
2. Beauté et splendeur totales : voir la Beauté, c'est devenir beau (10, 22-35)
3. La vision est intérieure (10, 35-43)

DEUXIÈME SECTION : LA VISION INTELLIGIBLE (11, 1-40)

1. Une vision intérieure, tantôt consciente, tantôt inconsciente (11, 1-19)
2. Comment être dans le Beau sans le voir ? (11, 19-22)
3. Beauté, conscience et inconscience de soi (11, 23-40)

SEPTIÈME PARTIE : LES MYTHES DE FILIATION DIVINE ET LE STATUT DE L'INTELLECT (12, 1- 13, 22)

PREMIÈRE SECTION : LE DISCOURS DU "VOYANT" (12, 1-26)

1. Narration : voici ce qu'il a vu (12, 1-11)
2. Filiation et Beauté (12, 11-20)
3. Critique de ceux qui nient l'éternité du monde (12, 20-26)

DEUXIÈME SECTION : RETOUR À L'INTERPRÉTATION DU MYTHE HÉSIODIQUE : LE STATUT DE L'INTELLECT (13, 1-12)

TROISIÈME SECTION : LA BEAUTÉ DE L'ÂME (13, 12-22)

CONCLUSION : FAUT-IL ADOPTER UNE AUTRE MÉTHODE POUR FAIRE COMPRENDRE LE « LIEU INTELLIGIBLE » ? (13, 22-24)

MODIFICATIONS AU TEXTE GREC DE H-S[2]

H-S 2	notre texte
[1] 7, 7 διατεθέντα	διατιθέντα (= H-S 1)
[2] 8, 8 ἐνεργεστέρων	ἐναργεστέρων (*Enn.* / Kirchhoff)
[3] 13, 13-14 αὐτῇ	αὐτή (= H-S 5 et Kalligas)
[4] 13, 17 ἐκεῖνο (= H-S 2)	ἐκεῖνος (Harder)

INTRODUCTION

OBJET DU TRAITÉ : VOIR ET DIRE COMMENT ON PEUT CONTEMPLER LA BEAUTÉ DE L'INTELLECT ET DU MONDE INTELLIGIBLE

1. Puisque nous affirmons que celui qui a atteint la contemplation du monde intelligible et intellectuellement conçu la beauté de l'Intellect véritable sera capable d'introduire aussi dans sa pensée le *père*[1] de celui-ci – c'est-à-dire celui qui est *au-delà de*[2] l'Intellect –, tâchons maintenant de voir et de dire | pour nous-mêmes, autant qu'il est possible de dire pareilles choses, de quelle manière l'on pourrait contempler la beauté de l'Intellect et du monde de là-bas.

1. Platon, *République*, 506 e 6
2. Platon, *République*, 509 b 9.

Première partie

LA BEAUTÉ DANS L'ART, DANS LA NATURE ET DANS L'ÂME

I
La beauté dans l'art

1. *L'exemple des deux pierres : une pierre travaillée par l'art et une pierre brute*

Supposons donc que deux choses soient placées l'une à côté de l'autre, disons, si tu veux, deux pierres, considérées dans leur masse propre, dont l'une est *dépourvue de forme*[1] et ne participe pas à l'art, tandis que l'autre a déjà été entièrement maîtrisée par l'art pour devenir la statue d'un dieu ou même d'un homme – si c'est un dieu, ce peut-être une Grâce ou quelque Muse, si c'est un homme, en revanche,

1. Litt. « sans rythme ». Le « rythme » (ῥύθμος) désigne tout mouvement régulier et récurrent; il peut aussi, suivant le contexte, signifier la proportion, la symétrie, ou encore l'arrangement, l'ordre. Cet adjectif, d'emploi extrêmement rare, est utilisé par Aristote en *Métaphysique* 1014 b 27 et *Physique* 193 a 11 pour désigner ce qui est sans ordre, sans organisation ou arrangement et n'est pas dominé pas une forme. Nous l'avons indiqué en italiques car c'est probablement à Aristote que Plotin emprunte ce terme dont le sens s'accorde tout à fait avec son argumentation, où ce qui résulte de la forme est opposé à ce qui est en est dépourvu. Le français « informe » serait une autre traduction possible, mais moins précise.

non pas un homme quelconque, | mais celui que l'art aura produit à partir de tous les hommes beaux,

2. *Thèse : la beauté d'une œuvre d'art résulte de la présence en elle de la forme*

eh bien, la pierre qui, sous l'effet de l'art, a atteint la beauté de la forme, nous apparaîtrait comme belle non pas du fait d'être pierre – car l'autre aussi serait belle de la même manière – mais en vertu de la forme que l'art a introduite en elle.

3. *Argumentation*

| Cette forme, donc, la matière ne la possédait pas, mais elle existait dans celui qui l'a conçue avant même de venir dans la pierre; et elle existait dans l'artisan non pas dans la mesure où il avait des yeux ou des mains, mais parce qu'il participait à l'art.

Elle existait donc dans l'art, cette beauté bien supérieure; en effet, ce n'est pas cette beauté existant dans l'art, qui est venue dans la pierre : | non, celle-là demeure immobile, tandis qu'une autre vient de lui[1], inférieure à la première[2]. Et pas même cette beauté-ci[3] n'est demeurée pure dans la pierre, ni telle que l'artiste le voulait : elle l'est demeurée seulement pour autant que la pierre a cédé à l'art. Mais si l'art rend son objet semblable à ce qu'il est et qu'il possède – et il le rend beau conformément au principe rationnel[4] de l'objet qu'il produit –, il est cependant lui-même beau en un sens plus grand et plus vrai, parce qu'il possède la beauté propre à l'art, beauté sans nul doute plus grande et plus belle que | toute celle qui peut exister dans l'objet extérieur. En effet, plus <la beauté> s'étend en allant vers la matière,

---

1. *i.e.* c'est-à-dire de l'art (τῇ τέχνῃ, l. 20).
2. *i.e.* cette beauté supérieure (τὸ κάλλος, l. 18)
3. Il s'agit de la forme introduite dans la matière, qui informe celle-ci et la rend belle; cette forme est elle-même dérivée de la Forme intelligible qui est et demeure « dans l'art ».
4. λόγος.

plus elle s'affaiblit par rapport à celle qui demeure dans l'unité, car tout ce qui se disperse s'éloigne de lui-même : la force <s'éloigne d'elle-même> en force, la chaleur en chaleur, de manière générale la puissance <s'éloigne d'elle-même> en puissance, et la beauté, | en beauté. Et tout producteur premier en lui-même doit être supérieur à ce qui est produit <par lui>. Ce n'est pas, en effet, l'absence de musique[1] qui produit le musicien, mais c'est la musique; quant à la musique dans le monde sensible, c'est celle qui est antérieure à lui <qui la produit>.

4. *Conséquence : objections à ceux qui critiquent l'art en ce qu'il imite la nature*

Mais si quelqu'un méprise les arts parce qu'ils produisent en imitant la nature, il faut dire tout d'abord que les choses naturelles aussi imitent d'autres choses. Ensuite, il faut savoir | que les arts n'imitent pas tout simplement ce qui est vu, mais qu'ils remontent aux principes rationnels, dont provient la nature. Puis il faut savoir aussi qu'ils produisent beaucoup de choses par eux-mêmes et même suppléent, parce qu'ils possèdent la beauté, à toute déficience en quelque objet que ce soit : ainsi Phidias, qui produisit son Zeus sans se référer à aucun objet sensible, mais en le concevant tel qu'il | serait, si Zeus consentait à apparaître à nos regards.

1. J. Pépin, dans son article sur « L'épisode du portrait de Plotin » (dans Porphyre, *La Vie de Plotin*, t. II, Paris, Vrin, 1992) traduit le terme ἡ ἀμουσία par la « non-musique ». Cette traduction, séduisante et précise, nous paraît cependant un peu hardie.

II
La beauté dans la nature

1. *Les beautés naturelles : définition*

2. Mais laissons-là[1] les arts ; contemplons, en revanche, les choses dont on dit qu'ils imitent les œuvres, les choses qui sont des beautés produites par la nature et que l'on nomme ainsi, c'est-à-dire tous les êtres vivants, ceux qui sont doués de raison comme ceux qui en sont dépourvus et, tout spécialement, tous ceux d'entre eux qui sont réussis parce que celui qui les a façonnés et fabriqués | a maîtrisé la matière et leur a conféré la forme qu'il voulait.

2. *Question : d'où vient leur beauté ?*

Qu'est-ce donc que la beauté qui est en eux ?

Ce n'est certainement pas le sang et les menstrues; quant à leur couleur, elle est différente d'eux et leur figure n'est ou bien rien ou bien quelque chose qui est dépourvu de figure, ou bien comme ce qui enveloppe quelque chose de simple[2].

---

1. La forme ἀφείσθωσαν est celle de l'impératif parfait moyen passif du verbe ἀφίημι, à la 3e personne du pluriel; cette forme ionienne est de plus en plus courante à partir de 300 av. J.-C.

2. La construction et le sens même de cette phrase sont incertains. À défaut de considérer le passage comme corrompu, Henry et Schwyzer proposent de considérer ἄλλη comme un adjectif apposé à χρόα, οὐδὲν ἤ τι ἄσχημον comme l'attribut de χρόα et le syntagme οἷον τὸ περιέχον ἁπλοῦν τι comme l'attribut de σχῆμα. Cette construction rend la phrase encore plus complexe. Parmi les interprétations proposées, celle d'Armstrong, quasiment littérale – Armstrong considérant que Plotin se corrige lui-même successivement – nous paraît la plus simple : c'est celle que nous suivons ici. En tout état de cause, il semble que Plotin veuille signifier ici que la beauté des êtres vivants n'est pas due à une cause matérielle (sang et menstrues, *cf.* Aristote, *Métaphysique* VII, 4, 1044 a et *Parties des Animaux*, III, 5, 668 a; couleur) ou à une "forme" corporelle (*schèma*, « figure » ou « configuration »). Pour une discussion sur la couleur et la figure, on pourra se reporter aussi à la discussion entre Socrate et Ménon : Platon, *Ménon*, 75 b – 77 b. Voir aussi le *Traité 1* (I, 6), chap. 5, où Plotin dit que les sentiments éprouvés par les amoureux n'ont pas pour cause une « figure » ou une « couleur », mais l'âme vertueuse de ceux qu'ils aiment.

De quelle source a donc rayonné la beauté d'Hélène | qui fut l'objet de tant de combats, ou de toutes ces femmes dont la beauté est semblable à celle d'Aphrodite? Et de fait, d'où vient aussi la beauté d'Aphrodite elle-même, ou de tout être humain totalement beau, ou encore de l'un de ces dieux qui ont pu se présenter à notre vision ou de ceux qui, même s'ils ne se présentent pas, ont en eux une beauté qui pourrait être vue?

3. *Réponse et thèse : leur beauté provient de la forme*

Ne s'agit-il pas, partout, de la forme[1] | qui vient de celui qui produit dans l'objet engendré, de même que dans le cas des arts, on disait qu'elle vient des arts dans les objets de l'art?

4. *Argumentation*

Eh quoi ? Les objets produits ainsi que le principe rationnel qui vient dans la matière sont beaux, tandis que le principe rationnel qui n'est pas dans la matière, mais dans celui qui produit, n'est pas beauté, alors qu'il est pourtant premier et immatériel ?

Mais si la masse était belle en tant que masse, il faudrait alors que le principe rationnel, | dans la mesure où il n'est pas masse, lui qui pourtant produit, ne soit pas beau; mais si, qu'elle soit dans un objet petit ou grand, la même forme nous émeut de la même manière et met dans une disposition identique l'âme de celui qui voit grâce à la puissance qui lui est propre, c'est donc qu'il ne faut pas rapporter la beauté à la grandeur de la masse.

En voici une autre preuve : | tant qu'elle[2] est à l'extérieur, nous ne la voyons pas encore, mais lorsqu'elle est parvenue à l'intérieur, elle nous met dans une certaine disposition; et c'est seulement parce qu'elle est forme qu'elle pénètre par nos yeux; sinon, comment <pourrait-elle pénétrer> par un petit <espace>? Avec <la forme> vient

1. εἶδος.
2. *i.e.* la forme.

aussi la grandeur, non pas une grandeur qui consiste dans la masse, mais une grandeur qui advient par la forme.

Ensuite, il faut que ce qui produit soit ou laid, ou indifféremment <laid ou beau>, ou bien beau. Donc, s'il était laid, | il ne pourrait produire son contraire, et s'il était indifféremment <laid ou beau>, pourquoi <produirait-il> du beau plutôt que du laid ? Mais en fait, la nature qui fabrique[1] ces objets si beaux est belle elle aussi, bien antérieurement à eux, tandis que nous, qui sommes habitués à ne rien voir des choses qui sont à l'intérieur et les ignorons, nous poursuivons ce qui est extérieur, sans savoir que c'est l'intérieur qui nous émeut. C'est comme si quelqu'un, | regardant sa propre image sans savoir d'où elle vient, la poursuivait.

Que l'objet de notre poursuite est autre et que la beauté ne réside pas dans la grandeur, c'est ce que montrent aussi la beauté dans les sciences, la beauté dans les occupations et, de manière générale, la beauté dans les âmes. Car, par rapport à celle-là, il s'agit bien véritablement d'une beauté à un degré supérieur, lorsque tu vois chez quelqu'un la sagesse et que tu t'en réjouis, non pas en regardant | son visage, car celui-ci peut être laid, mais en abandonnant tout aspect extérieur pour poursuivre sa beauté intérieure. Si celle-ci ne t'émeut pas encore au point de déclarer beau pareil homme, tu ne pourras pas non plus, après t'être regardé toi-même à l'intérieur, prendre plaisir à ta propre beauté[2]. Par conséquent, si tu es dans cette disposition, tu rechercherais en vain cette beauté-là. En effet, c'est par la laideur et non par la pureté que tu la rechercheras. | C'est pourquoi les discours sur des sujets de cette sorte ne s'adressent pas non plus à tous. Mais si toi, tu t'es vu toi-même comme beau, souviens-toi.

1. δημιουργοῦσα.

2. Litt. « à toi-même comme beau ».

III
La beauté dans l'âme

3. Il existe donc dans la nature aussi un principe rationnel, archétype de la beauté qui est dans le corps et, par rapport à celui qui est dans la nature, celui qui est dans l'âme, et dont provient précisément celui qui est dans la nature, est plus beau. Sans nul doute, c'est celui qui est dans l'âme sage qui a le plus d'éclat : il précède[1] définitivement en beauté. C'est qu'il met de l'ordre | dans l'âme, lui apporte une lumière venant d'une lumière plus grande qui est beauté en premier, et lui permet ainsi de conjecturer, puisqu'il est lui-même dans l'âme, de quelle nature est celui qui lui est antérieur, qui ne vient plus dans les choses et n'est pas en autre chose mais en lui-même.

1. Pour la traduction de προίων par « précède », voir par exemple le *Traité 32*, chap. 3, 8 et 16 ainsi que Liddell-Scott, πρόειμι, 4.

Deuxième partie

LA BEAUTÉ DANS L'INTELLECT

I
Définitions de l'intellect

1. *Définitions*

Voilà pourquoi il ne s'agit plus d'un principe rationnel, mais du producteur du principe rationnel premier, c'est-à-dire de la beauté qui est dans cette matière qu'est l'âme <pour lui>. | Et celui-ci, c'est l'Intellect, celui qui est Intellect éternellement, et non pas seulement de temps en temps Intellect, parce qu'il n'est pas adventice pour lui-même.

2. *Question : quelle image peut-on se faire de lui ?*

Quelle image pourrait-on donc saisir de lui ? Car toute image sera tirée d'un objet inférieur. Or l'image doit en effet provenir de l'Intellect, de sorte que ce ne soit pas au moyen d'une image <qu'on le saisisse> mais,

3. *Réponse : il faut partir de l'intellect des dieux*

de même que l'on prend un morceau d'or comme échantillon de l'or dans sa totalité et que, si ce morceau n'est pas pur, on le purifie en montrant, | soit par l'acte soit par la parole, que ce n'est pas cet échantillon tout entier qui est l'or, mais que cet échantillon-ci est seulement ce qui est dans la masse, de même ici, c'est à partir de l'intellect entièrement purifié en nous ou, si tu veux, des dieux, que <l'on saura> de quelle nature est l'intellect en eux.

II
La beauté des dieux intelligibles

1. *L'intellect des dieux*

Oui, certes[1], vénérables et beaux sont tous les dieux, et leur *beauté* est *inconcevable*[2]. Mais | quelle est donc la cause qui les fait être ainsi[3] ? Eh bien, c'est l'Intellect, et c'est parce que l'Intellect exerce davantage en eux son activité, de sorte qu'ils sont vus <comme beaux>. En effet, ce n'est certainement pas parce que leurs corps sont beaux. Car il est vrai que, pour ceux qui ont des corps, ce n'est pas cela qui constitue pour eux le fait d'être des dieux, mais c'est par l'Intellect qu'ils sont, eux aussi, des dieux. Beaux, donc, en ce qu'ils sont des dieux. Ce n'est pas que tantôt ils pensent, tantôt ils sont privés de pensée, non : | ils pensent éternellement dans l'impassibilité, l'immobilité et la pureté de leur intellect, ils savent toutes choses et ont à connaître non pas les choses humaines mais celles qui leur sont propres, les choses divines, et tout ce que voit l'Intellect.

2. *Les différents dieux*

Parmi les dieux, les uns, ceux qui se trouvent dans le ciel – ils en ont le loisir, en effet – contemplent éternellement, mais comme de loin, les

1. Le connecteur γάρ s'entend ici au sens de « c'est un fait que », « oui, on a raison de dire que… ». Nous avons choisi de le traduire par « oui, certes » afin de souligner cette assertion et d'annoncer l'opposition introduite par ἀλλά dans la suite de la phrase.

2. Expression récurrente chez Plotin, empruntée à la *République*, VI, 509 a 6 (Glaucon l'emploie pour qualifier l'Idée du Bien), présente plus loin en 8, 21. *Cf.* aussi *Traité 1* (I, 6), 8, 2 ; *Traité 33*, (II, 9) 17, 36 ; *Traité 32* (V, 5), 3, 8.

3. C'est-à-dire « être beaux ».

objets dans le ciel de là-bas, en dressant | leur tête[1]. Les autres en revanche, ceux qui se trouvent dans le ciel de là-bas, tous ceux dont la demeure est sur lui et en lui, qui demeurent dans la totalité du ciel de là-bas – car là-bas tout est ciel, la terre est ciel, et la mer et les animaux et les plantes et les hommes : tout, du ciel de là-bas, est céleste – les dieux, donc, qui se trouvent en lui, sans mépriser les hommes[2] ni aucune des autres choses de là-bas parce qu'elles sont de là-bas, parcourent | la région de là-bas tout entière et ce lieu-là[3], tout en demeurant en repos

III

La « vie des dieux » dans le monde intelligible

1. *L'intériorité réciproque*

4. – en effet[4] la *vie facile*[5] est là-bas, et la vérité est aussi pour eux à la fois la mère, la nourrice, l'essence et la nourriture[6] – et ils voient toutes choses, *non pas* celles auxquelles *est lié le devenir*[7], mais <celles

---

1. *Phèdre*, 247 a-249 c.

2. Cette précision est à l'adresse des Gnostiques.

3. C'est le *topos noètos* : voir la toute dernière phrase du traité (13, 23-24).

4. À la suite de Harder (p. 387) et de Cilento (p. 164), nous considérons que le découpage du texte en chapitres effectué par Marsile Ficin est peu pertinent ici, c'est pourquoi nous n'indiquons pas de ponctuation à la fin du chapitre 3. Certes, Plotin passe maintenant (au chapitre 4, donc) à la description de la vie dans le monde intelligible, mais le connecteur καὶ γάρ assure une totale continuité entre la dernière phrase du chapitre 3 et le début du chapitre 4. Il a en effet une fonction explicative, et ce qui suit commente le participe ἀναπαυόμενοι : si les dieux demeurent en repos, *c'est parce que* là-bas c'est la « vie facile ». Cependant, contrairement à Harder, qui considère que le seul syntagme καὶ γὰρ…ἐκεῖ est une parenthèse, nous sommes plutôt d'accord avec Henry et Schwyzer pour lesquels l'ensemble de la phrase καὶ γὰρ…τροφήν constitue une parenthèse.

5. Expression empruntée à Homère (*Iliade*, VI, 138) pour qualifier les dieux « à la vie facile » (θεοὶ ῥεῖα ζώοντες).

6. Comme le précisent Henry et Schwyzer, ἀλήθεια est sujet, tandis que le syntagme constitué de καὶ… τροφή est attribut de celui-ci.

7. *Phèdre*, 247 d 7.

auxquelles est lié > l'être, et <ils > se voient eux-mêmes dans les autres ; car tout est transparent et rien n'y est | obscur ni résistant, mais chacun pour chacun et toutes choses sont claires jusqu'à l'intérieur : la lumière pour la lumière. De fait, chacun a toutes choses en lui-même et en retour voit tout en un autre, de sorte que tout est partout, tout est tout, chacun est tout et la splendeur infinie ; car chacun d'entre eux est grand, puisque même le petit est grand ; | et le soleil là-bas est tous les astres et en retour chacun et tous sont le soleil. En chacun prédomine une chose différente, et pourtant toutes choses se manifestent en lui.

2. *Mouvement et repos en soi-même*

Et il y a aussi le mouvement pur ; en effet, ce qui le meut ne trouble pas son cours en étant différent de lui ; et le repos n'est pas mû, parce qu'il n'est pas mélangé à ce qui n'est pas en repos ; et le beau est beau parce qu'il n'est pas | dans ce qui n'est pas beau.

3. *Identité totale*

Ce n'est pas sur une terre en quelque sorte étrangère que chacun marche, mais ce en quoi il est constitue pour chacun cela même qu'il est et, tandis qu'il monte en quelque sorte vers le haut, le lieu d'où il vient l'accompagne dans sa course, et il n'est pas lui une chose, et sa région une chose différente de lui. Car son substrat, c'est l'Intellect et il est lui-même Intellect.

C'est comme si l'on pensait à propos de ce ciel-ci, | qui est visible, parce qu'il est lumineux, que la lumière qui provient de lui, ce sont les astres.

Donc ici, ce n'est pas d'une partie différente que peut provenir une autre partie et chaque chose ne peut être qu'une partie, tandis que là-bas, c'est du tout que provient éternellement chaque chose et chaque chose est en même temps aussi le tout ; on se la représente en effet comme une partie, mais elle est vue comme le tout pour celui dont la vue est perçante – | comme si l'on possédait une vue semblable à celle de Lyncée[1] qui, dit-on, voyait même jusqu'à l'intérieur de la terre, car le mythe désigne ainsi, par énigmes, les yeux de là-bas.

4. *La contemplation sans satiété*

Mais de la contemplation de là-bas il n'est, pour celui qui contemple, ni fatigue ni satiété qui le conduise à cesser <de contempler>. En effet, il n'y pas eu auparavant de vide de sorte que, une fois parvenu à la satiété et au but recherché, il s'en satisfasse et il ne s'y trouve pas non plus un être | distinct d'un autre de sorte que, pour l'un de ceux qui sont dans ce lieu, ce qui appartient à un autre ne <lui> soit pas agréable. Et les choses de là-bas sont sans usure. Mais on y est sans satiété en ce que la satiété ne fait pas mépriser celui qui l'a procurée. En effet, en voyant, on voit encore plus et en se voyant infini soi-même ainsi que les choses que l'on voit, on suit sa propre nature.

| Et la vie n'est chose fatigante pour personne lorsqu'elle est pure. Ce qui vit la vie la meilleure, pourquoi serait-il fatigué? La vie est sagesse, une sagesse qui n'est pas obtenue par le raisonnement parce que, de tout temps, elle a existé tout entière et sans déficience aucune qui fasse éprouver le besoin de <la> rechercher, non, elle est la première et ne vient pas d'une autre. L'essence même est sagesse, et l'on n'est pas d'abord soi, ensuite sage.

5. *Intellect et science en soi*

| C'est pourquoi aucune <sagesse> n'est plus grande et la science en soi est ici parèdre de l'Intellect, parce qu'elle se manifeste en même temps que lui, de même que l'on dit aussi, par imitation, que Dikè est parèdre de Zeus[2]. En effet, toutes les choses de ce genre sont là-bas comme des statues vues par elles-mêmes, c'est donc un *spectacle* pour des spectateurs *suprêmement bienheureux*[3]. De cette sagesse l'on peut

1. *Cf.* 10, 35.

2. *Cf.* Pindare, *Olympique* VIII, 21-22; Sophocle, *Œdipe à Colone*, v. 1382; Platon, *Lois*, 716 a 2; *Orphicorum Fragmenta*, 158.

3. Platon, *Phédon*, 111 a 5.

voir | la grandeur et la puissance en ce qu'elle comporte avec elle et qu'elle a produit tous les êtres, que tous la suivent, qu'elle est elle-même les êtres et qu'ils sont nés avec elle et que les deux sont un et que l'essence est la sagesse de là-bas.

Mais nous, nous n'en avons pas pris conscience, parce que | nous croyons fermement[1] que les sciences sont des théorèmes et un amas de prémisses. Or, ceci n'est pas même vrai des sciences d'ici-bas – mais s'il y a contestation sur ce point, laissons de côté, pour le moment, ces sciences-ci. En revanche, en ce qui concerne la science de là-bas, celle que Platon avait précisément en vue lorsqu'il dit qu'elle n'est *pas non plus celle qui est différente dans un objet différent*[2] – et quant à savoir en quel sens, il nous l'a laissé rechercher et découvrir, si toutefois nous prétendons | mériter cette appellation[3] – peut-être vaut-il donc mieux commencer en partant de là.

1. L'emploi du parfait νενομίκαμεν souligne la persistance et la solidité de cette conviction erronée.

2. *Phèdre*, 247 d 7-e 1.

3. La plupart des traducteurs, à la suite d'É. Bréhier, précisent : « appellation <de platoniciens> ». Bien que cette interprétation paraisse légitime en raison du contexte immédiat (une citation directe de Platon), il nous paraît toutefois préférable de ne rien ajouter et de laisser à cette phrase, destinée à un public d'initiés, son caractère elliptique et d'une certaine manière “crypté”.

TROISIÈME PARTIE

L'INTELLECT COMME SAGESSE

I

LA SAGESSE DANS L'ART, LA NATURE ET L'ÂME

1. *La sagesse dans l'art*

5. Toutes les choses qui sont engendrées, qu'il s'agisse de produits de l'art ou de la nature, c'est une sagesse particulière [1] qui les produit, et partout c'est la sagesse qui guide la production. Mais si l'on fait l'hypothèse que quelqu'un produit conformément à la sagesse elle-même [2], eh bien soit, disons que les arts produisent [3] de cette façon.

---

1. τις : il ne s'agit pas d'une sagesse quelconque, mais d'une sagesse spécifique, propre à l'art ou à la nature.

2. C'est-à-dire : conformément à la sagesse propre à l'art.

3. Litt. : « que les arts soient ainsi ». Dans ce contexte argumentatif, la protase exprime la formulation d'une hypothèse et l'apodose, avec l'impératif ἔστωσαν (forme rare de 3e pers. du pl. de l'impératif présent de εἰμι), signifie que l'on accepte cette hypothèse.

2. *La sagesse dans la nature et dans l'âme*

L'artiste, pourtant[1], se reporte à la | sagesse naturelle, conformément à laquelle les objets <de la nature> ont été engendrés[2], une sagesse qui n'est plus composée à partir de théorèmes, mais qui est dans sa totalité une chose unique, non pas celle qui est rassemblée à partir de plusieurs éléments pour constituer une unité, mais bien plutôt celle qui s'analyse[3] en une pluralité à partir d'une unité. Par conséquent, si on la[4] pose comme première, cela suffit puisqu'en effet, elle ne vient plus d'autre chose et n'est pas non plus en autre chose[5]. Mais s'ils[6] disent qu'elle est | la forme rationnelle[7] dans la nature, et que la nature en est le principe, alors nous demanderons d'où <la nature> le tient et si elle le tient de cet être qui serait différent <d'elle>[8]. Si c'est d'elle-même <qu'elle le tient>, arrêtons-nous là. Mais s'ils remontent jusqu'à l'Intellect, alors là il faut voir si c'est l'Intellect qui a engendré

---

1. Plotin veut dire ici que cette hypothèse n'est pas tout à fait exacte. Si l'on devait développer l'argument, il faudrait traduire : « pourtant, ce qui a été dit est que... », ou bien « pourtant, ce qu'il faut dire ou ce qui a été dit est que... ».

2. P. Henry et H.-R. Schwyzer suggèrent en note que le sujet de γεγένηται est « l'artiste » : il faudrait alors comprendre et traduire : « une sagesse naturelle conformément à laquelle *il a été engendré* ». Plotin ferait donc allusion à la sagesse naturelle qui a produit l'artiste en tant qu'objet naturel, c'est-à-dire en tant qu'être vivant, en l'occurrence en tant qu'être humain. Cette interprétation nous semble peu convaincante, dans la mesure où Plotin reformule ici les thèses des chapitres 1 et 2, dans lesquels on ne trouve aucune trace de cette thèse-ci. Il est davantage plausible, et plus conforme à ce qui est dit dans les deux premiers chapitres du traité, que le sujet sous-entendu de ce verbe à la 3e p. du sg. soit le neutre pluriel τὰ φυσικά (l. 1).

3. Nous avons voulu rester au plus près du terme grec ἀναλυομένην et être fidèle à l'étymologie du verbe « analyser », mais l'on pourrait aussi traduire par « se décompose ».

4. *i.e.* cette « sagesse naturelle ».

5. Cf. *Traité 32* (V, 5), 9, 1.

6. Plotin se réfère probablement ici (comme à la ligne 13) aux Gnostiques.

7. Nous traduisons ici λόγος par « forme rationnelle » et non par « principe rationnel » afin de pouvoir conserver la traduction de ἀρχή par « principe ».

8. Litt. : « et si elle tient ce principe de cette chose-là (ἐκείνου) <étant> autre (ἄλλου) ». L'explication donnée par Henry et Schwyzer est justifiée : ἄλλου est en construction attributive par rapport à ἐκείνου et il faut entendre ἄλλος au sens plein de « différent ».

la sagesse. Et si on dit que c'est le cas, à partir de quoi <l'a-t-il engendrée> ? Si c'est à partir de lui-même, cela est impossible à moins qu'il ne soit lui-même | sagesse.

II
LA SAGESSE DANS L'INTELLECT

1. *Essence et sagesse*

La véritable sagesse est donc essence, et la véritable essence est sagesse, et la valeur pour l'essence aussi provient de la sagesse et, parce qu'elle provient de la sagesse, elle est essence vraie. C'est aussi pourquoi toutes les essences qui ne possèdent pas la sagesse, parce qu'elles sont advenues grâce à une sagesse particulière, sont essence mais, parce qu'elles ne possèdent pas en elles-mêmes la sagesse, ne sont pas des essences véritables. | Il ne faut donc pas croire que ce sont des propositions que regardent les dieux ou les êtres suprêmement heureux qui sont là-bas, non : chacune des choses dont nous avons parlé sont là-bas de belles images, telles qu'on s'imaginait qu'elles existent dans l'âme de l'homme sage, des images qui cependant ne sont pas dessinées, mais existent réellement. C'est aussi pourquoi les anciens disaient que les Idées, ce sont des êtres réels et | des essences.

2. *L'exemple des hiéroglyphes*

6. Les sages égyptiens, me semble-t-il, ont bien compris cela, soit par une science exacte, soit même par une science innée : en effet, pour les choses qu'ils voulaient montrer avec sagesse [1], ils n'ont pas usé de figures de lettres qui suivent le développement des discours et des prémisses et imitent les sons et | l'énonciation des propositions, mais ils ont dessiné des images et gravé dans les temples une image unique pour chaque objet, et ainsi fait apparaître que cette image [2] ne consiste pas en un discours développé – c'est-à-dire, par conséquent, que

1. Litt. « au moyen d'une sagesse », ou « sous la forme d'une sagesse ».
2. ἐκείνου renvoie à ἄγαλμα, à la ligne précédente.

chaque image est une science et une sagesse, un substrat, compact, que ce n'est pas une pensée discursive[1] et que ce n'est pas non plus une délibération[2].

3. *Sagesse et pensée discursive*

Mais ultérieurement, | à partir de cette sagesse, qui est compacte, <se produit> un reflet[3] qui se déploie désormais en autre chose <qu'elle>, qui se dit lui-même en un discours développé et fait découvrir les raisons pour lesquelles il est ainsi; la conséquence en est que, puisque l'être engendré est beau de cette manière, quiconque sait admirer dit qu'il admire cette sagesse et la façon dont, sans pourtant posséder elle-même les raisons de son essence – les raisons pour lesquelles elle est ainsi – elle les fournit | aux objets qui sont produits conformément à elle. Donc, ce qui est beau de cette manière et ce qui ne pourrait grâce à la recherche révéler que difficilement, ou même pas du tout, qu'il doit être ainsi – à supposer qu'on le découvre –, <nous disons qu'il>[4] existe de cette manière avant toute recherche et tout raisonnement.

1. διανόησις.
2. βούλευσις.
3. εἴδωλον.
4. Cette phrase pose un problème de construction. Henry et Schwyzer expliquent que ὅτι introduit une complétive (et non une circonstancielle de cause) dépendant de φανέν, le syntagme τὸ φανέν étant sujet tandis que le syntagme πρὸ…ὑπάρχειν οὕτως est attribut. Cette construction attributive peut paraître problématique, ou n'est pas suffisamment explicitée, c'est pourquoi nous proposons de clarifier la construction en suppléant ici un verbe déclaratif.

Il est à noter que Bréhier adopte un texte différent. Suivant Volkmann, il supprime la conjonction καὶ après οὕτως à la ligne 15 et ajoute un second δεῖ devant ὑπάρχειν. Il fait de τὸ φανέν le c.o.d. de ἐξεύροι.

QUATRIÈME PARTIE

CRITIQUE DE LA CONCEPTION GNOSTIQUE DE LA CRÉATION DU MONDE

1. *Absurdité de la thèse gnostique*

Par exemple[1] – saisissons en effet ce que je veux dire en prenant appui sur un grand et unique exemple, qui s'adaptera aussi à tous :

7. à propos de ce tout[2], si toutefois nous admettons que c'est d'un autre qu'il tient son être et qu'il tient d'être comme il est, croyons-nous vraiment que celui qui l'a produit a conçu[3] en lui-même la terre, et le fait qu'elle devait se tenir au milieu, puis l'eau, et celle-ci sur la terre et les autres choses | dans l'ordre jusqu'au ciel, puis tous les êtres vivants et, pour ceux-ci, des formes, telles qu'elles sont maintenant pour chacun et, pour chacun, les entrailles à l'intérieur et les parties

1. Nous ne suivons pas exactement le découpage de Marsile Ficin : celui-ci place la phrase qui va de οἷον jusqu'à ἐπὶ πάντων (6, 18-19) à la fin du chapitre 6, mais l'articulation du raisonnement apparaît plus clairement si l'on place au début du chapitre 7 cette phrase d'introduction à l'exemple qui va être développé ensuite.

2. En employant le démonstratif τοῦτο, Plotin désigne aussi le monde sensible par opposition au monde intelligible (ἐκεῖνο).

3. Le verbe ἐπινοῶ (7, 3) signifie « concevoir », mais plus précisément « concevoir de manière intentionnelle ». Nous n'avons pas développé le sens exact du verbe dans la traduction, afin de ne pas alourdir le texte, mais c'est en ce sens précis qu'il faut l'entendre. La même remarque vaut pour le substantif ἐπίνοια (lignes 7 et 8).

externes et qu'ensuite, après avoir disposé[1] chacune de ces choses en lui de cette manière, il a entrepris son œuvre ? Mais pareille conception est impossible – d'où lui est-elle venue, en effet, | alors qu'il n'a jamais encore vu <ces choses> ? – et il ne lui était pas possible non plus de réaliser son ouvrage après avoir reçu <cette conception> d'un autre, comme le font actuellement les artisans en se servant de leurs mains et de leurs outils. C'est bien après, en effet, que viennent et les mains et les pieds.

2. *La formation du monde*

Il reste donc que tout[2] se trouvait en un autre et que, sans aucun intermédiaire, par le voisinage, dans l'être, avec autre chose, un reflet et | une image de celui-là[3] sont apparus comme subitement, soit spontanément, soit avec l'aide de l'Âme ou bien – cela n'a pas d'importance pour le moment – avec celle d'une âme particulière.

Quoi qu'il en soit, c'est de là-bas que proviennent les choses d'ici toutes ensemble, et elles existent là-bas avec une beauté plus grande[4]. En effet, les choses d'ici, et non pas celles de là-bas, sont soumises au mélange – de toute façon, elles sont retenues par les formes depuis le

---

1. 7, l. 7 : διατιθέντα. Contrairement au choix effectué par Henry et Schwyzer dans H-S[2] (διατεθέντα), nous maintenons la leçon qu'ils avaient retenue en H-S[1] (διατιθέντα). La leçon H-S[2] fait de ce participe aoriste passif (acc. n. sg.) le complément d'objet de ἐπιχειρεῖν, comme ils l'expliquent dans l'apparat critique. Or le verbe n'est que très rarement construit avec un accusatif, mais il a pour régime habituel le datif. La construction proposée par H-S[2] nous paraît donc difficile car le verbe aurait ainsi deux compléments. Il nous semble donc préférable de lire διατιθέντα, participe présent actif (acc. masc. sg.) apposé au sujet implicite du verbe ἐπιχειρεῖν (ce sujet est τὸν ποιητήν, l. 2) et faire de ἕκαστα le complément de ce participe. Il faut donc traduire non pas « et qu'ensuite, il a entrepris chacune des choses disposées en lui-même, de cette manière, en vue de son ouvrage » mais : « et qu'ensuite, en disposantchacune de ces choses en lui de cette manière, il a entrepris son œuvre ». Cette interprétation est davantage conforme à l'argumentation de Plotin, qui réfute l'idée selon laquelle le démiurge aurait créé le monde dans un acte intentionnel.

2. C'est-à-dire toutes ces choses qui forment l'univers.

3. C'est-à-dire cette réalité intelligible. Le pronom ἐκεῖνο renvoie au ἄλλο de la ligne 14 et son emploi prouve qu'il s'agit bien d'une réalité intelligible.

4. L'adverbe καλλιόνως est employé dans le *Théétète*, 169e3.

début jusqu'à la fin, en premier lieu la matière | par les formes des éléments, et ensuite, par-dessus ces formes, <il y a> d'autres formes, puis d'autres encore, de sorte qu'il est même difficile de découvrir la matière, puisqu'elle est cachée sous une multitude de formes. Et comme celle-ci est aussi en quelque sorte une forme dernière, ce monde-ci tout entier est une forme et toutes choses sont des formes. C'est que le modèle, en effet, était une forme, et la production se faisait[1] sans bruit, parce que ce qui produit est tout entier | essence et forme[2]. C'est aussi pourquoi la fabrication s'est faite sans peine. Et c'était la fabrication d'une totalité, en ce que <le producteur> serait une totalité[3]. Ce qui fait obstacle n'existait certes pas, et même maintenant elle[4] triomphe, bien que les choses se fassent obstacle les unes aux autres – mais pas à elle, pas même maintenant. Elle demeure en effet en tant que totalité.

3. *Comparaison avec la création humaine*

Mais à mon avis, si nous étions à la fois archétypes, essence et formes et si | la forme qui produit ici était l'essence qui nous est propre, la fabrication qui est la nôtre dominerait sans peine. Pourtant, l'homme aussi fabrique en devenant une forme différente de ce qu'il est. Car il cesse d'être le tout, une fois qu'il est devenu homme. Mais, après avoir cessé d'être un homme, il *chemine dans les airs*, dit-il, *et*

---

1. Nous suivons ici la leçon de H-S[2] (ἐποιεῖτο δέ), mais celle de H-S[1] (ἐποίει τὸ δέ) est tout à fait plausible. Pour une argumentation très convaincante en faveur de la leçon de H-S[1], voir l'article d'Angela Longo dans *Documenti et Studi sulla tradizione filosofica medievale*, XXVI, 2015 : « L'uso del termine *paradeigma* in Plotino et la causalità noetica, in particolare in Trattato 31 (V, 8, cap. 7, « Sul bello intelligibile ») », p. 11.

2. Nous ne suivons pas la construction proposée par Henry et Schwyzer, qui considèrent πᾶν, οὐσία et εἶδος (7, 24-25) comme des attributs du sujet τὸ ποιῆσαν. Le fait que πᾶν soit placé juste avant τὸ ποιῆσαν et dissocié des deux autres termes conduit plutôt à lui conférer la valeur d'un adjectif apposé.

3. Nous souscrivons ici à l'explication donnée par Henry et Schwyzer dans l'apparat critique, qui suggèrent que πᾶν renvoie à τὸ ποιῆσαν (7, 24).

4. *i.e.* « la forme ».

| *administre l'univers tout entier*[1]. Car puisqu'il appartient au tout, il produit le tout.

4. *Critique du discours rationnel sur la création du monde*

Mais la cause de ce raisonnement est la suivante : tu peux bien, toi, énoncer la raison pour laquelle la terre est au milieu, et pourquoi elle est sphérique, et pourquoi l'écliptique est ainsi; mais là-bas ce n'est pas le cas : ce n'est pas parce qu'il fallait que les choses soient ainsi qu'il a été décidé qu'elles seraient ainsi, mais c'est parce que <là-bas> les choses sont comme elles sont, que les choses ici-bas aussi | sont belles. C'est comme si, avant le syllogisme de la cause on plaçait la conclusion, sans la faire venir des prémisses. <Là-bas> en effet, les choses ne résultent pas de la consécution logique ni de la réflexion, mais existent avant la conclusion et avant la réflexion; de fait, tout cela – le raisonnement, la démonstration et la preuve – vient après. En effet, puisque <les choses de là-bas> sont principe, toutes les choses d'ici-bas viennent de là-même et sont de cette façon. Et l'on a bien raison ainsi de dire qu'il ne faut pas chercher les causes du principe, qui plus est | de ce principe-là, qui est parfait puisqu'il est identique à sa fin; or ce qui est à la fois principe et fin, c'est le tout, qui est tout ensemble et sans déficience.

1. Platon, *Phèdre*, 246 c 1-2.

Cinquième partie

LA BEAUTÉ DU MONDE INTELLIGIBLE

Première section
Pourquoi le modèle intelligible est nécessairement beau

1. *Le modèle est beauté « totale »*

8. Beau, donc, en premier[1], et beau à la fois dans sa totalité et dans sa totalité partout, de façon à ce que pas même les parties ne fassent défaut par déficience de beauté[2], qui donc prétendra qu'il n'est pas beau? De fait, <n'est pas beau>[3] ce qui ne l'est pas lui-même dans sa totalité, mais n'a qu'une partie <du beau> ou bien n'en a pas même une partie.

---

1. « Beau » : l'adjectif n'a pas de référent explicite dans le texte et la formulation est elliptique. L'on peut supposer que la phrase a une portée générale (« <ce qui est> beau… ») ou bien considérer – ce qui est plus probable – que l'adjectif qualifie le modèle intelligible (*cf.* 7, 23) ou le monde de là-bas (*cf.* 8, 4). Quant à l'adverbe πρώτως, que l'on peut aussi traduire par « primitivement » ou « de façon première », il souligne l'antériorité logique de la beauté de l'Intellect et du monde intelligible – manifestation première du Premier, de l'Un – par rapport à celle du monde sensible; voir aussi 13, 12.

2. Noter le jeu de mots étymologique sur les formes verbales ἀπολείπηται et ἐλλείπειν (8,2), à rapprocher de l'adjectif ἀνελλιπής (7, 47).

3. On peut se reporter aux explications de Henry et Schwyzer pour la construction de cette phrase, que nous suggérons de compléter avec un premier καλόν : οὐ γὰρ δὴ <καλόν> ἐστιν ὃ μὴ ὅλον καλόν ἐστιν.

2. *Le modèle est la beauté « en premier »*

Sinon, si ce n'est pas le monde de là-bas qui est beau, | quoi d'autre peut l'être ? De fait, ce qui est avant lui ne consent pas même à être beau. En effet, ce qui se présente en premier à la contemplation, parce que c'est une forme et un objet de contemplation pour l'Intellect, est ce que l'on se réjouit aussi de voir.

3. *Le modèle est nécessairement beau : exégèse du* Timée

C'est bien pourquoi Platon, voulant signifier ceci en visant davantage de clarté[1] puisque c'est à nous qu'il s'adresse, représente le démiurge approuvant l'œuvre qu'il vient d'achever : il veut nous montrer | par là quelle joie procure la beauté du modèle et de l'idée. En effet, pour tout objet produit conformément à autre chose, chaque fois qu'on l'admire, on fait porter l'admiration sur cette <autre> chose-là, conformément à laquelle l'objet a été produit. Et si l'on ignore ce que l'on éprouve[2], rien d'étonnant à cela puisque les amoureux eux aussi et, de façon générale, ceux qui ont admiré la beauté d'ici-bas ignorent que | la cause en est <la beauté> de là-bas. Oui, la cause, c'est elle. Le « il se réjouit » renvoie au modèle : c'est là ce que <Platon> rend suffisamment clair dans la suite du discours. Il dit en effet : « il se réjouit et voulut le rendre encore davantage semblable au modèle lui-même »[3]. Il montre ainsi quelle est la beauté du modèle en disant que | ce qui provient de lui est beau lui aussi, en tant qu'image de celui-là. De fait, si celui-là n'était pas ce qui est supérieurement beau *d'une beauté inconcevable*[4], quel objet serait plus beau que ce monde-ci que nous voyons ? De là vient qu'ils ont tort, ceux qui méprisent ce monde-ci, à moins qu'en effet, ce ne soit dans la mesure où il n'est pas le monde de là-bas.

1. Nous suivons ici la leçon de Kirchhoff (ἐναργεστέρων au lieu de ἐνεργεστέρων), adoptée aussi par Henry et Schwyzer dans l'*Editio major* des *Ennéades*.
2. Cf. *Phèdre*, 250 a 7–b 1 et 255 d 3-4.
3. *Timée*, 37 c 7–d 1.
4. Expression empruntée à Platon, *République* VI, 509 a 6. *Cf.* ici-même, chapitre 3 (3, 19), et *Traité 1* (I, 6), 8, 2, *Traité 32* (V, 5), 3, 8 et *Traité 33* (II, 9), 17, 36.

TRAITÉ 31

DEUXIÈME SECTION
MÉTHODE POUR PERCEVOIR LE MONDE INTELLIGIBLE

1. *Exercice spirituel : "dé-spatialisation" du monde sensible et invocation du dieu*

9. Eh bien donc, cela, le monde d'ici[1], avec chacune de ses parties demeurant ce qu'elle est sans se confondre <avec une autre>, saisissons-le par la pensée, *toutes choses ensemble*[2] formant une unité, autant qu'il est possible, de façon à ce que, lorsque l'une de ses parties, quelle qu'elle soit, nous apparaît, par exemple la sphère extérieure, aussitôt s'ensuive | la représentation[3] du soleil et des autres astres en même temps, et que deviennent visibles aussi la terre, la mer et tous les êtres vivants, comme dans une sphère transparente toutes choses pourraient effectivement devenir visibles en elle. Supposons donc qu'existe dans l'âme une sorte de représentation lumineuse d'une sphère contenant toutes choses en elle-même, qu'elles soient en mouvement ou en repos, ou bien les unes | en mouvement, les autres en repos. Conserve alors cette représentation et conçois-en une autre en toi-même, dont tu auras supprimé la masse. Supprime aussi les lieux et l'image[4] de la matière en toi, et n'essaie pas d'en concevoir une autre[5], plus petite que celle-ci par sa masse, mais invoque le dieu qui a produit celle dont tu possèdes l'image et prie-le de venir.

---

1. Il s'agit du monde sensible dont il est question dans le chapitre précédent.
2. Cette expression, fréquente chez Plotin, est empruntée à Anaxagore (Fr. B1, D-K.). Elle est reprise au chapitre 11, ligne 5. Voir aussi le *Traité 49* (V, 3), 15, 21.
3. φαντασία au sens de « représentation mentale ».
4. φάντασμα désigne plutôt le résultat de cette opération mentale qu'est la φαντασία, d'où notre choix de le traduire par le terme d'« image », bien que nous ayons conscience du caractère ambivalent de ce terme.
5. C'est-à-dire une autre sphère, de même qu'à la ligne 14 (« celle dont tu possèdes la représentation ») : le pronom relatif ἧς a pour antécédent non exprimé σφαίρα (*cf.* lignes 6 et 11).

2. *Évocation du monde intelligible : puissance une et multiple, totale et infinie*

| Et lui, puisse-t-il venir en apportant le monde qui lui est propre avec tous les dieux qui sont en lui : lui est à la fois un et tous, et chacun est tous réunis en un, ils sont différents par leurs puissances, mais tous sont un par cette puissance une qui est multiple – ou plutôt, celui qui est un est tous. En effet, il n'est pas déficient, si tous ceux-là sont produits. Ils sont ensemble et | chacun est aussi à part, dans une position sans distance, et ne possède aucune figure[1] sensible – car dans ces conditions, l'un serait ici, l'autre quelque part ailleurs et chaque <être> ne serait pas tout <être> en lui-même ; chacun ne possède pas non plus des parties différentes par rapport aux autres ou à lui-même, et chaque <partie> n'est pas non plus comme une puissance divisée, dont la grandeur est proportionnelle à la mesure des parties. | Mais il s'agit[2] d'une puissance totale, qui tend vers l'infini et puissante à l'infini. Et cela[3] est si grand que même les parties en sont infinies. Quel lieu, en effet, peut-on en quelque façon nommer où il ne parvienne pas ? Grand, le ciel d'ici-bas l'est certes aussi, de même que toutes les puissances en lui, ensemble, mais il serait plus grand, | et d'une grandeur que l'on ne saurait dire, s'il n'existait en lui une puissance petite, propre au corps. Pourtant, l'on pourrait affirmer que les puissances du feu et des autres corps sont grandes, mais c'est par manque d'expérience de la puissance véritable que l'on s'imagine qu'elles sont grandes, parce qu'elles brûlent, détruisent, compriment et contribuent à la naissance des êtres vivants. | Or elles détruisent parce qu'elles-mêmes sont détruites, et contribuent à la naissance parce qu'elles-mêmes naissent aussi.

---

1. μορφή (par opposition à εἶδος).
2. τὸ δέ renvoie au monde intelligible et à l'Intellect.
3. ἐκεῖνο désigne l'Intellect, c'est-à-dire le dieu invoqué (ligne 15).

3. *Puissance totale et identité parfaite de la beauté et de l'être*

En revanche, la puissance de là-bas possède seulement l'être, et seulement l'être-beau[1]. Où serait en effet le beau, s'il était dépourvu de l'être ? Et où serait l'essence, si elle était privée de l'être-beau ? Car dans la déficience de beauté, il y aurait aussi déficience | d'essence. C'est pourquoi l'être est objet de désir, parce qu'il est identique au beau, et le beau est objet d'amour, parce qu'il est l'être. Pourquoi rechercher lequel est la cause de l'autre, alors qu'il s'agit d'une nature unique ? C'est en effet cette essence trompeuse d'ici-bas qui a besoin d'un beau reflet adventice, afin de paraître belle et d'être aussi, de façon générale, c'est-à-dire | qu'elle n'est que dans la mesure où elle participe à la beauté selon la forme, et quand elle reçoit celle-ci, plus elle la reçoit, plus elle est parfaite. Car elle est essence à un degré supérieur par le fait même d'être belle.

1. Bien qu'un peu hardie, cette traduction nous paraît plus proche de ce que veut dire ici Plotin, qui identifie « le fait d'être » et « le fait d'être beau » (traduction littérale dont nous avons voulu éviter la lourdeur).

Sixième partie

VISION DU MONDE INTELLIGIBLE ET DE L'INTELLECT

Première section
Exégèse du *Phèdre* : Zeus et le cortège des voyants

1. *La capacité à voir*

10. C'est pourquoi Zeus aussi, bien qu'il soit le plus ancien de tous les autres dieux qu'il *guide*[1] en personne, *s'avance le premier*[2] pour contempler cela[3], tandis qu'*à sa suite vont* les autres *dieux, les démons*[4] et les âmes[5], celles qui *sont capables*[6] de regarder cela. Lui, | il leur apparaît depuis un certain lieu invisible, et voici qu'il s'élève sur les hauteurs au-dessus d'eux, illumine toutes choses, les remplit de splendeur, et frappe de stupeur ceux qui sont en bas et se détournent à l'instant, car ils sont incapables de le voir, tel le soleil. Les uns le supportent[7] et regardent, tandis que les autres sont en proie à un trouble

---

1. *Phèdre*, 246 e 4.
2. *Phèdre*, 246 e 5.
3. *i.e.* le monde intelligible et l'Intellect.
4. *Phèdre*, 246 e 6.
5. *Phèdre*, 248 a 1.
6. *Phèdre*, 247 a 6-7.
7. La leçon ἄρ' αὐτοῦ (H-S^2) est en effet préférable à la leçon ἀπ' αὐτοῦ (H-S^1), la notion de provenance ou d'éloignement impliquée par la préposition ἀπό paraissant peu pertinente ici ; αὐτοῦ, qui renvoie au soleil de la phrase précédente et plus généralement à l'Intellect, est le complément du verbe ἀνέχονται (pour une construction semblable de ce verbe avec le génitif, voir *Traité 5* (V, 9), 2, 4-5 (οὐκ ἀνασχόμενος δὲ τοῦ ἐν σώματι κάλλους, « ne supportant pas la beauté du corps »).

profond, à la mesure de leur éloignement | par rapport à lui. Et lorsque ceux qui ont été capables de voir voient, c'est vers lui et ce qui lui appartient que tous dirigent leurs regards ; chacun n'obtient cependant pas toujours le même spectacle : l'un fixe son regard et voit briller la source et la nature du juste, tandis qu'un autre est empli du spectacle de la tempérance, mais non pas une tempérance identique à celle que les hommes | ont en eux, quand ils l'ont, car celle-ci imite en quelque sorte celle-là. Quant à celle qui [1] court sur toutes choses autour de ce qui est comme son [2] étendue [3], elle est vue en dernier par ceux qui ont déjà vu bien des spectacles lumineux – c'est-à-dire les dieux [4] un par un et tous ensemble, les âmes qui voient toutes choses là-bas, proviennent de toutes ces choses et par conséquent | contiennent elles aussi toutes choses depuis le principe jusqu'à la fin. Elles sont là-bas, en effet, pour la partie d'elles dont [5] la nature est d'être là-bas, et bien souvent c'est même leur totalité qui s'y trouve, quand elles ne sont pas divisées.

2. *Beauté et splendeur totales : voir la beauté, c'est devenir beau*

Donc lorsque Zeus, et celui de nous qui est amoureux avec lui [6], voit cela, il voit ce qui est situé en dernier et demeure au-dessus de tout, la

1. Pour Henry et Schwyzer ainsi qu'Armstrong, ἡ δέ (« celle-ci ») désigne « la nature du beau » : nous souscrivons à cette interprétation, confirmée par la répétition de la même idée aux lignes 24-25 ensuite.

2. *i.e.* du monde intelligible.

3. μέγεθος.

4. οἱ θεοί et αἱ ψυχαί (l. 18) renvoient au relatif οἷς (l. 17) ; la rupture syntaxique (on s'attendrait, puisqu'ils sont apposition, à ce qu'ils soient au datif plutôt qu'au nominatif) a pour effet de mettre en évidence la communauté des dieux (êtres intelligibles et âmes), comme le montre le développement qui suit au sujet de la nature intelligible de l'âme.

5. Nous comprenons καθόσον comme un accusatif de relation et αὐτῶν comme un génitif partitif dépendant de καθόσον : la suite de la phrase montre que nous sommes ici en présence de la conception plotinienne selon laquelle une partie de l'âme reste en permanence dans l'intelligible, tandis que l'autre s'incline vers le sensible (le corps). Cependant, à certaines conditions, l'âme peut être tout entière dans l'intelligible (voir le *Traité* 6 (IV, 8), 8, 1).

6. συνεραστής : ce terme désigne les hommes (et donc les âmes) amoureux des mêmes choses que Zeus, à savoir les réalités intelligibles. L'on pourrait presque traduire ce terme par « co-amoureux ». Voir *Phèdre* 248 c 4, 249 e 4, 250 b 7-8 et 252 e 1-2.

beauté tout entière, puisqu'il | participe[1] à la beauté de là-bas. Car celle-ci resplendit sur toutes choses et emplit ceux qui sont là-bas, en sorte qu'ils deviennent beaux eux aussi, tout comme, bien souvent, des hommes montant vers des lieux élevés où la terre a une couleur ocre sont instantanément remplis de cette couleur, devenus semblables à la terre sur laquelle ils ont marché. Or là-bas, | la couleur qui fleurit à la surface est la beauté – ou plutôt : tout est couleur et beauté depuis les profondeurs ; en effet, ce n'est pas parce qu'il fleurit à la surface que le beau est une chose différente[2]. Mais ceux qui ne voient pas la totalité ne reconnaissent[3] que le regard tourné vers l'extérieur[4], tandis que ceux qui, à travers tout leur être, sont comme enivrés et remplis de ce nectar[5], puisque la beauté s'étend à travers l'âme tout entière, | ne sont plus seulement des spectateurs.

3. *La vision est intérieure*

En effet, il n'y a plus d'un côté ce qui est extérieur et de l'autre, inversement, ce qui voit de l'extérieur, mais ce qui est pourvu d'une vision perçante[6] possède en lui-même ce qu'il voit et, alors même qu'il possède cela, bien souvent il ignore qu'il le possède et le regarde comme s'il était à l'extérieur, parce qu'il le regarde comme s'il s'agissait d'un objet de vision et parce qu'il cherche à regarder. Or tout ce que l'on regarde comme un spectacle visible, on le voit à l'extérieur. Mais il faut désormais le transporter | en soi-même, le regarder comme un et le regarder comme son propre soi, à l'instar d'un homme qui, possédé par un dieu, saisi par Phœbos ou par quelque Muse, produirait en lui-même la vision de ce dieu, s'il avait le pouvoir de regarder en lui-même le dieu.

---

1. Litt. « il est participant à ».
2. C'est-à-dire différente de cette réalité dans sa totalité.
3. « reconnaître » au sens de « croire à », « accepter ».
4. Nous traduisons le terme προσβολή par une périphrase explicative : ce terme désigne ici une impression visuelle qui s'apparente davantage à un simple « coup d'œil », qui s'arrête à la surface des choses.
5. Cf. *Banquet*, 203 b 3-5 et *Phèdre* 247 e 7-8.
6. *Cf.* chap. 4, 26.

DEUXIÈME SECTION
LA VISION INTELLIGIBLE

1. *Une vision intérieure, tantôt consciente, tantôt inconsciente*

11. Mais dès lors que l'un d'entre nous, encore incapable de se voir lui-même, se trouve saisi par ce dieu-là et projette l'objet de sa contemplation afin de voir, c'est lui-même qu'il projette et c'est sa propre image, embellie, qu'il regarde. Mais il abandonne cette image, pourtant belle, et vient constituer une unité avec lui-même, | sans plus se séparer, il est alors un et *toutes choses ensemble*[1] avec ce dieu-là présent en silence, et il est avec lui autant qu'il le peut et le veut. Mais s'il se retourne ensuite pour être deux, tout en demeurant pur il se tient tout près de lui, de façon à lui être de nouveau présent de cette manière, s'il se tourne de nouveau vers lui. Et lorsqu'il effectue ce retour, | voici ce qu'il gagne : au début il se perçoit lui-même, aussi longtemps qu'il est différent <de lui-même>. Mais lorsqu'il revient en toute hâte vers l'intérieur, il possède tout et, après avoir abandonné derrière lui cette perception par crainte d'être différent <de lui-même>, il est un là-bas. Puis, s'il désire se voir comme un objet différent <de lui-même>, il se place lui-même à l'extérieur.

Il faut, lorsqu'on veut s'instruire à son sujet[2], s'attacher à une sorte d'empreinte de lui et, | tout en cherchant, exercer son jugement[3] sur lui, et juger de ce dans quoi l'on pénètre, puis, après avoir ainsi compris et reçu l'assurance que c'est dans la plus haute béatitude que l'on pénètre, se donner alors soi-même vers l'intérieur et devenir alors, au lieu d'un sujet qui voit, un objet de contemplation pour un autre

---

1. On retrouve l'expression ὁμοῦ πάντα empruntée à Anaxagore et déjà utilisée au chapitre 9, 3.

2. C'est-à-dire le dieu.

3. γνωματεύειν : Ce verbe, hapax chez Plotin, est employé au livre VII de la *République* (516 e 8) pour désigner le jugement que porterait sur les ombres celui qui, après avoir vu la lumière du soleil, reviendrait parmi les prisonniers enchaînés dans la caverne.

Ce verbe a pour premier objet αὐτόν (nous nous écartons de l'analyse d'Henry et Schwyzer sur ce point, qui font de ce pronom un sujet et non un objet), puis, en second lieu, la proposition interrogative indirecte introduite par οἷον.

qui contemple, en rayonnant de pensées telles que celles qui viennent de là-bas.

2. *Mais comment être dans le Beau sans le voir?*

Mais comment donc sera-t-on dans le Beau | sans le voir ? – Eh bien, si on le voit comme différent <de soi>, on n'est pas encore dans le Beau, tandis que si on est devenu le Beau, c'est de cette manière que l'on est au plus haut point dans le Beau. Par conséquent, si la vision est celle de ce qui est à l'extérieur, il ne doit pourtant exister de vision que de la manière suivante, c'est-à-dire identique à ce qui est vu.

3. *Beauté, conscience et inconscience de soi*

Il s'agit là en quelque sorte d'une conscience et d'une perception intimes[1] de soi-même, où l'on prend garde à ne pas s'éloigner de soi parce que l'on veut percevoir davantage. Il faut aussi avoir à l'esprit | le fait que les sensations engendrées par les maux provoquent des chocs plus violents, mais des connaissances amoindries puisqu'elles sont repoussées sous l'effet du choc. La maladie, en effet, produirait plutôt un ébranlement tandis que la santé, avec sa présence intime et paisible, produirait plutôt une conscience d'elle-même car elle s'attache à nous, en ce qu'elle est propre à notre nature et nous est unie. La première, en revanche, nous est chose étrangère | et n'est pas propre à notre nature et c'est pour cette raison qu'elle se distingue nettement, parce qu'elle nous paraît être une chose absolument différente de nous. Quant à ce qui nous appartient en propre, même nous, nous ne le percevons pas. Or c'est lorsque nous sommes dans cet état que nous avons au plus haut degré conscience de nous-mêmes puisque, de la science de nous-mêmes et de nous-mêmes, nous avons fait une chose unique.

1. Nous choisissons de rendre par cet adjectif le préfixe συν- des termes συναίσθησις et σύνεσις, qui traduisent l'opération mentale d'une âme rassemblée en elle-même, unifiée, qui ne fait qu'un avec l'Intellect; l'un et l'autre pourraient presque être traduits par un terme unique, celui de « conscience »; la συναίσθησις est à distinguer de l'αἴσθησις, simple perception sensible (plus loin l. 35 et 37).

Là-bas aussi, donc, lorsque notre savoir est au plus haut degré conforme à l'Intellect, il nous semble que nous sommes dans l'ignorance, parce que nous attendons | l'affect[1] provoqué par la perception sensible, qui affirme qu'elle n'a pas vu – de fait elle n'a pas vu et jamais ne pourrait voir pareilles choses. Par conséquent, ce qui doute, c'est la perception sensible, tandis que l'autre, c'est celui qui voit. Ou bien, si lui aussi se mettait à douter, il douterait même d'exister lui-même. Car lui non plus ne peut se placer à l'extérieur | et se regarder lui-même en tant qu'être perceptible avec les yeux du corps.

1. τὸ πάθος.

Septième partie

LES MYTHES DE FILIATION DIVINE ET LE STATUT DE L'INTELLECT

Première section
Le discours du "voyant"

1. *Narration : voici ce qu'il a vu*

12. Voilà, nous avons dit en quel sens il peut faire cela en tant qu'il est différent <de lui>, et en quel sens il peut le faire en tant qu'il est demeuré lui-même. Mais précisément, après qu'il a vu, que ce soit en tant qu'il est différent ou en tant qu'il est demeuré ce qu'il est lui-même, qu'annonce-t-il[1] ?

Eh bien, il annonce qu'il a vu un dieu[2] qui enfante une belle progéniture, qui a engendré toutes choses[3] en lui-même et | dont l'enfantement s'est fait sans douleurs à l'intérieur de lui-même. Car il a éprouvé du plaisir à l'égard des êtres qu'il avait engendrés, de la joie à

1. Le verbe ἀπαγγέλλω signifie précisément : « revenir annoncer », « rapporter une nouvelle ou une réponse » (préfixe ἀπο-).

2. C'est-à-dire l'Intellect.

3. Il s'agit des êtres intelligibles, qui sont ses enfants.

l'égard[1] de ses enfants, et les a donc retenus tous en lui, se délectant de sa propre splendeur comme de la leur. Et, tandis que sont beaux et même plus beaux ceux qui demeurent à l'intérieur, Zeus, lui, seul fils parmi les autres, s'est manifesté à l'extérieur. À partir de lui, même s'il est le dernier | fils, il est possible de voir, comme d'après d'une certaine image de lui, la grandeur de ce père-là et des frères qui sont demeurés auprès de lui.

2. *Filiation et Beauté*

Quant à lui, il affirme que ce n'est pas en vain qu'il est venu d'auprès du père. Il faut en effet qu'existe un monde différent de lui, beau de naissance puisqu'il est une image du Beau. Car il n'est pas permis[2] que n'existe de belle image ni du Beau ni | de l'essence. Il imite donc son modèle en tous points. De fait, il possède la vie et ce qui est propre à l'essence, puisqu'il est une imitation, et l'être-beauté, puisqu'il vient de là-bas. Il possède aussi son éternité[3], puisqu'il est une image – ou alors[4], tantôt il[5] aura une image, tantôt il n'en aura pas, alors que cette image n'a pas été produite par l'art. Or toute image produite par la nature existe aussi longtemps que le modèle | demeure.

3. *Critique de ceux qui nient l'éternité du monde* (12, 20-26)

C'est pourquoi ils ont tort, ceux qui corrompent et engendrent[6], tandis que le monde intelligible demeure, comme si son producteur avait pris la décision, à un moment, de le produire. En effet, quel est

---

1. Nous avons cherché à conserver des traductions identiques pour ces verbes et leurs dérivés qui figurent en 2, 40, 43 et 8, 7 afin de souligner l'importance des thèmes du plaisir et de la joie dans l'argumentation du traité.

2. L'adjectif θεμιτόν désigne un interdit religieux.

3. L'éternité du modèle.

4. Cette incise introduit une objection possible (tel est souvent le sens de l'emploi de la coordination ἤ dans l'argumentation plotinienne), aussitôt suivie d'une réfutation.

5. « il » désigne le modèle, le dieu, et donc toujours l'Intellect.

6. L'on pourrait aussi traduire « ceux qui admettent corruption et génération », pour montrer qu'il s'agit d'une thèse mais nous traduisons ainsi car l'emploi de verbes actifs (dont l'objet, le monde sensible, est sous-entendu) est plus expressif et souligne la virulence de la critique.

le mode propre à pareille production, ils ne veulent pas le comprendre et ne savent pas qu'aussi longtemps que le monde de là-bas répand sa lumière, jamais les autres choses ne viennent à manquer mais qu'à partir du moment où il existe, les choses d'ici-bas existent aussi. | Or il a existé et il existera éternellement. Il faut en effet user de ces expressions puisque nous sommes contraints de vouloir nous faire comprendre.

Deuxième section
Retour à l'interprétation du mythe : le statut de l'intellect

13. Donc, le dieu qui est à jamais enchaîné[1] afin de demeurer tel qu'il est et qui a concédé à son fils[2] la souveraineté sur cet univers-ci – car il n'était pas dans son caractère d'abandonner la souveraineté de là-bas pour rechercher une souveraineté plus récente et de rang inférieur, alors qu'il possède une plénitude de beautés[3] – ce dieu | a donc abandonné tout cela et fixé son propre père[4] en lui-même, et il s'étend jusqu'à lui vers le haut. Quant aux choses qui sont de l'autre côté et commencent à exister à partir de son fils, il les a inversement fixées après lui, de sorte | qu'il se situe entre les deux, en vertu de l'altérité produite par la castration vers le haut et en vertu du lien qui le retient éloigné de ce qui vient après lui vers le bas, tandis qu'il est situé, lui, entre un père meilleur et un fils inférieur. Mais puisque son père est trop grand pour être beau, il est demeuré, lui, beau en premier[5], bien que l'Âme aussi soit belle.

---

1. Kronos.
2. Zeus.
3. Cf. *Phèdre* 240 c.
4. Ouranos.
5. *Cf.* chap. 8, 1 et 6.

Troisième section
La beauté de l'âme

Il est cependant plus beau qu'elle, parce qu'elle-même[1] est une trace de lui et qu'elle est, pour cette raison, belle par nature – mais elle | est encore plus belle chaque fois qu'elle dirige ses regards là-bas. Par conséquent, si l'âme de l'univers, pour parler plus clairement, c'est-à-dire si Aphrodite elle-même est belle, qu'est-il, lui ? En effet, si elle est belle par elle-même, à quel point le serait-il, lui[2] ? Si, en revanche, elle tient sa beauté d'un autre, de qui l'âme tient-elle à la fois la beauté adventice et celle qui est connaturelle à son essence? Puisque aussi bien, lorsque | <les hommes> eux-mêmes aussi sont beaux, c'est parce qu'ils s'appartiennent à eux-mêmes, tandis qu'ils sont laids lorsqu'ils changent de nature pour en prendre une autre. Et lorsqu'ils se connaissent eux-mêmes, ils sont beaux, mais ils sont laids quand ils s'ignorent eux-mêmes.

---

1. Nous adoptons la leçon de H-S^5 reprise par Kalligas : αὐτή au lieu de αὐτῇ, l'âme est une trace de l'Intellect (cf. *Traité 38* (VI, 7), 20, 12).

2. Nous rejoignons Harder qui lit ἐκεῖνος et non ἐκεῖνο : le nominatif paraît plus logique dans la mesure où l'Intellect a jusqu'ici été exprimé uniquement au masculin, l'interrogatif πόσον étant employé au neutre adverbial. Le neutre (« cette chose », « cette réalité ») reste cependant possible, mais la phrase serait alors plus ambiguë, puisque l'on pourrait aussi bien la comprendre ainsi : « quelle serait donc sa grandeur? », ce que ne justifie pas le contexte immédiat (les questions portent sur la beauté).

CONCLUSION

Par conséquent, le beau est là-bas et vient de là-bas. Ce que nous avons dit suffit-il donc pour amener à comprendre de façon claire le *lieu intelligible*[1], ou bien faut-il revenir en arrière et suivre un autre chemin, comme ceci ?

1. *Cf.* Platon, *République*, VI, 508 c 1 et VII, 517 b 5.

COMMENTAIRE

INTRODUCTION
(1, 1-6)

Les traités de Plotin commencent le plus souvent par l'examen d'une thèse ou d'un problème issus de la lecture de Platon. Le contexte est un peu différent ici dans la mesure où cet écrit prend la suite d'un autre. Il s'inscrit donc dans un processus de réflexion entamé depuis un certain temps et fait fonds des interrogations exprimées à la fin du traité précédent :

> [...] celui qui a contemplé le monde intelligible, qui l'a vu et admiré, doit rechercher aussi celui qui a produit ce monde-là en se demandant qui est celui qui a pu faire exister un tel monde ou comment <il l'a fait exister >, celui qui a engendré un tel fils, l'Intellect, plénitude (*koros*) de beauté et fils (*koros*) engendré par lui. Nul doute qu'il n'est ni Intellect, ni plénitude, mais qu'il est antérieur et à l'Intellect et à la plénitude. C'est en effet après lui qu'existent l'Intellect et la plénitude, car ils ont besoin d'être rassasiés et de penser [...]. Celui qui les précède n'a ni besoin ni possession, sinon il ne serait pas le Bien [1].

À la lecture des dernières lignes du *Traité 30*, on s'attendrait à ce que la réflexion qui s'amorce au début du *Traité 31* porte sur le « père » (le Bien), mais Plotin déjoue cette attente. En effet, c'est *d'abord l'Intellect* que l'on va contempler, puis penser, puisque tout acte de

1. *Traité 30*, 11, 35-42 et 44-45. Sauf mention contraire, les traductions de Plotin sont les nôtres.

penser est à la fois, en soi, une contemplation et issu d'une contemplation antérieure :

> Puisque nous affirmons que celui qui a atteint la contemplation du monde intelligible et intellectuellement conçu la beauté de l'Intellect véritable sera capable d'introduire aussi dans sa pensée le *père* de celui-ci – c'est-à-dire celui qui est *au-delà de* l'Intellect –, tâchons maintenant de voir et de dire pour nous-mêmes, autant qu'il est possible de dire pareilles choses, de quelle manière l'on pourrait contempler la beauté de l'Intellect et du monde de là-bas [1].

De fait, il ne sera question du Bien ou du père que plus loin, de façon indirecte tout d'abord, à travers l'interprétation du mythe hésiodique de la généalogie des dieux dans les tout derniers chapitres du traité [2], de façon plus explicite et détaillée ensuite, dans le *Traité 32*. C'est en effet à partir du chapitre 4 de ce traité-ci que Plotin, après avoir réfuté la thèse selon laquelle les intelligibles seraient en dehors de l'Intellect, énonce et définit, pour autant que cela soit possible, ce qu'est le Bien ou l'Un [3]. Il existe pourtant un lien certain entre le début du *Traité 31* et la fin du *Traité 30* et la logique de l'argumentation pourrait être reconstruite de la façon suivante : puisque nous ne pouvons que nous interroger sur celui qui a eu un fils pareil, essayons de répondre à cette interrogation par une autre et interrogeons-nous *d'abord* sur le fils. Cela nous permettrait du même coup, non pas seulement plus tard, mais peut-être même *dès à présent*, de penser l'Un.

La démarche est donc propédeutique et repose sur cette thèse : la contemplation de l'Intellect est une préparation à la contemplation de l'Un. De fait, le traité dans son ensemble ainsi que la réflexion qui s'y construit sont informés par cette intention didactique exprimée au sein d'une introduction programmatique, comme le suggèrent à la fois l'emploi, dans l'*incipit* du traité, de la locution adverbiale « de quelle manière » (**1,5**) et la dernière phrase du traité : « Ce que nous avons dit

---

1. *Traité 31*, 1, 1-6.
2. Il s'agit des chapitres 10 à 13.
3. On sait que Plotin identifie le Bien tel qu'il est défini dans la *République* et l'Un absolu de la première hypothèse du *Parménide*.

suffit-il donc pour nous amener à comprendre clairement le *lieu intelligible*, ou bien faut-il revenir en arrière et suivre un autre chemin, comme ceci ? »[1].

Or, ce qui autorise Plotin à procéder ainsi est bien la métaphore du « père » associée à une définition du Bien ou de l'Un. Les deux sont platoniciennes. En effet, lorsqu'il dit « le *père* de celui-ci, c'est-à-dire celui qui est *au-delà de* l'Intellect », il se réfère à la *République*. Mais il emprunte ces deux références à deux passages différents du livre VI, respectivement 506 e 6[2] pour la métaphore du père et 509 b 9[3] pour la définition du Bien. Ceci est, en soi, révélateur d'un usage spécifique de la citation. L'on constate en effet d'une part que Plotin, citant Platon, l'explique (comme le suggère la valeur explicative du connecteur *kai*, « c'est-à-dire ») : il explique une définition par une autre. D'autre part, l'absence de précision concernant ces deux citations pourtant directes implique que Plotin se situe dans une communauté de références avec son public. C'est ce dont témoigne l'usage de l'article défini, au masculin singulier, devant l'expression « *au-delà* de l'Intellect ». La traduction littérale serait : « le *au-delà de* l'Intellect ». Ce mode de désignation signifie donc que l'origine et le contexte de la citation, de même que la doctrine plus large dans lesquels elle s'inscrit, sont supposés connus. Mais il ne s'agit pas seulement d'un simple rappel : ce renvoi, situé dès l'*incipit* de l'écrit, a aussi plusieurs effets, tant formels que conceptuels.

Il constitue d'abord une preuve d'autorité, celle de Platon, qui valide par avance le discours qui va être tenu : c'est là l'une des fonctions les plus courantes de la citation. Fonder ce discours sur celui de Platon fait signe, ensuite, vers l'exégèse. De fait, l'explicitation de la formule platonicienne prend de multiples formes dans le traité, en

1. *31*, 13, 22-24.

2. À Socrate qui refuse momentanément de dire comment il conçoit le Bien « tel qu'il peut être en lui-même » et consent seulement à dire « celui qui <lui> paraît être le rejeton de celui-ci et le plus semblable à lui », Glaucon répond : « tu t'acquitteras une autre fois de l'explication concernant le père ».

3. « [...], quoique le bien ne soit pas essence (*ousia*), mais qu'il soit encore au-delà de l'essence et la dépasse en majesté et en puissance ».

particulier dans les trois derniers chapitres où se déploie la figure du père. Cette citation remplit enfin une fonction programmatique, qui impose d'emblée le sens de la démonstration qui va suivre. Dans la définition qui sera proposée de l'Intellect, dans la méthode de vision à laquelle il faudra recourir pour l'appréhender comme dans l'ensemble du discours qui sera tenu sur lui[1], il faudra se rappeler et il sera démontré qu'il y a dans l'Intellect une *présence* de l'Un, c'est-à-dire, ainsi que le suggère l'image du père, une *parenté* mais aussi, comme l'indique l'expression « au-delà de » – ce n'est pas incompatible et c'est même nécessaire – une *distance*. C'est ce que confirme, au chapitre 4, la description du monde intelligible comme un monde où la transparence est totale et l'identité à soi-même et aux autres parfaite, un monde qui se caractérise donc par son *unité*. Dans les quatre premiers chapitres du traité suivant, le *Traité 32*, l'argumentation de la thèse selon laquelle les intelligibles ne sont pas en-dehors de l'Intellect (l'Intellect et ses objets ne font qu'un) s'inscrira dans la même perspective. C'est en revanche la spécificité et l'indépendance absolue de l'Un par rapport à l'Intellect qui fera l'objet des chapitres suivants du *Traité 32*, de sorte que l'on peut dire que si la parenté est étudiée dans le *Traité 31*, la distance l'est dans le *Traité 32*.

La présence de cette citation à ce moment inaugural de l'écrit permet en outre de comprendre pourquoi Plotin ne se propose pas de contempler ou de faire contempler l'Intellect mais plus précisément la *Beauté* de l'Intellect. Le contexte immédiat du traité (les dernières lignes du traité précédent) constitue une première explication : c'est en effet, rappelons-nous, la « beauté » du fils qui conduit à s'interroger sur le père. Mais le contexte platonicien de référence en apporte une seconde, qui explicite elle-même la première : en *République* 508 e, Socrate précise en effet que, « quelque belles qu'elles soient toutes deux, cette science et cette vérité, l'Idée du Bien est plus belle qu'elles »[2]. La notion de beauté est donc présente dans le texte de Platon et se retrouve dans celui de Plotin, où elle se comprend tout

1. Ainsi l'emploi de « voir et dire » (*31*, 1, 4).
2. *Cf.* aussi *République*, 509 a 6-7.

d'abord par la référence implicite au contexte plus large dont sont issues les deux citations. Mais elle y acquiert une importance et un statut supérieurs, qui résultent d'une interprétation spécifique de l'assertion platonicienne. Car Plotin énonce ici d'emblée une thèse centrale, présente dans d'autres traités et que confirme le *Traité 31* : celle de l'analogie et de la médiation du Beau. L'Un se donne comme Beauté[1]. L'Un-Beauté se manifeste, en effet, à tous les niveaux inférieurs à lui, à travers l'unité de la forme et c'est pourquoi la beauté peut être identifiée à l'Intellect, ou plus exactement à l'être-un qu'est l'Intellect[2]. Or cette conception de l'Intellect comme « essence » ou « être » résulte elle-même d'une interprétation spécifique, par Plotin comme par certains de ses prédécesseurs, de la seconde référence à la *République*, présente au début du traité. Car ici, au terme d'« essence » (*ousia*) utilisé par Platon, il substitue celui d'Intellect (*noûs*). L'usage fréquent de cette référence dans les traités révèle que les deux sont, pour lui, équivalents – cette équivalence étant elle-même déduite de l'interprétation du *Sophiste*[3]. De fait, la démonstration, au chapitre 9 du traité, de l'identité réciproque de la Beauté et de l'être repose nécessairement elle aussi sur la référence initiale à la formule de la *République* telle qu'elle est alors comprise et formulée par Plotin. Tout se passe donc comme si cette lecture-ci de Platon devait être présente de façon implicite et présupposée dans l'esprit des interlocuteurs de Plotin tout au long du traité.

1. Voir en particulier le *Traité 1* (I, 6), chap. 9 et le *Traité 38* (VI, 7), chap. 32.

2. Plotin identifie en effet l'Intellect et « cet Un qui est », par référence à la deuxième hypothèse du *Parménide* : voir par exemple *Traité 34* (VI, 6), 5, 37.

3. Pour une analyse complète de l'exploitation de cette référence par Plotin, voir J.-M. Charrue, *Plotin lecteur de Platon*, Paris, Les Belles Lettres, 1978, p. 245-250. À propos de la tradition d'interprétation de cette formule dans le moyen platonisme et le néo-pythagorisme, dont Plotin se montre ici l'héritier, voir l'article de J. Whittaker, « *Epékeina noû kai ousias* », *Vigiliae Christianae*, XXIII, 1969.

Première partie
(1, 6 – 3, 8)

LA BEAUTÉ DANS L'ART, DANS LA NATURE ET DANS L'ÂME

Aperçu général

Après avoir annoncé et défini, en introduction (1, 1-6), l'objet du traité – voir et dire comment on peut contempler la beauté de l'Intellect et du monde intelligible –, Plotin commence par étudier la beauté telle qu'elle se manifeste non pas dans le monde intelligible, mais d'abord dans le monde sensible –l'art, puis la nature – et dans l'âme humaine (1, 6 – 3, 8). Il suit ainsi la méthode dialectique du Banquet *dont il ne reprend cependant ici que certaines étapes : la contemplation des beautés physiques conduit à celle des beautés de l'âme (la beauté des belles occupations et des sciences n'est mentionnée que très brièvement). À partir de l'exemple de deux pierres, une pierre brute et une pierre transformée par l'artisan en statue, il montre que la beauté de la seconde résulte de la présence en elle de la Forme (*eidos*) que l'artiste possède en lui-même, c'est-à-dire dans son intellect et qu'il a « fait entrer » dans la pierre (1, 6-40). Il critique donc la thèse selon laquelle l'art ne ferait qu'imiter la nature, allant jusqu'à affirmer que l'art peut parfois faire mieux que la nature. Il s'interroge ensuite sur la beauté des êtres vivants qui sont beaux – leur beauté demeurant malgré tout supérieure à celle des œuvres d'art – pour montrer qu'eux aussi sont beaux à cause de la présence active, en eux, de la Forme (2, 1-46). Mais les êtres les plus* *beaux sont bien sûr ceux dont l'âme est belle : la beauté de l'âme est en effet supérieure à toutes les beautés sensibles, quelles qu'elles soient. C'est que la Forme est encore plus présente, puissante et active dans l'âme, qu'elle illumine et à laquelle elle fait comprendre d'où provient la beauté « en premier », antérieure (en un sens logique) à elle et source de toute beauté (3, 1-8).*

Ce premier moment de la réflexion a donc une fonction propédeutique : nous permettre de remonter, étape par étape, en suivant la hiérarchie des « principes rationnels » (logoi, *3, 1-2), principes producteurs de beauté, à la cause première de ces beautés multiples, à la fois différentes et semblables : la beauté de l'Intellect, qui sera étudiée pour elle-même dans un second temps (3, 8 – 4, 54).*

PREMIÈRE SECTION

ÉTUDE DE LA BEAUTÉ DANS L'ART (1, 6-40)

Afin de « voir et dire de quelle manière on peut contempler la beauté de l'Intellect et du monde de là-bas », Plotin commence par exposer d'où vient, selon lui, la beauté dans l'art et il prend pour cela l'exemple de deux pierres, dont l'une a été travaillée par l'art, tandis que l'autre n'est qu'une pierre brute.

On remarque d'emblée qu'aucune transition n'est ménagée entre la dernière phrase de l'introduction et l'exemple des deux pierres : ni exposé de la méthode suivie, ni justification du choix de commencer par l'art. Cette façon de placer le lecteur *in medias res* s'explique par plusieurs raisons, d'ordre différent.

Celles-ci sont tout d'abord formelles. Il faut en effet se rappeler la situation d'énonciation propre aux écrits de Plotin qui reprennent le plus souvent, si l'on en croit Porphyre [1], sinon un discours tout entier, du moins les éléments d'un discours, d'un exposé ou d'une discussion qui ont été tenus auparavant dans son école, en présence d'auditeurs variés. Il n'est donc pas étonnant, et peut-être même volontaire, que les textes gardent une trace de la spontanéité propre à l'oral. De plus, la

1. Cf. *Vie de Plotin*, chapitres 5, 8, 13 et 14. Voir aussi à ce sujet l'article de L. Pernot, « La concentration intellectuelle de Plotin (Porph., *Vit. Plot.*, 8) », *Revue des Études Grecques*, t. 125, Janvier-Juin 2012, p. 131-157.

concision du style de Plotin est légendaire[1] et dans ses cours, selon Porphyre, il ne parlait pas comme un sophiste[2] mais sous l'effet d'une inspiration divine, qui présidait aussi à l'écriture. Les transitions rhétoriques et argumentatives ne lui paraissent donc pas toujours nécessaires, ce qui confirmerait que seul lui importait, comme l'affirme Porphyre, le sens et non la forme.

Mais ce procédé relève aussi d'une méthode qui, pour n'être pas énoncée comme telle, est cependant aisée à repérer parce qu'il l'emploie fréquemment. De même que dans le *Traité 30* ou dans d'autres traités[3], Plotin examine et cherche à définir le sens d'une notion – ici celle de beauté – tel qu'il se révèle à *tous* les niveaux de la réalité. Il commence par le niveau inférieur, le plus évident et le plus immédiat, que l'on peut appréhender au moyen des organes des sens ou de la perception sensible. Il passe ensuite successivement, en se conformant à une hiérarchie en elle-même révélatrice de l'ordre adopté, aux niveaux immédiatement supérieurs : celui de l'âme, puis celui de l'Intellect. Cette méthode, qu'il utilise dès le premier traité *Sur le Beau*, est inspirée de celle qu'indique Diotime dans le *Banquet*[4]. Il s'agit de la dialectique ascendante, méthode scolaire couramment employée dans les écoles platoniciennes, qui donne lieu à un « exercice spirituel ».

Une question se pose cependant, à la lecture des deux premiers chapitres du *Traité 31* : pourquoi commencer par l'art ? Celui-ci ne fait pas partie des différentes étapes de la hiérarchie du Beau que l'on trouve dans le dialogue de Platon, puisque Diotime précise qu'il faut commencer par la beauté physique (passer de la beauté d'un corps à celle de tous ceux qui sont beaux, afin de constater l'unicité de la beauté), avant de s'interroger sur la beauté de l'âme.

---

1. Cf. *Vie de Plotin*, chapitres 14.
2. *Ibid.*, chapitre 18.
3. Dans le *Traité 30*, Plotin étudie successivement la contemplation telle qu'elle existe et se produit, selon lui, dans la nature, dans l'âme, puis dans l'Intellect. Voir par exemple le *Traité 19* (I, 2), *Des vertus*, dans lequel il analyse celles-ci au niveau de l'âme, puis de l'Intellect.
4. Voir *Banquet*, 210 b.

Une première réponse serait que Plotin ne s'éloigne du *Banquet* que pour se référer de façon implicite à une autre hiérarchie, instituée à l'intérieur même du sensible, entre art et nature – une hiérarchie "traditionnelle", que l'on trouve déjà chez Platon lui-même[1]. Le choix de se conformer à cette hiérarchie typiquement platonicienne est d'ailleurs un signe qui peut conduire à relativiser l'importance et la valeur accordée à l'art dans ce traité-ci. Si l'on considère, en effet, que l'art est une simple imitation de la nature et qu'il est, par conséquent, inférieur à celle-ci, il est logique de l'évoquer, dans une démarche ascendante, en premier.

Mais l'argumentation de Plotin répond à plusieurs objectifs. Il veut en effet montrer tout d'abord que *partout*, la beauté résulte de la présence et de l'activité, dans l'objet beau, de la Forme (**1, 14**). Or ceci peut paraître plus évident dans les œuvres d'art que dans la nature, dans un corps sculpté que dans un corps réel susceptible d'être laid, du moins par certains aspects, alors qu'une statue est censée être belle de part en part et dans sa totalité. Il se peut donc que ce soit dans une intention didactique que Plotin ait choisi de commencer sa démonstration en prenant l'exemple de l'art.

On relève ensuite que la référence à la sculpture n'est pas anodine, et ceci pour deux raisons. L'activité du sculpteur est en effet comparable à celle du démiurge (**1, 17**). Or, si l'un des objectifs principaux de Plotin, lorsqu'il critique les Gnostiques, est de montrer que le monde n'est pas le produit d'une activité réfléchie et intellectuelle, c'est sur le fond d'un désaccord à propos de l'interprétation du *Timée*, dans lequel Platon montre que le monde résulte de l'action du Démiurge, action dont Plotin pense que ses adversaires n'ont pas compris la nature. Il n'est pas non plus étonnant que Plotin privilégie ici la sculpture, de préférence à la peinture (qui ne fait que copier une réalité déjà existante, la nature) et à la poésie, exemples privilégiés par Platon, alors qu'Aristote, à l'inverse, s'appuie sur la comparaison avec la sculpture, dans la *Métaphysique* et la *Physique*, pour démontrer la causalité de la forme.

1. Cf. *République*, X, 597 a-598 b.

Ainsi, la réhabilitation de l'art peut aussi être interprétée comme un effet inhérent à ces objectifs prioritaires et l'argumentation de Plotin paraît surtout déterminée par un double souci, à la fois didactique et polémique, dans la mesure où il s'agit pour lui de démontrer que toute beauté est nécessairement « Beauté intelligible ».

1. *L'exemple des deux pierres : différence entre une pierre travaillée par l'art (la statue) et une pierre brute. (***1, 6-12***)*

Il s'appuie, dans un premier temps, sur un schéma argumentatif classique : protase, apodose. La formulation même de l'exemple (**1, 6-11**) est à cet égard révélatrice. En effet, la structure paratactique de la phrase souligne, davantage que la simple comparaison entre les deux pierres, leur opposition, et le choix des termes mêmes qui qualifient l'une et l'autre est significatif. La pierre « brute » est brièvement qualifiée par deux adjectifs apposés, *arrhuthmistos* et *technès amoiros* (**1, 8**). L'un et l'autre sont composés à l'aide du préfixe privatif et signifient, respectivement, qu'elle est privée de « rythme » ou de « forme » [1] et privée de *moïra*, c'est-à-dire de part, ou de participation à l'art. La pierre sculptée, en revanche, fait l'objet d'une plus ample description. Plotin qualifie celle-ci à l'aide d'un participe parfait (*kekratèménos*) qui indique le résultat d'un processus, en l'occurrence un processus de maîtrise, de domination. On pense ici aux formules qui, dans d'autres traités, en particulier le *Traité 1*, expriment la domination de la matière par la forme [2]. L'emploi de la préposition *eis* (« vers », « pour ») dénote, quant à lui, le but ou l'intention qui président à ce processus. Toutes ces formulations indiquent donc une activité productrice saisie dans son mouvement même.

Le produit de cette activité – la représentation d'une divinité ou même d'un homme – est lui aussi défini de façon singulière (**1, 9-11**). On constate là encore une différence significative. Si le choix de la divinité semble importer peu – une Grâce ou une Muse –, celui de l'homme, en revanche, n'est pas indifférent : c'est « celui que l'art aura

1. Voir les notes de la traduction, *ad loc.*
2. Cf. *1*, 2, 16.

produit à partir de tous les hommes beaux ». Il s'agit donc potentiellement du plus bel homme qui soit et, par conséquent, non pas d'un homme réel, mais d'un homme "idéal". On peut rapprocher ceci des thèses énoncées à la fin du chapitre 1, où l'on voit les arts « suppléer » aux défauts des choses. Sans doute cette conception-ci n'est-elle pas propre à Plotin, puisqu'elle est soutenue par nombre d'autres auteurs [1]. Celui-ci pose cependant déjà ici-même les fondements de ses conceptions esthétiques, puisqu'il récuse l'idée d'un art imitant la nature au sens où celui-ci ne ferait que reproduire ou répliquer un objet naturel. Le fait même que la sculpture qu'il envisage soit réalisée à partir de *tous* les hommes beaux pour produire *un seul* homme suprêmement beau est en effet révélateur d'une volonté réitérée de mettre en évidence la forme et plus spécifiquement, comme il le montre dans le *Traité 1* [2], l'*unité* conférée par l'activité de la forme. L'art est ainsi conçu comme une activité noétique, fondée sur une démarche dialectique : on part du *multiple* pour arriver à l'*un*.

2. *Thèse : la beauté d'une œuvre d'art résulte de la présence en elle de la forme (***1, 12-15***)*

La conclusion tirée de cet exemple (**1, 12-18**) apporte des précisions instructives. Plotin explique alors pourquoi seule la seconde pierre est belle. La façon dont il qualifie celle-ci constitue en elle-même une explication. L'activité dominatrice de l'art ainsi que l'intention qui préside à cette activité sont en effet mises en évidence. L'expression « la beauté de la forme » insiste, de façon quasi redondante, sur l'identité absolue entre forme et beauté, qui est l'une des thèses majeures du traité. En effet, non seulement Plotin fait le choix d'employer le substantif abstrait, « la beauté », mais on peut se demander aussi s'il ne

---

1. L'idée d'un éclectisme esthétique se trouve en effet par exemple chez Cicéron (*De Inventione*, II, 1, 1), Pline, (*Histoire Naturelle*, XXXV, 64). Xénophon, dans les *Mémorables* (III, 10, 1) soutient la même idée que Plotin, tout comme Platon (*République*, 472 a). Voir aussi Aristote (*Politiques*, III, 2, 1281 a), où l'une des tâches du peintre consiste à réduire une diversité à une unité.

2. *Traité 1* (I, 6), chap. 1 à 3.

joue pas ici sur la polysémie du terme même *eidos*, qui signifie à la fois « forme » et « beauté » (polysémie difficile à traduire en français). De même, la juxtaposition, dans la phrase même, du substantif *kallos* et de l'adjectif *kalos*, outre l'effet sonore qu'elle produit, anticipe sur l'explication qui va être donnée ensuite. Ce n'est pas « l'être-pierre » de la pierre, c'est-à-dire sa matière, qui la rend belle, mais la forme que l'art a introduite en elle. On retrouve ici l'opposition aristotélicienne matière/forme qui structure la théorie plotinienne du Beau. La matière est absence de forme, tandis que la forme est *dans* l'Intellect.

3. *Argumentation (***1, 15-32***)*

L'art, en effet, est en soi et primitivement (en un sens plus logique que temporel) une activité purement noétique (*cf.* **1, 16**), ce que Plotin souligne en désignant seulement ensuite « celui qui l'a conçue » par « l'artisan » (**1, 17**). À propos de ce dernier, il récuse toute interprétation anthropomorphique, ou tout ce qui pourrait se rapporter aux instruments physiques de la création artistique (les organes des sens tels que les yeux ou les mains), pour ne retenir que cette caractéristique essentielle de l'artiste : il participe à l'art (**1, 18**). Le terme de « participation » est platonicien. Ce n'est donc pas l'habileté technique qui fait l'artiste, mais la vision de l'*eidos*, de ce que les “non-artisans”, eux, ne voient pas. On est ici en présence du même type d'argumentation que dans le *Traité 1* (chap. 2), à cette différence près que Plotin cherche ici à dégager l'art de toute détermination matérielle ou physique alors qu'il voulait, dans le premier traité, souligner avant tout la domination de la matière par la forme.

De fait, il expose maintenant le processus créatif à l'œuvre dans l'art, c'est-à-dire la différence entre la forme “entrée” dans la matière et la Forme dans l'Intellect. Pourquoi ? Ceci tient à l'objet même du *Traité 31* et, plus généralement, au vaste ensemble formé des *Traités 30* à *33* dans lequel celui-ci s'insère. En effet, le rôle du *logos* est mis en évidence dans le *Traité 30*. La thèse principale du *Traité 32* est que les intelligibles ne sont pas en-dehors de l'Intellect. Enfin, dans le *Traité 33*, Plotin explique pourquoi le monde sensible est, certes, beau, mais n'est *pas aussi beau* que le monde intelligible, afin de répondre aux Gnostiques qui en stigmatisent la laideur.

La notion de participation, apparue à la ligne 18, annonce le développement qui suit. On a vu que la pierre brute ne participe pas à l'art (*cf.* **1, 8**). Ainsi s'explique le « donc » de la ligne 18. C'est parce que l'artiste ne fait “que” participer à l'art que l'on peut déduire que la beauté qui existe dans l'art en soi est supérieure à celle de l'objet créé par l'art.

C'est ici l'occasion pour Plotin de préciser le processus qui est à l'œuvre dans la production artistique : il s'agit de la « procession », qui implique à la fois mouvement et immobilité. On constate en effet à la fois un mouvement de la forme vers la matière (**1, 19-20**), mais aussi et *en même temps* une immobilité de la forme qui « demeure ». Le paradoxe n'est qu'apparent, si l'on comprend qu'il s'agit à la fois de la même forme et d'une autre, que Plotin désigne ensuite (**1, 24**) par le terme de *logos.* On voit réapparaître ici le thème du *logos*, qui, dans le *Traité 30*, a servi à justifier l'identification entre contemplation et action. Ce *logos* dérivé de la forme est différent d'elle pour deux raisons : parce qu'il s'éloigne d'elle, mais aussi parce qu'il s'altère quelque peu lorsqu'il entre dans la matière, c'est-à-dire dans ce qui est « extérieur » (**1, 26**). C'est pourquoi il n'est pas ou plus « pur » (**1, 21**) : il rencontre la résistance que lui oppose la matière et ne demeure lui-même « que pour autant que la pierre a cédé à l'art » (**1, 22**). Le verbe « céder » peut ainsi être interprété comme une reprise du verbe « être dominé » en **1, 11**.

Cette beauté affaiblie et amoindrie, propre à l'objet créé par l'art, ne diminue bien sûr en rien la beauté absolue de la forme en soi. Plotin insiste particulièrement là-dessus, et le démontre alors longuement (**1, 22-32**), parce qu'il veut toujours démontrer que la beauté relative du monde sensible ne contredit pas l'existence, la perfection et l'éternité d'une beauté intelligible, dont ce monde est issu et dont il est l'image, comme il le soulignera à la fin du chapitre 8. C'est pourquoi non seulement il multiplie les comparatifs de supériorité (**1, 24-25**), mais il décrit aussi le pouvoir du principe supérieur (l'art, la beauté de l'art), comme un pouvoir assimilateur (**1, 23-24**).

Si la beauté-forme qui existe dans l'art pris en un sens absolu demeure et ne s'affaiblit pas, c'est qu'elle a le statut ontologique d'une ou plutôt *de* l'essence dont Plotin, dans le *Traité 23* (VI, 5), dit qu'elle ne « sort pas d'elle-même », qu'il n'y a pas à son sujet de « génération », dont on ne peut dire qu'elle est « dans un lieu », qui ne « se sépare pas d'elle-même », sans quoi elle « pâtirait, si elle <était> dans une chose différente <d'elle > »[1]. Cependant, ce que Plotin dit dans ce traité-ci peut paraître contradictoire avec l'idée exprimée dans le *Traité 31*, selon laquelle quelque chose, une autre forme ou un *logos*, vient de l'art pour aller dans un objet. Car dans ces conditions, que reste-t-il de cette beauté-forme dans l'œuvre réalisée ? Quelles peuvent être les implications de ce qui est présenté comme un théorème : « tout ce qui se disperse s'éloigne de lui-même » ? Il faut alors rappeler que la notion de participation explique la relation d'*identité* entre l'objet produit et le principe producteur, même s'il existe une hiérarchie entre les deux. En effet, la beauté correspond à une forme introduite par l'artiste dans la matière. Cette forme est d'abord conçue par l'artisan, elle est donc intelligible et intérieure à l'artiste[2]. Cette forme conçue par l'artisan suppose nécessairement l'existence d'une forme transcendante qui est « contenue » dans l'art comme une idée à laquelle « participe » l'intellect du « démiurge ». On est donc en présence d'une hiérarchie de formes qui se dégradent, s'affaiblissent et perdent progressivement de leur force lorsqu'elles « s'éloignent » d'elles-mêmes. Ce n'est plus la Forme en soi platonicienne, ou encore la « Beauté en soi » seule, elle-même par elle-même, puisque, même si elle la domine, celle-ci se heurte d'une certaine manière à la matière, qui constitue un obstacle pour elle. Une sorte de triade se constitue ainsi, organisée selon un principe descendant : art-artisan-matière. C'est ce qui explique la supériorité de l'art et de l'artisan sur l'œuvre d'art.

1. *23*, 3, 1 *sq*.
2. *Cf.* Aristote, *Métaphysique* VII, 1032 b et 1034 a ; *Éthique à Nicomaque*, VI, 1140 a.

4. *Conséquence : objections à ceux qui critiquent l'art en ce qu'il imite la nature* (**1, 32-40**)

Puisque la beauté de l'œuvre d'art suppose la présence et l'activité, en elle, d'une forme intelligible et transcendante, l'œuvre d'art ne peut donc être conçue comme la simple copie d'un modèle matériel : elle est déjà en elle-même manifestation ou expression de l'Idée, du *logos*. L'argumentation de Plotin s'appuie sur trois arguments successifs :

(1) La nature aussi imite d'autres choses (**1, 32-34**)

(2) L'art n'imite pas les choses visibles, mais remonte à leurs principes formels, dont provient la nature (**1, 34-36**)

(3) Parce qu'ils possèdent la beauté, les arts suppléent aux défauts des choses, comme le prouve l'exemple du Zeus de Phidias (**1, 36-40**)

Les deux premiers arguments visent indirectement la conception d'origine platonicienne selon laquelle l'art imite la nature, c'est-à-dire copie servilement et reproduit les objets naturels. Cette conception est exposée à plusieurs reprises par Platon, dans la *République* bien sûr [1], mais aussi dans le *Sophiste* (234-236) ou dans les *Lois* (769 b). Lorsque Plotin dit de la nature qu'elle imite « d'autres choses », il veut dire par là que la nature « imite », c'est-à-dire produit en se référant à des « modèles » (des « principes rationnels », *logoi*) différents des objets qu'elle produit, puisque ces *logoi* ne sont pas ces objets produits. Il anticipe ainsi sur le début du chapitre 2, où il montre que la nature produit conformément à principe qui lui est supérieur mais qu'elle possède aussi en elle. Or selon Plotin, qui suit ici Aristote [2], l'art « imite » la nature au sens où il « fait comme » la nature : il imite ce que la nature a imité avant lui. En effet, il produit *lui aussi* en conformité avec un modèle supérieur, Forme ou Idée, comme il l'a démontré auparavant. Les thèses du traité précédent, le *Traité 30*, figurent ici à l'arrière-plan de la démonstration : *tout*, dans le monde sensible

1. *République*, X, 597 a – 598 b ; 596 d-e.

2. Voir par exemple Aristote, *Physique*, II, 8, 199 a. Pour un exposé complet et extrêmement instructif des théories esthétiques d'Aristote, et en particulier de la notion de *mimèsis*, nous renvoyons à l'ouvrage de Mary-Anne Zagdoun, *L'esthétique d'Aristote*, Paris, Éditions du CNRS, 2011.

comme dans le monde intelligible, est à la fois en soi une contemplation et le produit d'une contemplation supérieure. Or la contemplation n'est jamais stérile, elle est toujours *productrice*. Il ne s'agit donc plus d'une imitation plus ou moins habile de la nature mais d'un mouvement *analogue* à celui de la nature, qui imite l'intelligible. Ainsi, loin de condamner l'art, Plotin suggère au contraire ici, de façon implicite, que condamner l'imitation impliquerait de condamner le mode de production de la nature elle-même.

Il va même plus loin dans son entreprise de réhabilitation de l'art. Celui-ci, en effet, améliore l'objet naturel qu'il serait censé, selon ceux qu'il critique, imiter. Cette thèse ne peut étonner si l'on se souvient que dans la première partie du chapitre, il avait affirmé que lorsque l'artisan réalise une sculpture, il le fait à partir de « tous les hommes beaux ». L'exemple de Phidias le confirme. C'est la représentation même du divin ou, plus exactement, de l'idée intérieure de la divinité – celle-là même qu'au chapitre 9 Plotin conseille d'invoquer (**9, 13** *sq.*) – vue et contemplée avec les yeux de l'intellect et non du corps, que le célèbre sculpteur a produite. En se livrant ici à un bref éloge de ce dernier, Plotin reprend toutefois une tradition bien attestée [1], même chez Platon [2], afin d'accroître la force de son argumentation dans un contexte où l'enjeu est de défendre la culture hellénique face à des adversaires sans scrupule à son égard. La critique de la *mimèsis*, au sens platonicien et restreint du terme, à laquelle se livre Plotin a cependant été souvent interprétée comme le geste fondateur d'une conception novatrice de l'art et mise en relation avec l'émergence d'un art lui-même nouveau, où l'œuvre est destinée à être appréhendée avec un regard transformé, un regard intérieur.

1. Pour une mise au point et une analyse détaillée et suggestive des nombreux discours sur Phidias chez les orateurs et les rhéteurs antiques, nous renvoyons à l'article de Laurent Pernot, « Phidias à la barre », dans L. Pernot (dir.), *La rhétorique des arts*, Actes du colloque tenu au Collège de France en 2009, Paris, P.U.F., 2011, p. 11-35.

2. Cf. *Hippias Majeur*, 290 a-b.

DEUXIÈME SECTION

LA BEAUTÉ DANS LA NATURE (2, 1-46)

1. *Les beautés naturelles : définition* (**2, 1-6**)

Plotin passe maintenant à l'étude de la beauté dans la nature. Cette seconde étape se justifie par le parallélisme entre l'art et la nature établi à la fin du chapitre 1 : leur principe de fonctionnement est identique, c'est celui de *mimèsis.* Plus précisément, le verbe « imiter » doit s'entendre en deux sens, selon le point de vue adopté. L'art « imite la nature » car, *comme* elle (c'est le premier sens du verbe « imiter »), il *crée en se conformant à* (c'est le second sens du verbe « imiter ») un principe rationnel (*logos*) ou une forme (*eidos*) supérieurs à lui. L'action de l'art n'est donc pas « mimétique » au sens platonicien du terme parce que l'objet imité n'est pas, comme le pensait Platon, l'objet naturel. C'est, on l'a vu, sur ce point que porte la critique de Plotin à la fin du chapitre 1 : en employant, à la ligne 1 du chapitre 2, le verbe *legontai,* il montre qu'il ne souscrit pas, ici du moins, à cette affirmation et réitère par conséquent sa critique [1].

Si le double sens donné au verbe « imiter » a pour corollaire une revalorisation, voire une réhabilitation de l'art, celles-ci restent

1. *Cf.* les lignes 32-33 du chapitre 1 : « si quelqu'un méprise les arts parce qu'ils produisent en imitant la nature [...] ».

cependant limitées. En effet, la transition d'un chapitre à l'autre est brutale, comme le soulignent à la fois le verbe « abandonnons », l'emploi du mode impératif et du temps du parfait, qui donne à l'action un caractère achevé et révolu. Plotin a souvent recours à ce procédé stylistique lorsqu'il passe, dans la discussion, du niveau d'une réalité inférieure à celui d'une réalité supérieure : à la fin du chapitre 3 du *Traité 1* par exemple, il conclut de la même manière l'étude de la beauté dans le sensible pour passer à celle de la beauté dans l'intelligible. Par conséquent, il ne faudrait pas conclure trop rapidement, de la similitude entre l'art et la nature, à une stricte égalité entre les deux : même si la supériorité de la nature sur l'art n'est pas énoncée ici de façon explicite, Plotin ne la remet pas en cause pour autant. Le choix d'un schéma ascensionnel comme cadre de la réflexion ne répond donc pas uniquement à des motifs pédagogiques mais relève aussi, et peut-être avant tout, d'un jugement de valeur tendant à relativiser le statut de l'œuvre d'art en général. En ce sens, la position de Plotin par rapport à Platon apparaît pour le moins complexe, voire ambivalente : même « revisitée » et critiquée à la lumière de l'interprétation aristotélicienne des relations entre art et nature, la dépréciation de l'art au livre X de la *République* est, d'une certaine manière, sauvegardée.

Plotin propose à son lecteur de « contempler » à présent les « œuvres » (*erga*, **2, 1**) de la nature. Le verbe « contempler » (*theôrein*) a certes de multiples sens : il peut signifier « considérer », « observer », « examiner », « étudier » (il est fréquemment employé dans ces acceptions par Platon ou Aristote), mais aussi renvoyer de façon plus explicite à l'activité de « contemplation » (*theôria*). C'est le cas ici : le contexte immédiat du traité (*cf.* l'intention exprimée en **1,6**), comme l'emploi du subjonctif jussif (**2, 3**) rappellent que le cadre revendiqué de l'argumentation est avant tout celui d'un exercice spirituel destiné aux auditeurs et lecteurs, et c'est pourquoi nous avons choisi de le traduire par « contemplons ».

La définition des œuvres de la nature est progressive : elle suit un mouvement qui va du général au particulier et comporte trois moments (**2, 2**; **2, 3**; **2, 3-6**). Ces œuvres sont tout d'abord définies, dans une périphrase explicative, comme « les choses qui sont des beautés produites par la nature et que l'on nomme ainsi » (**2, 2**), c'est-à-dire celles que l'on appelle des « beautés naturelles », ou « par nature ». La nature est donc, comme l'art, une puissance productive, comme Plotin l'a démontré dans le *Traité 30*. Au chapitre 3, il précisera qu'elle est un « *logos* archétype de la beauté qui est dans le corps ».

Il faut, pour comprendre cette définition, se reporter aux thèses développées dans les chapitres 2 à 4 du *Traité 30* : la nature y est conçue comme une puissance (*dunamis*) immobile (cf. *30*, 2, 13-17), une « forme » (*eidos*) ou un principe rationnel (*logos*) qui produit un autre *logos*, manifeste dans la « figure visible » de l'objet matériel produit (cf. *30*, 2, 25-34). Les deux points sur lesquels Plotin insiste sont les suivants : d'une part, ce que l'on appelle « nature » n'est pas un composé de matière et de forme (il ne faut pas, en effet, confondre « nature » et « objets naturels ») et d'autre part, la nature est une contemplation.

C'est donc en ce sens que l'on peut interpréter le participe *ginomena* (les beautés « produites ») en **2, 2**. Le second participe, *legomena* (« nommées »), suggère, quant à lui, que l'examen porte aussi sur un certain type de discours sur la nature, un discours laudatif qui valorise la beauté du monde sensible. On peut donc se demander si cette mention ne comporte pas en creux la critique d'un autre genre de discours, celui qui, au contraire, nie la beauté du monde sensible et serait celui des Gnostiques. On voit donc bien ici la façon dont Plotin procède pour intégrer et subsumer une définition préliminaire et générale à une argumentation à visée doctrinale *et* polémique : il réunit dans une même phrase sa propre conception de la nature et la critique implicite du discours de ses adversaires. De fait, l'analyse des deux étapes suivantes (**2, 3**; **2, 3-6**) de la définition des « œuvres de la nature », et plus particulièrement de la dernière, révèle la même volonté : mettre en évidence l'activité de la forme intelligible dans le sensible, montrer qu'il n'y a pas de séparation entre le sensible et l'intelligible et, par conséquent, anticiper sur la critique explicite, au chapitre 8 du traité, du discours gnostique sur la laideur du monde sensible. Ceci, comme on le verra, ne peut cependant se faire qu'au prix d'une mise à distance de la position platonicienne au profit de la position aristotélicienne, ou au moins d'une réinterprétation et d'une utilisation spécifique du *Timée*.

Il prend de nouveau l'exemple de beautés naturelles particulièrement bien « réussies », en raison de la domination de la forme sur la matière (c'est la thèse aristotélicienne). De même en effet, dans le chapitre 1, il s'appuyait sur l'exemple d'œuvres d'art représentant une divinité ou élaborées à partir de « l'ensemble des hommes beaux ». Ce qui pourrait constituer une limite à sa démonstration et l'affaiblir quelque peu s'explique par le fait qu'il envisage les objets qui sont beaux du point de vue de la Forme, et donc du point de vue de l'intelligible.

2. *Question : d'où vient leur beauté ?* (**2, 6-14**)

Il pose alors la question de la définition de leur beauté : « Qu'est-ce donc que la beauté qui est en eux ? » (**2, 6**).

Sa thèse est que leur beauté ne vient pas de la matière, mais de la forme (**2, 6-16**). En évoquant le sang et les menstrues, il se peut que Plotin se réfère ici à Aristote, qui considère le sang comme la matière de tout le corps [1]. Mais on peut aussi penser aux qualificatifs appliqués au Beau en soi, terme de la révélation du *Banquet* : « simple, pur, non mélangé, il n'est rempli ni de chairs humaines, ni de couleurs, ni de mille autres sottises mortelles » (211 e 1-3). La beauté n'est donc pas en relation avec les caractéristiques matérielles d'un objet quel qu'il soit. En outre, cette définition singulière de la beauté physique vise sans doute à montrer aux Gnostiques que leur mépris du corps révèle une mauvaise compréhension de celui qu'ils croient avoir repéré chez Platon [2]. Ainsi, dans le *Traité 33*, il prouve qu'il est tout à fait possible de faire abstraction de la nature corporelle (ce qui ne signifie pas la mépriser) pour ne voir en elle et à travers elle que la « sphère intelligible qui enveloppe et contient en elle la forme du monde » [3].

1. *Cf.* Aristote, *Parties des animaux*, III, 668 a 4 *sq*.
2. Cf. *Traité 33*, 17, 1-5 : « Pourtant, s'il leur vient à l'esprit de haïr cette nature corporelle, parce qu'ils ont entendu Platon souvent reprocher au corps tous les obstacles qu'il oppose à l'âme, et parce qu'il a dit que la nature corporelle tout entière est inférieure, ils devraient supprimer celle-ci à l'aide de leur pensée, pour ne voir que ce qui reste, la sphère intelligible [...]. »
3. Cf. *Traité 33*, 17, 5-6.

Le verbe « briller » est révélateur. Il témoigne en effet indirectement de la relation entre la beauté et la divinité, et montre qu'elle est nécessairement de l'ordre de l'intelligible : l'Intellect, comme les dieux chez Homère, est caractérisé par la lumière. La beauté physique d'Hélène est ainsi parente de celle des dieux, c'est-à-dire, selon l'interprétation qui sera donnée au chapitre 3, des êtres intelligibles. Cela vaut d'ailleurs pour toutes les beautés sensibles, car la figure singulière d'Hélène, que Plotin place ici au premier plan en raison de sa force symbolique, mais aussi persuasive[1], est généralisée à celle de toutes les femmes belles (**2, 10-11**).

Les questions posées ensuite sur l'origine de la beauté d'Aphrodite ou des dieux en général soulignent l'évidence d'une origine commune entre les beautés sensibles et celles qui sont d'un autre ordre. La réponse montre que ce que ces beautés ont en commun est précisément la *forme* (*eidos*). La problématique et le mode de questionnement sont identiques à ceux du chapitre 1, à propos de l'art.

3. *Réponse et thèse : leur beauté provient de la forme (***2, 14-16***)*

Une objection possible, dont on ne sait si Plotin l'invente ou si elle répond à une question peut-être posée par l'un de ses auditeurs, lors d'un cours, porte sur la relation entre forme et beauté. Cette question est décisive, car elle permet à Plotin de développer déjà la thèse sur laquelle repose la démonstration du traité tout entier : l'identité de la Forme et de la Beauté et, surtout, de l'Intellect et de la Beauté. La réponse est dans la question telle qu'elle est formulée, puisqu'il peut s'agir autant d'une objection réelle que d'une question rhétorique. Cette réponse est évidente, et elle sera reprise plus loin (**2, 28-31**) : seul

1. La rhétorique n'est pas absente, en effet, de la réflexion de Plotin ; ainsi, « la beauté d'Hélène » pourrait relever des « lieux » (*topoi*) classiques de l'éloge, mais on peut considérer qu'elle a aussi le statut d'« exemple » (*paradeigma*) au sens technique de l'emploi de ce terme en rhétorique. L'« exemple » relève du raisonnement inductif. Dans les deux cas, cette référence fonctionne comme une « preuve » (*pistis*). À propos de l'exemple d'Hélène, voir A.-L. Darras-Worms, « La beauté d'Hélène ou la médiation du beau dans les *Traités 31* (V, 8) et *48* (III, 3) de Plotin », *Methodos. Savoirs et textes*, 2010.

le beau peut produire le beau, contrairement à ce que croient les Gnostiques.

4. *Argumentation (***2, 16-46***)*

Mais Plotin ne se contente pas de cette réponse implicite : la suite du chapitre 2 **(2, 19-46)** en constitue le développement argumenté. Il utilise trois arguments principaux :

(1) La beauté ne vient pas de la masse et la forme n'émeut que si elle est intérieure **(2, 19-28)**.

(2) La beauté vient de la nature **(2, 28-35)**.

(3) La beauté provient d'une beauté encore antérieure à celle-ci : la beauté morale **(2, 35-46)**.

Le premier argument est directement relié à la question et à la réponse précédentes. La preuve que ce ne sont ni la matière, ni quelque détermination sensible que ce soit (masse ou grandeur) qui produisent la beauté, est que le principe rationnel ou la Forme, à l'origine de celle-ci, sont par définition et par essence immatériels. La particularité de ce raisonnement est qu'il fait appel à la preuve par la perception sensible (et non par l'intellect), puisque nous pouvons être sensibles à la beauté d'un objet quelle que soit sa taille.

Le second argument est étroitement lié au premier. Seule la forme nous émeut parce que c'est le *sentiment intérieur* de la beauté qui nous conduit à juger de la beauté d'un objet (le même type d'argument est employé au chapitre 2 du *Traité 1*). Ce « nous », c'est l'âme. La perception de la grandeur ne vient qu'ensuite. Il ne s'agit cependant pas de la détermination sensible de la grandeur, mais de la Forme intelligible de la grandeur, la « Grandeur en soi » ou l'Idée de grandeur, pourrait-on dire en reprenant la terminologie du *Phédon*. Cette grandeur est immatérielle[1]. Ce n'est donc pas la matière qui nous permet d'appréhender la beauté d'un objet[2], comme cela a déjà été démontré au chapitre 1 du traité.

1. Cf. *Traité 26* (III, 6), 16, 26 et 17, 1.

2. On trouve des thèses analogues dans le *Traité 27* (IV, 3), 3, 18, le *Traité 28* (IV, 4), 23, 17 et le *Traité 35* (II, 8), chap. 1.

Le troisième argument fait progresser la réflexion vers la définition de ce qui constitue la véritable beauté selon Plotin – la beauté intérieure, c'est-à-dire celle de l'âme. L'argumentation est purement logique et il s'agit pour ainsi dire d'une démonstration par l'absurde. Le producteur ne peut être laid, sinon il produirait le laid (c'est pourtant ce que pensent les Gnostiques). S'il n'est ni laid ni beau, *à choisir*, il choisira de produire du beau plutôt que du laid. Enfin, s'il est beau – comme l'est la nature, bien que nous l'ignorions – il produira nécessairement du beau. Ce qui constitue à la fois la force et la faiblesse de cette argumentation est qu'elle est fondée sur un présupposé facile à remettre en question : le monde sensible est beau. Mais inversement, si le monde sensible est laid, comment se fait-il que nous soyons émus par les objets qui le constituent, qu'il s'agisse d'œuvres d'art ou d'êtres vivants ? Le caractère illogique de la position gnostique réside donc dans le fait qu'ils ne tiennent pas compte du *sentiment* du beau, que nous éprouvons tous.

Or, même si l'on accorde de l'importance à ce sentiment, son *origine* nous demeure inconnue. Pourquoi ? Parce que nous ne nous connaissons pas nous-mêmes. La dernière partie du chapitre (**2, 35-46**) s'apparente en effet à un commentaire implicite de la maxime socratique que Plotin, comme il l'a fait dans les trois derniers chapitres du *Traité 1*, interprète cependant dans un sens légèrement différent de celui que lui donne Socrate, puisqu'il l'infléchit en y ajoutant la notion de beauté. Se connaître soi-même signifie se connaître en tant que l'on est âme, le « souci de soi » étant le souci de l'âme. À l'arrière-plan de ce passage se dessinent les interrogations et les discussions développées par Plotin dans le *Traité 53* (I, 1) à propos de l'identification de ce qu'il faut entendre par « soi » ou par « nous » dans l'injonction socratique, et plus généralement de ce qu'est l'essence de l'homme, à partir des questions posées par l'interprétation du *Premier Alcibiade* de Platon. De fait, comme le souligne Gwenaëlle Aubry dans son étude, « la véritable question du *Traité 53* n'est pas celle de l'homme, mais celle du *sujet* » [1] et l'on peut dire qu'il en va de même ici.

1. G. Aubry, Plotin, *Traité 53* (I, 1), Paris, Éditions du Cerf, 2004, p. 17.

Cela implique qu'il faut voir *en soi* la beauté de *sa propre âme*. Les références à Platon sont claires. La mention de la beauté des sciences, des occupations et des âmes en général (celle que confèrent les conduites morales qui sont bonnes) renvoie explicitement au *Banquet* (210 b). L'opposition entre beauté extérieure et beauté intérieure, métaphorisée à travers l'allusion implicite à la figure de Narcisse[1] (**2, 40-43**), reprend des thèmes communs au *Banquet* et au *Phèdre*. La différence essentielle par rapport aux thèses platoniciennes réside cependant dans le fait que l'émotion qui peut nous saisir à la vue d'un bel objet ne peut être réellement éprouvée, et surtout comprise, que si l'on s'est « vu soi-même comme beau » préalablement, c'est-à-dire si l'on a effectué ce travail sur soi, cet exercice spirituel qui consiste à purifier l'âme avant d'être en mesure d'appréhender la beauté extérieure, sensible et de juger d'elle. La réminiscence (« souviens-toi », **2, 46**) ne consiste pas – ou pas seulement – à actualiser la vision antérieure de la Forme en soi du Beau, mais à actualiser celle de la Beauté que l'on est « soi-même », c'est-à-dire qu'est toute âme lorsqu'elle est tout entière tournée vers elle-même.

Les thèmes et les thèses développées à la fin de ce deuxième chapitre du traité, de même que le style employé sont très proches de ceux que l'on trouve dans les derniers chapitres du *Traité 1*, auquel il faut se reporter pour mieux comprendre le sens du discours tenu ici par Plotin. Comme dans ces chapitres en effet, l'adresse directe à l'interlocuteur, à travers l'usage de la deuxième personne du singulier, transforme explicitement le discours en un exercice spirituel et lui confère un caractère protreptique. De fait, il s'agit bien d'une "initiation", puisque les propos « sur des sujets de cette sorte », comme le souligne Plotin, « ne s'adressent pas à tous » (**2, 45**).

1. On trouve la même référence au mythe de Narcisse dans le *Traité 1* (I, 6), 8, 9-16 : pour Plotin, Narcisse s'est trompé sur la nature et l'origine véritable de sa beauté, qui est sa beauté intérieure, intelligible donc. Voir à ce sujet l'article de Pierre Hadot : « Le mythe de Narcisse et son interprétation par Plotin », *Nouvelle Revue de Psychanalyse*, 13, 1976, p. 81-108.

Troisième section

LA BEAUTÉ DANS L'ÂME
(3, 1-8)

Plotin ménage maintenant une pause dans son discours pour résumer ce qui vient d'être établi, et plus précisément la hiérarchie des *logoi*. Celle-ci correspond à celle des niveaux de réalité que le discours a distingués et examinés successivement, selon une progression ascendante : corps (*sôma*), nature (*phusis*), âme (*psuchè*). Principes formels actifs et productifs, les *logoi* déterminent cette hiérarchie – on peut même dire qu'ils la créent –, chacun constituant l'origine de celui qui suit : le *logos* dans la nature est en effet "*archè*-type" de la beauté dans le corps tandis que, de celui qui est dans l'âme, provient le *logos* dans la nature. Nous retrouvons ici la « chaîne du beau » déjà évoquée dans le *Traité 1* et l'on progresse vers ce qui est toujours plus beau, comme le montre le recours aux comparatifs.

Le schéma est en effet le suivant :

Logos dans-----------------*l'âme*
« plus beau et dont provient le… »

Logos dans-----------------*la nature*
« archétype du… »

Logos dans-----------------*le corps*

La fonction de ce résumé, qui doit être mis en relation avec la fin du chapitre 2, est didactique et protreptique. Il s'agit en effet de guider et de convertir l'attention, c'est-à-dire le regard et l'écoute de l'auditeur ou du lecteur, afin qu'il puisse appréhender maintenant ce qui constitue l'objet véritable du traité : la beauté intelligible. Le moment est propice, puisque l'âme de l'interlocuteur est désormais prête, depuis la fin du chapitre 2 en particulier, à accéder à la perception et la compréhension de cette beauté-là, qui se manifeste tout particulièrement dans « l'âme sage »[1] (**3, 4**). Plotin se conforme ainsi en tout point au "programme" qu'il s'est fixé dès le début du traité. On constate qu'il existe une différence sensible dans la composition du *Traité 1* et celle du *Traité 31* : cette étape-ci n'était en effet atteinte que dans les derniers chapitres du premier traité (chapitres 7 à 9), alors que nous y parvenons ici beaucoup plus tôt.

Si l'étude de la beauté dans l'âme occupe une place plus restreinte (**2, 38-3, 4**), c'est parce que Plotin cherche à concentrer son discours sur la question de l'Intellect. Prenant à la lettre l'expression du *Banquet*, « la beauté dans les âmes » (210 a 6), il décrit en premier lieu le mode de présence et d'activité de l'Intellect *dans* l'âme. Ceci peut s'expliquer là encore par des motivations à la fois pédagogiques et anagogiques, car il est plus facile d'appréhender l'Intellect en procédant de cette façon. Mais cela lui permet par la même occasion de suggérer dès à présent l'identité de la Beauté et de l'Intellect, l'une des thèses principales du traité, qui sera ensuite développée plus longuement.

Il montre donc que c'est par l'intermédiaire du *logos* que l'Intellect est présent dans l'âme. Celui-ci contient en effet tous les *logoi* qui, dans l'âme, correspondent aux Formes dans l'Intellect. Dans un article consacré à l'étude du *logos* et des *logoi* chez Plotin, Luc Brisson expose la façon dont Plotin conçoit leur statut et leur rôle : « Les *logoi* représentent d'une part l'expression des formes dans le discours rationnel, et correspondent d'autre part à des principes actifs qui font apparaître

1. Sur la figure du sage chez Plotin, voir l'étude d'Alexandrine Schniewind, *L'éthique du sage chez Plotin. Le paradigme du* spoudaios, Paris, Vrin, 2003.

dans le monde sensible les images de ces modèles que sont les Formes. Dans ce contexte, le *logos* c'est l'ensemble des *logoi* qui assurent la possibilité du raisonnement, et celle de la production et de l'organisation du monde sensible. Très précisément, le *logos* correspond au mouvement de passage de l'Intellect vers l'Âme rationnelle et créatrice, et cela à tous les plans : Âme hypostase, Âme du monde, âmes particulières »[1].

En tant que manifestation de l'Intellect, le *logos* à l'œuvre dans l'âme possède la beauté à un degré supérieur (**3, 2**). Or il ne s'agit pas seulement d'une qualité qui désignerait un état. En précisant que ce *logos* « précède définitivement en beauté », Plotin veut montrer que plus on est près de la beauté même, de celui qui est « beauté en premier » (**3, 6**), c'est-à-dire de l'Intellect, plus on est beau. La beauté de ce *logos* est donc une beauté acquise, comme l'indique l'adverbe « définitivement », mais ce même adverbe implique aussi que cette beauté résulte d'un processus d'acquisition. C'est à ce statut que le *logos* doit son caractère causal, qui renvoie à la causalité de la Forme. Il possède cependant aussi, en tant que *logos*, la propriété de faire comprendre à l'âme la beauté (« faire conjecturer », **3, 6**).

Les mêmes remarques valent pour la lumière : le *logos* se caractérise par sa luminosité, sa brillance extrême, mais il dispense aussi, pour cette raison même, la lumière (**3, 5**). Il faut ajouter que la définition du *logos* comme possédant la qualité d'être beau *et* lumineux et comme constituant un vecteur de beauté *et* de lumière renvoie aussi dès maintenant à un thème plotinien récurrent[2], très présent dans la suite du traité : l'identification de la beauté et de la lumière et l'étroite association de celles-ci avec l'Intellect. En effet, même si l'Intellect n'est pas explicitement nommé, c'est bien lui qui est défini comme « lumière plus grande qui est beauté en premier » (**3, 5-6**).

---

1. L. Brisson, « *Logos* et *logoi* chez Plotin. Leur nature et leur rôle », dans *Plotin, des principes*, études réunies par J.-F. Pradeau, *Cahiers Philosophiques de Strasbourg*, n° 8, Strasbourg, 1999, p. 87-108.
2. Ce thème est bien sûr hérité de Platon.

Enfin, pour faire comprendre et décrire la nature [1] de celui qui est la source de ces *logoi*, Plotin, en définissant le type de processus cognitif propre au *logos* (de fait, le terme même de *logos* est présent dans le verbe *sullogizesthai*), fait directement appel à la partie rationnelle de notre âme pour appréhender l'Intellect. Il s'agit là de l'un des procédés dont nous disposons pour comprendre celui-ci. D'autres variantes de ce procédé sont utilisées dans le traité (ainsi au début du chapitre 9), à des fins identiques. Mais ces procédés restent préliminaires et propédeutiques au seul mode d'appréhension qui vaille, *in fine*, selon Plotin, dès lors qu'il s'agit de l'Intellect (et davantage encore du Bien ou de l'Un) : la vision ou la contemplation, évoquées dès le début du traité et mises en œuvre plus particulièrement dans les derniers chapitres. Pour autant – on le verra dans les lignes qui suivent –, le raisonnement n'est pas en lui-même, comme on pourrait le croire, radicalement différent de la contemplation. Il constitue en réalité une forme de contemplation, certes amoindrie et inférieure à la contemplation propre à la partie de l'âme qui reste dans l'intelligible [2].

1. Le *logos* dans l'âme nous « permet conjecturer de quelle nature est celui qui est avant lui […] » (*31*, 3, 6-7).

2. Cf. *Traité 30*, chap. 5 et 6 et en particulier, au chapitre 6, la ligne 37.

DEUXIÈME PARTIE
(3, 8 – 4, 54)

LA BEAUTÉ DANS L'INTELLECT

Aperçu général

Plotin étudie maintenant la beauté de l'Intellect en elle-même. Pour comprendre ce qu'elle est, il faut connaître la nature même de l'Intellect. C'est pourquoi il propose tout d'abord une série de définitions du noûs *(3, 8-10). Il demeure cependant difficile de s'en faire une image, car toute image est tirée d'un objet inférieur (3, 10-12). On peut donc procéder comme on le ferait avec l'or, dont on tirerait un échantillon, et partir de ce qui peut, en un certain sens, constituer comme un "échantillon" de l'Intellect : l'intellect des dieux (3, 12-18). Nous nous trouvons ainsi placés au niveau des intellects divins, non pas ceux des dieux qui se trouvent dans le monde sublunaire (ce sont les astres), mais ceux qui se trouvent « dans le ciel de là-bas », c'est-à-dire les Formes ou les êtres intelligibles (3, 18-27). À travers la description des intellects divins, nous sommes ainsi préparés à contempler de la vie "paradisiaque" du monde intelligible qui suit immédiatement (3, 27 – 4, 54). Le monde intelligible est décrit comme un monde totalement beau, caractérisé par l'identité, la luminosité et la transparence absolues, l'intériorité réciproque des êtres intelligibles, le mouvement et le repos purs, l'absolue et pure Beauté, la contemplation sans satiété (4, 1-27), un monde où la vie pure est sagesse* (sophia) *pure et en soi (4, 27-40). Plotin identifie cette sagesse à la « science en soi » du* Phèdre *(4, 40-55),* l'autoépistèmè *dont il se propose d'expliciter le sens dans les chapitres suivants.*

PREMIÈRE SECTION
(3, 8-18)

DÉFINITIONS DE L'INTELLECT

Les lignes 8 à 18 du chapitre 3 contiennent plusieurs définitions de l'Intellect. Plotin procède en effet en trois temps : il en donne tout d'abord (**3, 8-9**) une définition partiellement négative, qui vise à le différencier du *logos* mentionné précédemment. Puis il le désigne nommément comme *noûs*, mais ajoute aussitôt une précision pour le différencier, cette fois, de l'intellect tel qu'il est dans l'âme (**3, 9-10**). Après s'être interrogé, en **3, 10-12**, sur la meilleure façon de l'appréhender, il explicite enfin – ce qui est une autre manière de le définir – la façon dont l'Intellect peut être appréhendé et conçu (**3, 12-18**), à travers une comparaison avec l'or.

Le procédé qui consiste à proposer une définition développée en plusieurs temps et de différentes façons relève, certes, d'une intention didactique, mais il a surtout pour fonction de souligner deux caractéristiques essentielles du *noûs* : l'éternité et l'identité avec soi. C'est en effet le *noûs* en tant qu'hypostase, ou niveau de réalité, que Plotin cherche à définir ici.

1. *Définitions (***3, 8-10***)*

La première définition met ainsi en évidence son antériorité logique – ni temporelle ni spatiale. Si l'Intellect est « antérieur » au *logos* dans l'âme (**3, 7**), c'est en tant que principe ou cause première. C'est dans le même sens que Plotin évoquait, au tout début du *Traité 1*, la réalité située « avant » les beautés multiples. Ici, l'emploi de la négation (« celui qui *ne* vient *plus* dans ») souligne que cette réalité n'est pas soumise à la temporalité [1]. De même, la répétition des négations, associée à l'emploi de la préposition ou du préverbe *-en* (« dans »), montre qu'à la différence du *logos* dans l'âme, l'Intellect dont il s'agit ici n'est pas soumis à la spatialité propre au monde sensible, pas plus qu'il ne l'est au devenir ou à l'altérité, mais relève d'une spatialité différente. Or celle-ci, marquée par l'identité absolue du lieu et de ce qui est « dans » ce lieu, s'abolit de ce fait elle-même. L'Intellect est « dans lui-même » : son lieu propre, c'est lui. Cette spécificité du lieu intelligible sera argumentée dans les chapitres suivants, mais l'on peut constater que sont déjà affirmées ici l'a-temporalité et l'a-spatialité de l'Intellect.

On comprend ainsi « pourquoi », comme le dit ensuite Plotin, « il ne s'agit plus d'un principe rationnel » (**3, 8**). L'Intellect en soi est défini négativement par rapport au *logos* qui a son *origine* dans l'Intellect mais possède aussi la faculté d'être présent et d'agir dans ce qui est *autre* que lui et qui n'est pas *logos* à proprement parler – qu'il s'agisse de l'art, de la nature ou de l'âme – ou qui ne l'est qu'en un certain sens. Si l'Intellect, quant à lui, n'est pas *logos*, c'est parce qu'il est antérieur, du point de vue logique, au *logos*, qu'il produit. Cette thèse sera reprise dans le premier chapitre du *Traité 33*. C'est donc sous l'aspect du *logos* que l'Intellect réside dans l'âme (l'âme individuelle). Mais de quel *logos* s'agit-il ici exactement ? Plotin le définit doublement : c'est « le principe rationnel premier, *c'est-à-dire* la beauté » dans la matière psychique (**3, 9-10**). L'emploi du singulier et de l'adjectif « premier » en construction attributive (« qui est premier ») suggère que ce *logos* doit être distingué de ceux dont il était

1. L'emploi de cette négation est toutefois ambigu. Plotin veut dire ici que ce principe premier est en soi a-temporel, mais c'est aussi pour lui une façon de renvoyer au moment auquel le discours est tenu et au niveau de réflexion auquel nous sommes ici parvenus : l'objet du discours n'est plus le même, *il ne s'agit plus maintenant* de parler de l'Intellect dans ses traces ou son activité, par l'intermédiaire du ou des *logoi*, dans l'art, la nature, ou même l'âme, mais de l'Intellect en lui-même.

question auparavant. Il n'est ni antérieur à l'âme, ni situé « entre » l'Intellect et l'âme, mais il est la manifestation première de l'Intellect dans l'âme en sa partie supérieure – la plus proche de l'Intellect, l'âme « noétique » ou intellectuelle – et dont dérivent successivement les autres *logoi*. Il est le produit de la contemplation de l'Un par l'Intellect. De ce fait, il est « le *logos* premier », car il est trace de l'Un. Plotin dit à son propos, dans le *Traité 19* (3, 27-30), qu'il est l'interprète du « logos » de l'Intellect. Le terme de *logos* est donc employé, dans le *Traité 19* comme dans ce passage-ci du *Traité 31*, dans un sens purement analogique car l'Intellect *n'est pas* et ne peut être, à proprement parler, *logos*.

Si ce *logos* peut être défini comme « la Beauté » (on note l'emploi du substantif), c'est à la fois parce qu'il est la manifestation première de l'Intellect et parce que pour Plotin, comme il le démontrera ensuite, l'Intellect lui-même est Beauté. Or l'acte de contemplation propre à l'Intellect a pour effet de rendre l'âme intellectuelle, comme cela est démontré au chapitre 6 du *Traité 1*. C'est ainsi que l'on peut comprendre l'expression « matière psychique » (**3, 9**) : elle signifie que la beauté est dans l'âme « comme », « en tant que » ou encore « entendue au sens de » matière pour l'Intellect. Plotin fait ici un usage analogique du terme « matière » : l'âme "reçoit" la Forme sous l'aspect et par l'intermédiaire du *logos*, et acquiert ainsi son caractère intellectuel. Dans un passage du *Traité 13* [III, 9], 5, Plotin dit ainsi que l'âme est « matière pour l'Intellect » [1].

La deuxième définition de l'Intellect constitue une réponse à la question indirecte posée en **3, 7** : « de quelle nature est [...] ». Cette seconde définition témoigne de la vigilance constante qu'exerce Plotin à l'égard du langage, nécessairement imparfait, et particulièrement lorsque le discours porte sur les différents niveaux de réalité, Âme, Intellect, Un ou Bien, comme le montre la mise en garde au début du traité (« autant que l'on peut dire de telles choses »). Tout dépend, en effet, du "niveau" ou du point de vue à partir duquel se déploie le discours à tel ou tel moment de l'argumentation, ainsi que des

1. *Cf.* aussi Aristote, *De Anima*, I, 1, 403 a 25.

capacités intellectives et cognitives de celui auquel s'adresse ce discours, ou qui se le tient à lui-même. Certes, Plotin s'adresse à des initiés, ou du moins à des personnes qui sont sur la voie de l'initiation (*cf.* le « pour nous » en **1, 4-5** ainsi que **2, 45**). Mais même pour ceux-ci, appréhender « pareilles choses » est difficile. Plotin semble donc ressentir la nécessité de préciser ici même que la réalité dont il parle est l'Intellect éternel, et non pas l'intellect intermittent. Or celui qui est « Intellect éternellement » est l'Intellect hypostase, en soi, par soi et pour soi et non, par conséquent, l'intellect en nous ou dans l'âme; c'est l'Intellect en tant qu'entité séparée et immobile [1] qui pense éternellement et se pense lui-même éternellement. S'il n'est pas, comme le précise ensuite Plotin, « adventice », « importé de l'extérieur » pourrait-on dire encore, c'est parce que la pensée n'est pas pour lui une chose acquise et qu'il ne provient pas d'un être différent de lui. C'est donc l'Intellect dans toute sa pureté et son absolue simplicité, comme l'illustre aussitôt après la troisième définition, puis la description de la nature de l'intellect des dieux.

2. *Question : quelle image peut-on se faire de l'Intellect ?* (**3, 10-12**)

La question posée à la suite de ces deux premières définitions est d'ordre pédagogique. Elle intervient à un moment où il peut paraître difficile de comprendre les définitions précédentes parce qu'elles relèvent de points de doctrine demandant à être explicités. Plotin a donc recours à une comparaison plus “parlante”, la comparaison avec l'or. Mais l'enjeu est aussi plus large. Il cherche à définir la « Beauté intelligible » et d'une certaine manière, puisque l'on a progressé à partir de ces deux premières définitions, cet exercice spirituel nous a permis d'atteindre le « niveau » de l'Intellect, cette Beauté qu'est l'Intellect ne peut donc plus être appréhendée à partir de son « image », de ses manifestations ou de ses traces dans le sensible. L'Intellect ne peut et ne doit être désormais compris qu'en lui-même et à partir de lui-même.

---

1. *Cf.* le *Traité 2* (IV, 7), 10 ainsi que le *Traité 5* (V, 9), 3, 4-8 et 5, 35.

Il ne faut pas oublier que le but annoncé du traité est de « contempler la beauté de l'Intellect et du monde de là-bas ». Pour cela, il existe deux méthodes. La première est la méthode dialectique, qui consiste à partir d'en bas, c'est-à-dire du monde sensible, pour remonter ensuite vers l'Intelligible : par exemple, contempler les choses belles dans le monde sensible – œuvres d'art ou objets naturels – voir l'unité qui "se cache" derrière toutes ces beautés multiples, comprendre que c'est la forme qui, en chacune d'elles, donne la beauté et que celles-ci sont le résultat de l'activité d'un principe formel qui, en tant que tel, relève de l'Intellect. On peut remonter ensuite à la source de ce principe formel et appréhender ainsi l'Intellect en partant à la fois de ce qu'il est et de ce qu'il n'est pas – en partant, donc, de l'image que nous en offre le monde sensible. C'est la méthode du *Banquet*, déjà adoptée dans le *Traité 1*, et c'est aussi celle des deux premiers chapitres du *Traité 31*.

Mais il existe une autre méthode, que Plotin construit ici même au chapitre 3 et qu'il reprendra dans les chapitres suivants (avec l'image de la sphère, au chapitre 9). En interprétant le terme de l'ascension comme étant non pas la « Beauté en soi » du *Banquet*, mais l'Intellect, il reprend en effet une thèse soutenue dès le *Traité 1* : l'Intellect est Beauté, et inversement. En ce sens, l'expression « la beauté de l'Intellect », employée au chapitre 1 du *Traité 31*, est presque redondante. C'est donc cette même thèse qu'il continue à soutenir ici de façon implicite, en posant les jalons d'une argumentation qu'il développera plus loin, en particulier au chapitre 9.

Cette autre méthode consiste à partir non pas du bas, de ce qui est inférieur (**3, 10-11**), comme le ferait le *logos* (au sens de « raisonnement ») mais d'en haut, de l'Intellect lui-même, "débarrassé" de toutes ses manifestations inférieures ou extérieures, c'est-à-dire « purifié » (**3, 14-15**). Pour mieux comprendre en quoi consiste cette méthode-ci, il ne faut pas s'appuyer sur la référence spatiale propre à la première méthode – un espace organisé verticalement, suivant le principe d'une hiérarchie – mais adopter d'autres types de référence spatiale : par exemple un espace structuré par une opposition extérieur/intérieur, ou bien un cercle (avec centre et périphérie) ou des cercles concentriques, ou, mieux encore, une combinaison des deux : une sphère au cœur de laquelle on trouverait, comme au plus profond de nous-mêmes, c'est-à-dire de notre âme, l'Intellect et, plus profondément encore, l'Un.

Il faut en outre préciser, à propos de la notion d'image (« toute image (*eikôn*) sera tirée de l'inférieur », **3, 11-12**) qu'il ne s'agit pas de la représentation ou de l'imitation (même au sens fort du terme) d'une réalité supérieure, mais de l'image que peut constituer une partie par rapport à la totalité dont elle fait partie : « l'image doit en effet provenir de l'Intellect, de sorte que ce ne soit pas au moyen d'une image <qu'on le saisisse> » (**3, 12-13**). L'image n'est donc pas ici une médiation mais si on la perçoit correctement, c'est-à-dire si l'on élimine mentalement tout ce qui peut faire obstacle à sa perception (la matière, par exemple), elle est exactement de même nature que la totalité dont elle a été prélevée. Un passage du *Traité 17* (II, 6), intitulé *De la qualité et de la forme*, peut nous aider à résoudre le paradoxe apparent des lignes 12-13. Plotin y explique en effet que l'une des différences entre le monde sensible et le monde intelligible réside dans le fait que « toutes les choses de là-bas sont substance (*ousia*) », parce que « là-bas toutes choses sont une tandis qu'ici-bas, leurs images (*eidôlôn*) étant séparées, <on voit> l'une et l'autre » ; il en va comme de la « semence », dans laquelle « toutes choses sont ensemble et chacune est toutes et il n'y a pas la main à part et la tête à part, tandis qu'ici-bas elles sont à part les unes des autres : ce sont en effet des images (*eidôla*) et elles ne sont pas véritables » [1]. On peut donc supposer que le terme d'image (*eikôn*) employé dans le *Traité* (**3, 11-12**) doit être entendu selon la même acception que le terme d'*eidôlon* dans le *Traité 17*, c'est-à-dire au sens de simple reflet dégradé d'une réalité supérieure.

Cette mise au point méthodique nous permet de comprendre par anticipation le sens et la valeur de la description du monde intelligible, qui occupe tout le chapitre 4. C'est en effet à partir de cet « échantillon » d'Intellect qu'est notre propre intellect ou, mieux encore, celui des dieux (*cf.* **3, 16-17**), que nous pouvons nous représenter la nature

1. *Traité 17* (II, 6), 1, 8-12.

véritable de l'Intellect et du monde intelligible, conformément au but énoncé au tout début du traité.

3. *Réponse : il faut partir de l'intellect des dieux* (**3, 12-18**)

Pour guider son lecteur dans cet exercice spirituel de représentation intérieure et l'amener à faire cet effort d'imagination, Plotin a donc recours à un exemple tiré du sensible (l'or dont on prélève un morceau pour savoir ce qu'est réellement l'or en lui-même, **3, 13-16**), qui sert ensuite de point de comparaison avec un exemple situé au niveau de l'intelligible (l'intellect dans les dieux, **3, 16-36.**). Ce n'est qu'après cette étape préparatoire que le lecteur pourra enfin contempler l'Intellect et le monde intelligible.

L'or constitue un exemple aux deux sens du terme et il est révélateur à plus d'un titre : il peut être pris dans son sens figuré, « rhétorique », puisqu'il s'insère dans une argumentation, et dans son sens premier, étymologique. Le terme grec *deigma* est de la même famille que le verbe *deiknumi*, qui signifie « indiquer, montrer » : il s'agit donc de quelque chose que l'on prend pour *montrer* ce que ce qu'est réellement l'or. En tant que partie d'un tout, il indique, c'est-à-dire qu'il *signifie* la nature du tout dont il est une partie et dont il possède toutes les caractéristiques. Ce n'est donc pas une image au sens où celle-ci serait une production dérivée de cette entité que serait l'or en soi. Cet exemple présente un réel intérêt pour l'argumentation. Non seulement le choix d'un métal précieux comme terme de comparaison avec l'intellect n'est pas anodin et renvoie implicitement à la valeur du comparé, mais il est aussi parfaitement adapté à la thèse, énoncée par Plotin ensuite, selon laquelle ce n'est qu'avec un intellect entièrement « purifié » (**3, 17**) que l'on pourra comprendre la nature de l'Intellect lui-même. À l'extraction, l'or est en effet recouvert de terre, et donc souillé, et il faut le nettoyer pour que l'or véritable apparaisse. C'est donc à travers des notations très concrètes que le processus de purification est présenté par Plotin. Si l'on en examine attentivement les modalités, on s'aperçoit que celles-ci correspondent particulièrement à la façon dont il détaille, dans d'autres écrits, la purification de l'âme. Montrer « soit par l'acte soit par la parole que ce n'est pas cet échantillon tout entier qui est l'or, mais que cet échantillon-ci est seulement ce qui est dans la masse » (**3, 15-16**), n'est-ce pas précisément ce que fait, sur un autre plan, l'homme sage qui, par les vertus qu'il possède et dont il fait preuve ou par les discours qu'il tient – par exemple en démontrant qu'il faut détourner l'attention du corps (donc de la masse, de la matière), rend visibles l'activité et le rayonnement de l'intellect à travers lui[1] ? De fait, Plotin utilise l'exemple de l'or plusieurs fois dans son œuvre, et toujours dans le contexte d'un discours sur la purification. C'est le cas dans les deux premiers traités. Dans le *Traité 1*, il compare la laideur de l'âme avec celle de l'or recouvert de terre : « la laideur pour l'âme, c'est de n'être ni pure ni sans mélange – il en va de même pour l'or – mais remplie d'élément terreux : si l'on ôte cette terre, l'or demeure et il est beau, parce qu'il est isolé des autres choses et s'unit à lui seul »[2]. Dans le *Traité 2*, il compare les vertus dans l'âme à des « statues installées en elle, pour ainsi dire remplies de la rouille du temps et qu'elle a rendues pures ». Il ajoute : « c'est comme si l'or possédait une âme : après avoir repoussé tout ce qu'il y a de terreux en lui, alors qu'il était dans l'ignorance de lui-même auparavant, parce qu'il ne voyait pas l'or, c'est alors qu'il s'admirerait lui-même en se voyant isolé de toute chose et il songerait qu'il n'a donc plus besoin d'une beauté d'emprunt, car il est en pleine possession de ses forces, si on le laissait être seul à lui-même »[3].

Par l'effet d'une analogie dont il suppose ici accomplie une étape importante – celle de la purification de l'âme qui implique que celle-ci, par la pratique des vertus et l'exercice de la pensée, travaille à se rendre « intellectuelle » de façon à (re)devenir elle-même pur intellect– Plotin propose donc maintenant de partir « ici-même » (c'est-à-dire ici-bas) de « l'intellect entièrement purifié en nous » (**3, 16-17**) pour *montrer* ce qu'est l'Intellect véritable. Il faut préciser que, comme c'est le cas pour l'or, cet échantillon – l'âme-intellect – ne constitue pas la totalité de l'Intellect mais que, en tant que partie d'un tout, et donc à la fois

1. *Cf.* ici même en **3, 3-9**.
2. *Traité 1* (I, 6), 5, 50-52.
3. *Traité 2* (IV, 7), 10, 46-53.

même et autre que celui-ci, il en possède cependant intrinsèquement toutes les caractéristiques et lui est en tous points identique. Il s'agit là des intellects individuels, dont Plotin montre dans le *Traité 43* qu'ils sont, en tant qu'espèces (*eidè*) d'un genre (*genos*) qui est l'Intellect universel, à la fois « en acte ce qu'ils sont, et en puissance l'Intellect universel » (*43* (VI, 2), 20, 22-23), ou encore « parties en acte de l'Intellect universel » (*43*, 22, 24-25) [1].

1. Pour la question des relations entre intellects individuels et Intellect universel, en particulier celle de leur altérité et de leur identité, on peut aussi se reporter au *Traité 38* (VI, 7), chap. 13.

DEUXIÈME SECTION
(3, 18-36)

LA BEAUTÉ DES DIEUX INTELLIGIBLES

1. *L'intellect des dieux (***3, 18-27***)*

L'intellect des dieux constitue le point de départ d'une nouvelle ascension. À l'exercice spirituel de conversion vers soi-même (*cf.* « en nous », **3, 17**) est substitué celui qui consiste à tourner nos regards non plus vers nous-mêmes, mais vers ceux qu'il nomme « les dieux » : « c'est à partir de l'intellect entièrement purifié en nous ou, si tu veux, des dieux, que <l'on saura> de quelle nature est l'intellect en eux » (**3, 17-18**). L'expression « si tu veux » souligne en effet qu'il s'agit toujours ici d'un exercice spirituel.

Pourquoi Plotin choisit-il de partir de l'intellect tel qu'il est dans les dieux, plutôt que de l'intellect humain ? Il se peut que ce soit tout d'abord pour des raisons méthodologiques, par souci d'efficacité, afin d'atteindre au plus vite l'objet d'étude, l'Intellect en soi : dans les dieux en effet, l'Intellect se donne immédiatement tel qu'il est réellement et nous n'avons pas besoin, pour l'atteindre, de la médiation de la purification ni du travail de la pensée, nécessaires, en revanche, pour atteindre l'intellect qui se trouve dans l'âme individuelle (*cf.* **3, 14-15**). Mais il se peut que les raisons tiennent aussi au contexte polémique et à la volonté de Plotin de ne pas multiplier les entités, à l'inverse de ce que font les Gnostiques. Enfin, l'intellect divin – celui des dieux – est parfait, supérieur à l'intellect « humain », comme le montre la phrase par laquelle il entame la description du monde intelligible (*cf.* **3, 18**).

Plotin commence en effet la description de l'activité de l'intellect des dieux par une phrase à la tournure quelque peu solennelle[1], qui s'apparente presque à une incantation (**3, 18-19).** Il renoue ici avec le thème essentiel du traité – la beauté – par le biais d'une référence à Platon qu'il utilise souvent, celle de la « beauté inconcevable » de la *République* (509 a 6)[2].

Mais il abandonne aussitôt ce ton solennel pour poser une question sur la cause de cette beauté (**3, 19-20**), ce qui lui permet de renouer avec l'exposé pédagogique précédent. Plotin part ainsi d'assertions communes et incontestables (la beauté des dieux) pour les interroger. Pourquoi cette question? Parce que la beauté est *toujours* le signe de l'Intellect : elle ce par quoi celui-ci se rend visible. Il répond en effet en disant que c'est l'activité de l'intellect en eux qui les rend beaux (**3, 20-21**). Mais, puisque l'on se trouve à un niveau supérieur, celui de la divinité, cette activité est elle-même supérieure à celle qui peut s'exercer aux niveaux inférieurs comme l'œuvre d'art, les objets naturels, ou même l'âme du sage. Non seulement cette activité supérieure les rend beaux, mais elle les rend visibles : c'est la beauté visible du *Banquet* et du *Phèdre*.

Cependant, le texte de référence sur lequel Plotin s'appuie à partir de ce moment n'est plus le *Banquet*, mais le *Phèdre*. Plus précisément, tout se passe comme si la lecture et la reprise du *Phèdre* prolongeaient celles du *Banquet* et prenaient pour point de départ ce qui, dans le passage du *Banquet*, constituait le point d'arrivée de la remontée du sensible vers l'intelligible. Substituer un texte platonicien de référence à un autre, prolonger et expliquer l'un par l'autre est fréquent dans la pratique herméneutique de Plotin dont elle constitue l'une des caractéristiques principales : cette lecture conjointe des dialogues était déjà mise en œuvre dans le *Traité 1* et expliquer Platon par Platon, dans un

1. *Cf.* l'adjectif « vénérables » (*semnoi*).

2. Plotin utilise souvent cette phrase dans les moments "mystiques" de ses discours : cf. *Traité 1* (I, 6), 8, 2; *Traité 33* (II, 9), 17, 36 et *Traité 32* (V, 5), 3, 8.

rapport très libre au texte, puisque celui-ci est entièrement décontextualisé, est l'une des raisons qui confère au platonisme de Plotin son caractère résolument nouveau.

Peut-être est-ce, en effet, la vision de l'âme contemplant, dans le *Phèdre*, le cortège des dieux qui explique que la perspective ait désormais changé. Le nouvel exercice proposé par Plotin a donc maintenant pour but de comprendre cette Beauté en soi qu'est l'Intellect sur le modèle de la « vie des dieux », évoquée dans le *Phèdre* [1].

Plotin procède en plusieurs temps. Il explique tout d'abord (**3, 18-27**) en quoi les dieux, comme on le dit généralement, sont beaux : leur beauté résulte de l'activité plus intense de l'Intellect en eux et de fait, en tant que produits directs de l'Intellect, ils en possèdent toutes les caractéristiques – même fonctionnement, mêmes objets de pensée et de savoir. Cependant, « les dieux » dont il s'agit ici sont les astres [2], puisqu'il précise ensuite qu'il existe deux sortes de dieux : ceux qui sont dans le ciel visible (les astres, **3, 27-30**) et, au-delà, ceux qui résident dans le ciel intelligible, dont on peut penser qu'il s'agit des Formes intelligibles (**3, 30-36**). Puis il décrit la nature et la vie des êtres intelligibles dans cette totalité qu'est l'Intellect (**4, 1-54**). Le nouveau point de départ, donné en **3, 18,** est donc celui d'une ascension qui comporte deux étapes – les dieux visibles d'abord (**3, 18-30**), les dieux invisibles ensuite (**3, 30-36**) – et dont le “sommet” est la totalité intelligible (**4, 1-54**).

L'intellect des dieux est parfait, supérieur à l'intellect humain et sans commune mesure avec lui. C'est ce que montre l'assertion

1. Platon, *Phèdre*, 248 a 1 : « Et c'est cela, la vie des dieux »

2. De fait, à plusieurs reprises dans ses écrits, Plotin identifie les astres aux dieux. Ainsi dans le *Traité 50* (III, 5), 6, 21-23 : « dans le monde sensible, les dieux qui vont jusqu'à la lune sont les dieux visibles, qui viennent en second après les dieux de là-bas (*i.e.* les dieux intelligibles) et sont en conformité avec les dieux intelligibles de là-bas [...] » ; dans le *Traité 10* (V, 1), 2, 40-42 : « Le soleil aussi est un dieu, parce qu'il est animé, ainsi que les autres astres, et nous, s'il y a quelque chose <de divin en nous>, c'est pour cette raison » ; et encore dans le *Traité 33* (II, 9), 8, 31-33 : « et les astres, à la fois ceux qui sont dans les sphères inférieures du monde et ceux qui sont dans la partie supérieure, pourquoi ne sont-ils pas des dieux transportés dans un mouvement régulier et circulant en ordre ? ».

préliminaire : « Oui, certes, vénérables et beaux sont tous les dieux, et leur *beauté* est *inconcevable.* » (**3, 18-19**). Ceci est présenté comme un fait acquis faisant consensus, légitimé par le recours à des expressions empruntées à la tradition philosophique grecque classique. L'adjectif *semnoi* (« vénérables »), tout d'abord, fait signe vers Aristote, qui l'emploie à plusieurs reprises dans la *Métaphysique* pour désigner le caractère « vénérable » ou « digne » de l'Intellect et des objets de sa pensée. Or c'est un adjectif que Plotin utilise à son tour et dont il interroge le sens précisément à propos de l'Intellect dans un passage du *Traité 38* (VI, 7), qui comporte une description de l'Intellect très proche de celle du chapitre 4 du *Traité 31*. L'expression *kallos amèchanon* (« beauté inconcevable »), ensuite, est une citation directe de la *République* (509 a 6) que Plotin utilise plusieurs fois dans ses écrits, et tout particulièrement dans ceux de la tétralogie contre les Gnostiques [1]. Ces références, au sein d'une phrase à laquelle le rythme binaire du début puis l'effet d'accumulation provoqué par la répétition de la coordination « et » donnent un tournure solennelle, soulignent la gravité du propos et "signent" pour ainsi dire l'entrée dans le monde supra-humain. On est frappé par ce souci du style qui, certes, vise avant tout à impressionner et convaincre l'interlocuteur, mais à affirmer aussi, à l'adresse d'adversaires critiques (rappelons-nous qu'ils n'ont pas compris la nature intelligible), la beauté absolue de l'Intellect, en lui-même et dans chacune de ses parties.

Mais cette phrase introductive montre aussi que Plotin revient maintenant au thème essentiel du traité, la Beauté. Celle-ci va être placée au centre d'une discussion à caractère pédagogique dont il renoue aussi le fil, comme en témoigne le jeu de questions et de réponses des lignes 19 à 27 [2].

La question posée (**3, 19-20**) est celle de la *cause*, formulée à la manière aristotélicienne (le « ce par quoi ou pourquoi ») : « Mais quelle est donc la cause qui les fait être ainsi ? ». Plotin adopte ici, en effet, une

1. Outre le *Traité 1* (I, 6), 8, 2 et le *Traité 31*, 8, 21, voir aussi le *Traité 33*, 8, 15 et 17, 36, le *Traité 32*, 3, 8, le *Traité 10* (V, 1), 4, 9 et le *Traité 43* (VI, 2), 21, 4.

2. Le même procédé est utilisé en 31, 3, 11 *sq*.

méthode de recherche scientifique “classique”, proche de celle que décrit Aristote dans les *Seconds Analytiques*[1] : celle qui, à partir de la constatation d'un fait – le plus souvent une vérité générale (ici, la beauté des dieux) – recherche le « pourquoi » (ici, la cause de cette beauté). Ce passage est à rapprocher du début du chapitre 3 (**3, 1-10**), où Plotin établissait déjà une « chaîne du beau », celle qui unit la beauté de la nature à celle de l'âme puis celle-ci à une beauté supérieure, qualifiée dans un premier temps de « lumière plus grande qui est beauté en premier » puis désignée comme l'Intellect lui-même. En revanche, puisque nous nous situons désormais au niveau de l'intelligible seul, aucun syllogisme (*cf.* **3, 6**) ni déduction ne sont nécessaires, mais la réponse est donnée aussitôt (« Eh bien, c'est l'Intellect [...] », **3, 20**), avant d'être argumentée. L'on se trouve donc toujours reconduit, par des cheminements plus ou moins longs, à cette thèse plotinienne fondamentale : *toute* beauté, en tout lieu et à tous les niveaux de la réalité, *fait signe* vers l'Intellect.

Munis de cette réponse, il faut maintenant en expliquer le sens, en justifier l'évidence. À cette première réponse, elliptique, succède en effet une seconde explication, certes moins concise mais qui nécessite d'être reformulée, à l'aide d'une paraphrase, pour mieux comprendre la logique du raisonnement. Si la beauté des dieux fait l'objet d'un constat et d'une admiration universels, « c'est parce que l'Intellect exerce davantage en eux son activité, de sorte qu'ils sont *vus* <comme beaux> » (**3, 20-21**, c'est nous qui soulignons). Les dieux sont en effet directement produits par l'activité de l'Intellect : « Le vivre de là-haut, c'est l'activité même de l'Intellect. Et cette activité, dans un paisible repos, engendre aussi des dieux, par le contact qu'elle a avec Lui [*i.e.* le Bien ou l'Un] », dit Plotin dans le *Traité 9* (VI, 9)[2]. Mais c'est surtout la vision qui ici est au centre de la réflexion plotinienne, puisqu'elle était déjà indirectement évoquée au début du chapitre 3, à propos du sage. Il en va donc de même pour le sage et pour les dieux.

---

1. Aristote, *Seconds Analytiques*, II, 1, 89b.
2. *Traité 9* (VI, 9), 9, 17-19 (traduction Pierre Hadot).

Le souci de Plotin est en effet de faire comprendre le lien entre vision et beauté. C'est pourquoi l'arrière-plan doctrinal de chacun de ces deux passages est constitué des propos tenus par Socrate dans le *Phèdre* à propos de la Beauté : « parmi les réalités de là-bas [*i.e.* intelligibles], elle brillait dans sa réalité même et, lorsque nous sommes arrivés ici [*i.e.* ici-bas], <elle est celle que> nous avons perçue par le moyen de la plus claire (*enargestatès*) de nos sensations, tandis qu'elle-même resplendit de la plus grande clarté (*enargestata*). Car la vue est la plus aiguë des sensations qui nous viennent par l'intermédiaire du corps [...] »[1]. Certes, il ne peut s'agir ici que d'une allusion à la conception platonicienne du statut de la Beauté. En effet, on sait par exemple que, contrairement à Socrate dans le *Phèdre*, Plotin ne considère pas la Beauté comme une Forme parmi d'autres (la Justice, la Tempérance), fût-ce la plus éminente, mais comme *la* Forme, et l'identifie à l'Intellect. Il privilégie donc un élément de l'exposé de Socrate, le lien entre la beauté et la vision mais aussi le thème de la lumière. En effet, l'activité de l'Intellect est souvent décrite comme une activité d'illumination et, de même que la lumière est nécessaire à la vision sensible, elle l'est aussi à la vision intelligible. De fait, ce n'est pas la vision sensible – ni même le sensible en général – qui intéresse ici Plotin, mais uniquement l'intelligible[2]. La focalisation sur l'intelligible est confirmée, en **3, 21-27**, par le refus catégorique (**3, 21**) de toute relation causale entre la beauté propre aux dieux et leur possible matérialité, que l'on pourrait résumer ainsi : si les dieux sont beaux, ce n'est pas parce qu'ils ont, pour certains, des corps, mais c'est parce qu'ils pensent éternellement.

C'est donc que ces dieux que sont les astres sont d'essence intelligible. Premières productions de l'Intellect, ils sont les pensées de

1. Platon, *Phèdre*, 250 d 1-4 (traduction Létitia Mouze modifiée).

2. Ainsi, on ne peut être absolument certain qu'il parle ici uniquement de la vision sensible : si certains dieux, tels les astres (*cf.* **3, 27-30**) sont perçus par l'intermédiaire des yeux du corps, les autres, invisibles à nos yeux sensibles, car ce sont des réalités purement intelligibles (*cf.* **3, 30-36**), peuvent cependant être contemplés grâce à ce que, dans le *Traité 1* par exemple, il nomme la « vision intérieure » (la vision intelligible).

premier rang[1]. Ils « pensent éternellement » (**3, 25**) et non par intermittence, en conformité totale avec l'Intellect, que Plotin a défini précédemment comme « l'Intellect éternellement, et non l'intellect par intermittence » (**3, 10**), à la différence de l'intellect humain qui tantôt pense, tantôt ne pense pas. Situés *dans l'Intellect* (**3, 25**), totalité qui contient et pense tous ses objets et qui est tous ses objets, ils vivent donc *dans* l'impassibilité[2], l'immobilité et la pureté (**3, 25**) qui caractérisent à la fois la nature et l'activité pensante des êtres intelligibles et de l'Intellect tout à la fois.

Il faut noter que le *Phèdre* est ici une référence constante dont Plotin, comme souvent, use librement : il en fait une lecture partielle, voire partiale, concentrée exclusivement sur ce qui y est dit du monde intelligible, et les choix qu'il opère sont en eux-mêmes révélateurs. Ainsi, ni dans cette partie du chapitre 3 ni au chapitre 4 il n'est question de l'âme, qui constitue pourtant le sujet principal du discours de Socrate. On relève aussi que les qualités attribuées à l'Intellect – impassibilité, immobilité et pureté – sont, dans le dialogue, appliquées à d'autres réalités. Celles-ci relèvent de l'intelligible, certes, mais il ne s'agit pas du *noûs* lui-même : l'impassibilité et la pureté caractérisent l'âme de ceux qui contemplent le monde intelligible[3] et c'est aussi par l'absence de mélange que se définit la « science véritable », tandis que l'immobilité est le propre de l'essence intelligible (*ousia*)[4].

1. Cf. *Traité 38* (VI, 7), 9, 20-21.

2. À propos de l'impassibilité des astres, voir le *Traité 28* (IV, 4), 42, 23-30.

3. Cf. *Phèdre*, 250 c 1-5 : « ce mystère que nous célébrions, en étant nous-mêmes intègres et ne subissant pas tous ces maux qui nous attendaient dans le temps ultérieur, célébrant dans nos mystères des apparitions intègres, simples, non tremblantes et bienheureuses et dirigeant nos regards dans le pur éclat en étant purs nous-mêmes et sans porter le signe … ».

4. *Cf.* Platon, *Phèdre*, 247 c 6 – d 6 : « L'essence qui est réellement, sans couleur et sans figure et intangible, pilote de l'âme qui ne peut être contemplée que par l'intellect seul, qui est l'objet du genre de la science véritable, occupe ce lieu-là. Donc, en tant que pensée d'un dieu, nourrie de l'intellect et de la science sans mélange, et pensée de toute âme qui se soucie de recevoir ce qui lui convient, lorsqu'enfin elle voit, après le temps, ce qui est réellement, elle se réjouit et, contemplant les choses vraies, elle s'en nourrit et elle est dans le bien-être, jusqu'à ce que la révolution circulaire la ramène au même point. »

On rencontre ici en outre un premier commentaire de la notion platonicienne de « science en soi », en **3, 26-27**, lorsqu'il précise que les dieux « savent toutes choses et ont à connaître non pas les choses humaines mais celles qui leur sont propres, les choses divines, tout ce que voit l'Intellect ». Il est en effet question de la science ou du savoir propres à l'être divin à plusieurs reprises dans ce passage du *Phèdre*. On lit en effet, en 246 d 8 : « le divin <est> beau, *savant*, bon, et tout ce qui est de même nature » ; en 247 c 8-d 1 : « l'essence qui est réellement <est> l'objet du genre de *la science véritable* » ; en 247 d 1-2 : « la pensée d'un dieu, nourrie de l'intellect et de *la science sans mélange* [...] » ; enfin, en 247 d 7-e 3 : <l'âme> « voit la science, non pas celle à laquelle appartient le devenir, et pas non plus celle qui est différente dans chacun des objets différents parmi ceux que nous, à présent, nous appelons des réalités, mais *la science qui est dans ce qui existe réellement* »[1]. Nous reviendrons sur cette interprétation, en particulier sur celle des lignes 247 d 7-e 3, puisque Plotin développe la réflexion sur la science intelligible à partir de la fin du chapitre 4. Mais ce qu'il retient pour l'instant ici, au chapitre 3, de Platon, c'est que les dieux possèdent un savoir, un savoir sans mélange dont l'objet est l'essence et les êtres intelligibles. Il se soucie peu, semble-t-il, du fait que la science que définit Platon dans le *Phèdre* en 247 d est la Forme intelligible de la Science en soi. Il est en revanche révélateur qu'il tienne à préciser que, si les dieux sont omniscients, leur savoir porte non pas sur les choses humaines mais sur les choses divines, c'est-à-dire celles qui sont de même nature qu'eux et que voit l'Intellect – les objets intelligibles, donc[2]. Il privilégie par conséquent, dans un commentaire paraphrastique et explicatif, la différenciation entre une

---

1. Nous soulignons.

2. On peut se demander si ce n'est pas aussi cet autre passage du *Phèdre* que Plotin a en tête ici : « ce qu'a vu notre âme jadis, lorsqu'elle cheminait en compagnie du dieu et regardait de haut ce que nous prétendons exister en ce moment et qu'elle levait la tête en direction de ce qui est réellement. C'est pourquoi précisément c'est à juste titre que seule est pourvue d'aile la pensée du philosophe : c'est en effet à ces objets-là qu'elle tâche sans cesse d'appliquer son souvenir, auxquels précisément un dieu, parce qu'il s'y applique, est divin » (*Phèdre*, 249 c 1-6).

science du devenir – la connaissance du sensible, de ce qui est soumis au mélange et donc proprement « humain » – et une science *de l'être* (à la fois comme sujet et comme objet), dont il développera la nature et le fonctionnement au chapitre 5.

Les justifications données en **3, 24-27** permettent donc de mieux comprendre le sens de la formule elliptique en **3, 23-24** : « Beaux, donc, en ce qu'ils sont des dieux ». Il suffit de remplacer « dieux » par « êtres intelligibles » et même par « intellects de premier rang », supérieurs à l'intellect humain.

La façon dont Plotin lit ici le *Phèdre* est cependant tout à fait cohérente par rapport au projet d'ensemble du traité ainsi qu'au contexte spécifique des chapitres 3 et 4 : le texte platonicien ne constitue en réalité que le point d'appui d'un discours qui se situe délibérément au niveau et du point de vue de l'intelligible, excluant toute prise en compte des niveaux inférieurs, fût-ce celui de la partie de l'âme qui reste dans l'intelligible, c'est-à-dire « l'intellect entièrement purifié en nous » (*cf.* **3, 16-18**).

2. *Les différents dieux (***3, 27-36***)*

Les lignes 27 à 36 du chapitre 3 sont directement inspirées du *Phèdre*. La vie des dieux est, on le sait, contemplation du monde des Idées : « Nombreux, donc, et béatifiques, sont les spectacles et les cheminements à l'intérieur du ciel, que la race des dieux bienheureux fait tourner en cercle, chacun faisant ce qui relève de lui ; suit celui qui à chaque fois le veut et en est capable, car l'Envie se tient hors du chœur divin » (*Phèdre*, 247 a). C'est à ces dieux-ci, dont la vie va être décrite au chapitre 4, que Plotin fait allusion en **3, 30-36**. En revanche, ceux qui sont mentionnés en **3, 27-30** sont les astres, ou bien encore les âmes : « En effet, les âmes qu'on appelle immortelles, chaque fois qu'elles parviennent près du sommet, après s'être avancées au-dehors, se dressent sur le dos du ciel, et la révolution circulaire leur fait faire le tour, une fois qu'elles se sont dressées. Et celles-ci contemplent les choses qui sont situées en dehors du ciel » (*Phèdre*, 247 b 6 – c 1). Il semble que se produise ici un effet de contamination entre le texte de référence et les distinctions opérées auparavant par Plotin.

TROISIÈME SECTION
(4, 1-54)

LA « VIE DES DIEUX » DANS LE MONDE INTELLIGIBLE

La description, au chapitre 4, de la « vie » des dieux qui sont dans le ciel intelligible a pour fonction, dans l'argumentation du traité, de prouver l'absolue perfection de ce monde-là et de cette vie-là. Il sera ainsi plus facile d'en conclure, comme Plotin l'affirme à la fin du chapitre 8, que ce monde-ci (le monde sensible), en tant qu'image de ce monde-là, est nécessairement beau.

Cette description comporte plusieurs moments et consiste en une série d'assertions accompagnées, pour certaines, de justifications ayant souvent pour objet d'expliciter un terme ou une notion. C'est ainsi que sont évoquées successivement les différentes caractéristiques du monde intelligible, qui pourraient cependant se résumer à une seule et même caractéristique principale : l'unité. À la notion d'unité sont en effet étroitement liées celles d'identité, de totalité, d'immobilité ou de plénitude, récurrentes dans l'ensemble du chapitre. Ceci s'explique pour deux raisons, complémentaires l'une de l'autre et que l'on peut rapporter à des thèses ou des principes fondamentaux du système plotinien : l'identité et l'unité de l'Intellect et des intelligibles (démontrée de façon plus développée dans le *Traité 32*), qui sont elles-mêmes consécutives au principe de la dérivation de toutes choses (et de l'Intellect en premier) de l'Un.

Le simple relevé des différents moments de cette description (**4, 1-48**) est à cet égard révélateur et il peut être utile de le reproduire ici de façon à en permettre une vision synthétique :

– **4, 1-2** : la « vie » y est« facile », car la vérité y est une

– **4, 2-9** : la vision y est « pure », car la lumière, la clarté et la transparence sont absolues

– **4, 9** : cela s'explique par l'absence de grandeur

– **4, 9-11** : astres et soleil y sont confondus et constituent une seule et même réalité

– **4, 11-14** : absence de mouvement

– **4, 14-15** : le beau est pur et un

– **4, 15-18** : identité totale des êtres et du lieu dans lequel ils sont

– **4, 18-27** : en effet, tout est Intellect et l'interpénétration de la vision y est absolue

– **4, 27-34** : nulle fatigue dans la contemplation, car la plénitude est totale

– **4, 34-36** : il n'existe pas non plus de fatigue dans la vie intelligible

– **4, 36-48** : vie, sagesse et essence intelligible constituent une seule et même nature et entité

1. *L'intériorité réciproque (***4, 1-11***)*

Le paradoxe apparent qui caractérise l'activité des dieux intelligibles – ceux-ci parcourent le monde intelligible tout en restant « en repos » (*cf.* **3, 35-36**) – s'explique ou disparaît, semble dire Plotin, si l'on sait que « là-bas » (**4, 1**), c'est-à-dire dans « ce lieu » (**3, 36**), le *noètos topos* de la *République* qui est aussi l'objet même du traité [1], règne la « vie facile » dont parle Homère dans l'*Iliade* [2]. Il n'existe donc pas (ou plus) d'opposition entre le fait de se mouvoir et le fait de demeurer immobile, ou encore entre le temps du mouvement et le temps du repos : les deux actions sont possibles et réalisées *en même temps*, car toutes les contradictions s'effacent et sont résolues. L'absence d'effort, impliquée par la notion de « facilité », trouve certes

1. *Cf.* la dernière phrase du *Traité 13* (III, 9), 9, 23-24.
2. Homère, *Iliade*, VI, v. 138.

son corollaire plus loin dans le chapitre, à travers les thèmes de la plénitude et de l'absence de fatigue, évoquées en **4, 27-35** pour qualifier la vie dans l'intelligible. Mais elle est aussi, d'une certaine manière immédiatement explicitée par la proposition suivante, qui définit « la vérité » comme étant à la fois « la mère, la nourrice, l'essence et la nourriture » des êtres intelligibles (**4, 1-2**). C'est, cette fois encore, le *Phèdre* qui, comme le constate Émile Bréhier, « inspire » majoritairement tout le passage.

Le thème de la nourriture est en effet l'un des thèmes récurrents du second discours de Socrate (plus précisément en 246 e – 248 b). L'on y voit les dieux se rendre à un « repas » et à un « festin » (247 a 8), ou encore l'âme rentrer chez elle « après s'être régalée » des êtres intelligibles (247 e 4) [1]. Or ce dont se nourrit l'âme, c'est précisément de la vérité :

> la réalité (*ousia*) qui est réellement, que seul peut contempler le pilote de l'âme, l'intellect, qui est l'objet du genre de la science véritable, occupe ce lieu-là. Donc, en tant que pensée d'un dieu, nourrie d'intellect et de science sans mélange et <pensée> de toute âme qui se soucie de recevoir ce qui lui convient, lorsque avec le temps elle voit l'être, elle se réjouit et, contemplant les choses vraies, elle s'en nourrit et en éprouve du bien-être […] [2].

Inversement, « les autres âmes, qui n'ont pas été initiées à la contemplation de l'être, reviennent et une fois revenues, elles ont recours à une nourriture faite d'opinion ». Et Socrate de conclure :

> La raison de ce grand effort pour voir où est la plaine de la vérité, c'est qu'à la fois la pâture qui convient à ce qu'il y a de meilleur dans l'âme provient justement du pré qui est là-bas et que la nature du plumage, qui rend l'âme légère, se nourrit de cela [3].

1. *Cf.* aussi Platon, *Phèdre*, 246 d 8 – e 3 : les ailes de l'âme sont nourries et développées par le divin, c'est-à-dire ce qui est « beau, savant, bon et tout ce qui est de cette sorte ».

2. *Phèdre*, 247 c 8 – d 5 (notre traduction).

3. *Phèdre*, 248 b 6 – c 2 (notre traduction).

Par conséquent, la vie est facile « là-bas » parce qu'il n'y a pas d'*effort* à faire pour atteindre la vérité et que l'âme n'a plus à rechercher celle-ci. Or, s'il n'existe aucun mouvement d'un sujet vers un objet, mais seulement un acte de contemplation immobile, c'est que sujet et objet constituent une seule et même réalité. La vie là-bas est donc une vie en autarcie, auto-suffisante. Les êtres se nourrissent en réalité d'eux-mêmes, car l'identité est totale entre l'essence et la vérité, comme le souligne l'introduction du terme *ousia*, emprunté au *Phèdre* (247 c 8) et inséré dans la phrase plotinienne, dans un mouvement de lecture synthétique du passage de référence. Et, comme on le constate en **4, 27-34**, ils se trouvent dans un état d'auto-suffisance et d'autonomie qui résulte de l'identité avec soi-même, en vertu du principe de non-opposition et de non-contradiction qui est précisément le propre de la vérité [1]. Si celle-ci est à la fois « mère », « nourrice » et « nourriture », c'est que l'altérité entre un sujet qui enfante, produit une nourriture et nourrit, et un objet qui est nourri, n'existe pas, ainsi que le souligne la figure étymologique *trophos* (« nourrice »)/*trophè* (« nourriture »).

L'association de la référence à Homère et de la référence à Platon, utilisées dans une incise dont la fonction est d'expliciter les propos tenus à la fin du chapitre précédent, est cependant significative à bien d'autres égards. Tout d'abord, le recours à l'expression homérique [2] s'apparente à un commentaire de l'expression platonicienne « Telle est la vie des dieux » (*Phèdre*, 248 a 1), comme le montre l'emploi de l'article neutre *to* pour désigner la formule d'Homère. Une traduction paraphrastique pourrait être : « c'est *le* (fameux) "vivre facilement" d'Homère ». Si le rapprochement entre des formules homériques et platoniciennes est fréquent chez les néoplatoniciens en général [3], il est habituel chez Plotin que le commentaire ne soit qu'implicite et jamais formellement désigné comme tel. On le constate ici, où la situation d'énonciation de

1. Le thème de la vérité sera aussi l'un des thèmes centraux du *Traité 32* (V, 5).

2. Voir aussi *Odyssée*, IV, v. 805.

3. Voir par exemple l'usage qu'en fait Porphyre dans *L'Antre des Nymphes dans l'*Odyssée.

même que l'absence de mention explicite révèlent une communauté de références et une connivence culturelle avec son lecteur (ou auditeur) et signifient que celui-ci non seulement comprend instantanément l'allusion, mais adhère aussi à cette lecture syncrétique.

On peut ensuite se demander si l'usage de l'expression homérique n'oriente pas l'ensemble de la description qui suit : la « facilité », qui se traduit dans l'absence d'effort, de fatigue, dans la plénitude et la satiété (**4, 27-34**) ne résulte-t-elle pas aussi, pour les êtres intelligibles, de l'absence de résistance et d'obstacle dans la vision, de la transparence absolue propre à ce monde-là (**4, 4-6**) ou encore de la pureté du mouvement (**4, 12**)? Il semble en effet que Plotin fasse fonds de cette expression poétique pour présenter ensuite le séjour des dieux dans le lieu supra-céleste comme une vie pour ainsi dire « paradisiaque », afin de rendre séduisant le monde intelligible, par opposition avec le monde sensible, comme il l'a déjà fait dans le *Traité 38* (VI, 7) [1].

Enfin, les allusions au *Phèdre*, qui constituent elles-mêmes des commentaires de la formule d'Homère, orientent elles aussi la suite du discours : elles suggèrent, en effet, que la description plotinienne de la vie des dieux est une paraphrase de la description platonicienne du lieu céleste, à cette différence que ce n'est pas l'âme qui contemple, mais les êtres intelligibles ou les dieux qui contemplent tout, *c'est-à-dire* eux-mêmes, comme le montrent les lignes suivantes.

La proposition « et ils voient » en **4, 3** fait suite au « ils parcourent » du chapitre 3 (**3, 35**). Il s'agit maintenant de définir la nature de la vision dans ce monde-là. Comme nous l'avons déjà souligné, la notion d'unité caractérise cette vision. De fait, l'énumération précédente (**4, 1-2**) préparait cette thèse, puisqu'elle consistait davantage en une série de tautologies qu'en une succession de définitions, la conjonction *kai* ayant une valeur davantage explicative que connective. L'on retrouve ici les notions d'identité et de totalité, liées à celle d'unité et déjà présentes au chapitre précédent (« là-bas tout est ciel », **3, 32**).

Cette vision se caractérise par l'absence totale d'altérité : il n'y a plus un sujet qui voit et un objet qui est vu : les deux ne forment

1. *Traité 38* (VI, 7), 12, 21 *sq.*

qu'une seule et même entité, ce qui s'explique par le fait qu'il s'agit d'êtres qui sont de même *nature*, la nature intelligible. C'est pourquoi Plotin, citant à nouveau le *Phèdre* (247 d 7), précise que les objets vus sont « *non pas* <les choses> auxquelles *est lié le devenir*, mais <celles auxquelles est lié> l'être », de même qu'il disait, au chapitre 3, que les dieux « ont à connaître non pas les choses humaines mais celles qui leur sont propres, les choses divines, et tout ce que voit l'Intellect » (**3, 26-27**). Or, dans le *Phèdre*, ce ne sont pas « les choses » mais « la science » en soi, à côté de la justice en elle-même et de la sagesse, que voit l'âme au cours de la révolution circulaire qu'elle opère dans le ciel. Science, Justice et Sagesse seront cependant évoquées à la fin du chapitre 4 (**4, 40-44**), ce qui prouve que Plotin adapte sans cesse à son propos, au cours d'une même démonstration, la lecture qu'il fait d'un même passage de Platon, en fonction du point qu'il veut mettre en évidence. Or il cherche ici non seulement à montrer que la vision intelligible n'a rien de commun avec la vision sensible, marquée par l'altérité, mais aussi à souligner l'absence de relation entre le monde intelligible et le monde sensible. Ceci peut paraître surprenant eu égard à l'une des thèses fondamentales du traité selon laquelle la beauté du monde sensible résulte de celle du modèle intelligible, dont il est l'image. Mais on ne peut s'en étonner si l'on se réfère à l'intention initiale et au projet d'ensemble du traité, formulés au début du chapitre 1 : « contempler la beauté de l'Intellect et du monde de là-bas » (**1, 6**).

Le monde sensible est donc un monde "autre" et différent. Plotin précise de fait, au chapitre 8, à l'adresse des Gnostiques, que l'on ne peut pour autant le mépriser « à moins que ce ne soit dans la mesure où il n'est pas le monde de là-bas » (**8, 23**). Il est même dans sa nature d'être "autre", puisqu'il est image. En revanche, il est dans la nature du monde intelligible d'être identique à lui-même et de manifester partout et sans cesse son identité, son unité et sa totalité. Ce fait est sensible jusque dans l'écriture de Plotin, qui emploie l'adjectif *pan* (« tout ») pas moins de quinze fois en onze lignes, généralisant l'usage du polyptote, scandant chaque phrase de cet adjectif et ne craignant pas de recourir, à la ligne 8, à une parfaite tautologie, renforcée par la forme nominative de la phrase et dont l'effet sonore est frappant : « tout tout » (*pan pan*).

L'identité de nature entre sujet et objet explique donc que les êtres intelligibles se voient « eux-mêmes dans les autres » (**4, 4**) et que « chacun [ait] toutes choses en lui-même et en retour [voie] tout en un autre » (**4, 6-7**). Pour autant, l'individualité n'est pas effacée au profit d'une confusion totale des êtres individuels : chaque individu est tous les autres tout en restant lui-même (*cf.* **4, 4** et **8**), ce qui permet de comprendre pourquoi, à la fin du chapitre, Plotin revient au *Phèdre* et précise que les sujets/objets de contemplation sont les Formes en soi (Science, Justice, Sagesse), qui « sont là-bas comme des statues vues par elles-mêmes, [...] *spectacle* pour des spectateurs *suprêmement bienheureux* » (**4, 43-44**). C'est que ce monde est celui de l'absolue transparence (*cf.* **4, 4**), c'est « la lumière pour la lumière » (**4, 6**), comme il l'écrit en usant à nouveau d'une phrase nominative. La différence avec le monde sensible est cette fois soulignée par les adjectifs *skoteinos* (« obscur ») et *antitupos* (« résistant »), ce dernier désignant plus précisément ce qui rebondit sur un corps dur, le choc ou l'effet du choc (ce peut être, par analogie, un son) [1].

La conception de la vision qui se dégage ici est une constante chez Plotin : elle peut en effet être rapprochée de celle qu'il qualifie, dès le *Traité 1*, comme l'« autre sorte de vision » (*1*, 8, 27) à laquelle l'âme accède après avoir franchi toutes les étapes de la purification pour contempler l'Intellect, *c'est-à-dire* se contempler *elle-même comme Intellect* :

> si tu es toi-même tout entier uniquement une lumière véritable, une lumière qui n'est pas mesurée par une grandeur, qui n'est pas circonscrite par un contour qui l'amoindrirait et qui n'est pas non plus augmentée par une absence de limite qui l'agrandirait, mais une lumière absolument sans mesure, en ce qu'elle serait plus grande que toute mesure et supérieure à toute quantité [...], tends ton regard et vois. (*1*, 9, 18-23).

De même, dans le *Traité 49* (V, 3), la vision dans le monde intelligible est décrite en des termes très proches de ceux du *Traité 31* :

1. C'est par exemple l'adjectif que Plotin utilise dans le *Traité 26* (III, 6) pour caractériser les corps solides qui se heurtent (cf. *26*, 6, 35).

> l'objet visible est tel que la vision, et la vision est telle que l'objet visible. [...] Là-bas, ce n'est pas au moyen d'un organe étranger qu'elle se produit, par elle-même, car elle ne regarde pas même au-dehors <d'elle>. C'est donc par une autre lumière qu'une autre lumière voit, et non pas au moyen d'un organe étranger. Ainsi une lumière voit une autre lumière : elle se voit donc elle-même. (*49*, 8, 17-18 et 21-23).

Mais cette vision que l'âme peut atteindre est en revanche, pour les êtres intelligibles, parfaitement naturelle. Elle est, par définition, pure et auto-réflexive, elle est en soi une vision *de* l'intérieur en un sens objectif comme en un sens subjectif et consiste en une interpénétration totale et absolue. En effet, si la « splendeur » est « infinie » (**4, 8**), c'est parce qu'à la différence du monde sensible, il n'y existe ni obstacle ni limite[1].

Plotin l'explique dans les lignes suivantes (**4, 9-11**). Les déterminations sensibles (grandeur ou petitesse) sont, par définition elles aussi, sans objet : « chacun d'entre eux est grand, puisque même le petit est grand » (**4, 9**). Ainsi, astres et soleil qui, dans le ciel sensible, sont séparés, sont ici confondus dans une lumière indéterminée. On se souvient qu'au chapitre 3, ceux-ci contemplaient, « comme de loin » et « en dressant leur tête » (**3, 29**) les dieux situés dans le ciel intelligible : ceux dont il est question au chapitre 4 sont précisément ces dieux-là, astres et soleil en soi, c'est-à-dire les Formes en soi. Pour autant, comme on l'a vu ci-dessus, tout en étant devenus une seule et même réalité, ils restent eux-mêmes (*cf.* **4, 9-10**) et conservent leur spécificité. En effet, si ce monde n'est pas celui de la différence ou de l'altérité, il n'est pas non plus celui de l'indistinction. C'est ce que souligne l'emploi du verbe *exechei* : « En chacun *prédomine* une chose différente, et pourtant toutes choses se manifestent en lui » (**4, 11**). Si la vision est réciproque, c'est parce qu'il n'y a pas de différence entre les êtres, bien qu'il y ait distinction. Cette assertion, qui peut sembler paradoxale, relève en fait d'une thèse que Plotin n'est pas le seul à soutenir. Il s'agit là, en effet, de l'un des postulats fondamentaux du néoplatonisme formulé explicitement par Numénius, le principe de

1. Cf. *Traité 33* (II, 9), 8, 29 et *Traité 34* (VI, 6), 18, 29.

participation dans le monde intelligible : « tout est dans tout, de façon propre cependant conformément à sa propre essence dans chacun »[1].

2. *Mouvement et repos en soi-même (***4, 11-14***)*

De fait, l'absence de mouvement ou, plus exactement, l'absence de mouvement tel que celui-ci existe dans le monde sensible – c'est en effet en ce sens qu'il faut entendre l'adjectif « pur » – relève aussi en partie du même postulat. Comme le remarque J. Igal dans un note de sa traduction[2], « l'exclusion mutuelle de relations spatiales est remplacée par un système de mutuelle implication [...] »[3]. Il n'y a donc pas de déplacement d'un lieu dans un autre, puisque le lieu est toujours le même pour tous, et il n'y a pas non plus de différence entre ce qui meut et ce qui est mu, puisque les deux ne font qu'un[4]. C'est aussi sans doute la conception aristotélicienne du premier moteur que reprend ici Plotin.

3. *L'identité totale (***4, 14-27***)*

Contrairement à ce qui se produit dans le monde sensible, le mélange n'existe pas. Ce qui est vrai du mouvement (**4, 14**) l'est aussi du beau. La tautologie « le beau est beau » (**4, 14**) renvoie bien sûr à la conception platonicienne de l'auto-prédication des Formes, mais l'expression « parce qu'il n'est pas dans ce qui n'est pas beau » insiste particulièrement sur la différence entre le beau sensible et le beau intelligible. Les passages sont nombreux dans lesquels Plotin dévalorise le beau sensible non seulement parce qu'il relève de l'apparence ou n'est qu'une « trace » de la beauté intelligible, mais aussi parce qu'il est affaibli par le contact et le mélange avec la matière, et cela même s'il la domine et maîtrise. La beauté dont il s'agit ici n'est donc pas – ou

1. Cité par E.-R. Dodds, « Numenius et Ammonius », p. 23 dans *Les sources de Plotin*, Entretiens de la Fondation Hardt, t. V, Genève, 1960, p. 1-32.

2. Plotino, *Enéadas*, V-VI, Madrid, Ed. Gredos, 1998, p. 146.

3. *Cf.* aussi l'article de E.R. Dodds cité par Igal : « Tradition and Personal Achievement in the Philosophy of Plotinus », *Journal of Roman Studies* 50, 1960, 4.

4. *Cf.* aussi Platon, *Sophiste* 254 d 5.

plutôt pas encore – cette Beauté même qu'est l'Intellect, mais plutôt la Forme en soi du Beau, considérée seule en elle-même et non pas « dans » sa manifestation sensible. La préposition « dans » renvoie en effet à la question du *lieu* : le lieu est unique et identique, la Forme est « dans » cela même qu'elle est et il n'existe pas d'altérité, contrairement à ce que l'on constate dans le monde sensible où il existe une différence de *nature* entre le sujet qui voit ou pense et ses objets.

L'argument utilisé ensuite pour appuyer la thèse de l'identité des êtres et du lieu s'inscrit dans cette logique et met en lumière l'intention polémique qui préside à cette description : en effet, précise Plotin,

> Ce n'est pas sur une terre en quelque sorte étrangère à lui que chacun marche, mais ce en quoi il est, est pour chacun cela même qu'il est, et, tandis qu'il monte en quelque sorte vers le haut, le lieu d'où il vient l'accompagne dans sa course, et il n'est pas vrai qu'il soit lui une chose, et sa région une chose différente de lui. Car son substrat c'est l'Intellect et il est lui-même Intellect. » (**4, 15-18**)

Le lieu céleste n'est donc pas cosmographique, mais intérieur et la mention de la « terre étrangère » renvoie explicitement à la « terre nouvelle » des Gnostiques, que Plotin critique ouvertement dans le *Traité 33* (cf. *33*, 5, 24 et 11, 8)[1]. La « terre » dont il parle, lui, est la « terre véritable » du *Phédon* (111 a).

Dans l'argumentation qui suit, l'intention proprement polémique semble passer au second plan, même si elle demeure sous-jacente. Plotin développe en effet la conception de l'Intellect comme une totalité – thèse qu'il argumentera plus longuement dans le *Traité 38* (VI, 7), à travers des images très proches de celles que l'on trouve dans ce passage-ci du *Traité 31*. Ainsi, la « course » évoquée en **4, 16** peut être rapprochée de la « course errante » de l'Intellect dans la « plaine de

1. Pour une interprétation contemporaine de cette formule, on songe au poète Yves Bonnefoy qui se réfère à plusieurs endroits de son œuvre à la « terre étrangère » de Plotin. Voir à ce sujet l'étude de Gwenaëlle Aubry, « Personne n'y marcherait comme sur une terre étrangère : présences de Plotin chez Yves Bonnefoy », dans D. Lançon, P. Née (dir.), *Yves Bonnefoy. Poésie, recherche et savoirs*, Actes du colloque de Cerisy-la-Salle, Paris, Hermann, p. 197-198.

la Vérité », décrite au chapitre 13 du *Traité 38*, qui « le fait mener son *errance* à travers les essences et les essences courent avec lui ses courses vagabondes » (*38*, 13, 31-33). De même, le voyage décrit au chapitre 4 du *Traité 31* fait penser au « voyage » de l'Intellect : « Comme, pour celui qui parcourt la terre, les lieux qu'il traverse sont la terre, même si cette terre présente des différences, là-haut, la Vie aussi, à travers laquelle voyage l'Intellect, est toujours la même, et en même temps, puisqu'elle est toujours autre, elle n'est pas la même » [1]. C'est cela même que veut faire entendre Plotin dans le *Traité 31*, en disant que « le substrat est l'Intellect et qu'il est lui-même Intellect ». Le « substrat » est la « région » qu'*est* et que parcourt l'Intellect mais que *sont* et parcourent aussi les intelligibles, « essences » ou Formes, dans un même mouvement puisque, pour Plotin, l'Intellect *est* les Formes – à la fois toutes les Formes ensemble et chacune d'entre elles –, et que celles-ci, chacune d'entre elles et toutes ensemble *sont* l'Intellect. Tel est aussi le sens de cette phrase : « c'est du tout que provient éternellement chaque chose et chaque chose est en même temps aussi le tout » (**4, 22-23**). Il faut donc concevoir la totalité comme un ensemble constitué non pas de parties différentes du tout et différentes entre elles, comme c'est le cas dans le monde sensible (*cf.* **4, 21-22**), mais de parties à la fois singulières *et* identiques à toutes les autres ainsi qu'au tout. Le monde intelligible est donc un monde dans lequel altérité et identité existent nécessairement, mais en un sens très spécifique, ainsi que le suggère la comparaison avec le ciel visible et les astres qui sont en lui comme des parties. C'est donc une représentation erronée qui fait croire que celles-ci ne sont *que* des parties, alors qu'elles sont *aussi* le tout.

4. *La contemplation sans satiété (***4, 27-40***)*

En **4, 27-36**, Plotin ajoute aux précédentes deux autres caractéristiques de la vie dans l'intelligible : l'absence de fatigue et la plénitude (**4, 27-28**). Celles-ci sont étroitement liées mais il les développe et les justifie dans en ordre inverse.

---

1. *38*, 13, 44-47 (trad. Pierre Hadot).

L'absence de fatigue fait le lien avec l'expression homérique du début du chapitre (la « vie facile », **4, 1**), mais aussi avec la notion de transparence (**4, 4**) et celle de « mouvement pur » et sans effort (**4, 12**). En effet, si l'on ne se lasse pas, là-bas, de contempler, c'est bien parce que les êtres se suffisent à eux-mêmes (l'on retrouve ici le thème de la nourriture) et que l'assouvissement est à ce point total que l'on ne peut même plus parler de « plénitude », comme le précise ensuite Plotin (**4, 28**). De fait, l'idée même de plénitude implique que l'on ait auparavant éprouvé un besoin à satisfaire. Or, contrairement à ce qui se passe ici-bas, il n'est nul besoin, nul appétit et nul désir – c'est-à-dire nul « vide » ou manque qu'il faille sans cesse combler (**4, 29**) [1], puisque la satisfaction est totale et qu'elle n'a pas besoin d'être acquise : elle toujours déjà donnée par le fait même de vivre là-bas. Par bien des aspects, la vie décrite ici s'apparente à celle de l'âge d'or et du règne de Cronos [2]. On retrouve là un thème commun aux traités contre les Gnostiques, inscrit dans le cadre plus général de l'interprétation allégorique de la généalogie hésiodique des dieux qui est présente dans chacun de ces écrits : l'Intellect, c'est-à-dire le fils (Cronos) engendré par le père (Ouranos : l'Un) est qualifié de *koron kalon* (« belle plénitude ») dans le *Traité 30* (III, 8), au chapitre 11 (l. 38) [3] et c'est de son père qu'il tient cette plénitude [4].

S'il n'existe pas de « satiété » (**4, 32**), il n'existe pas non plus, par conséquent, d'envie : ce qui est agréable à l'un est agréable à l'autre, puisqu'il n'existe pas d'altérité essentielle (**4, 30-32**) et que, comme il a

1. Et qui implique donc un mouvement *vers*, à la différence du mouvement immobile, circulaire, refermé sur lui-même. Cf. *Traité 38* (VI, 7), 16, 17-18 : désignant le mouvement de l'Intellect, Plotin dit que celui-ci n'est « pas un simple mouvement, mais un mouvement rassasié et achevé ».

2. À propos de l'âge d'or, voir Hésiode, *Travaux et Jours*, v. 108, Platon, *Politique*, 269 a 7 et *Lois*, 679.

3. Sur le sens de *koros*, voir le commentaire au *Traité 38* de P. Hadot (introduction, n. 44, p. 40 et p. 41 : ce terme, qui définit à la fois l'ivresse et la plénitude, « est traditionnellement lié, depuis le *Cratyle*, 396 b (*Koros-noûs*) à la figure de Kronos ». Or Plotin explique par exemple dans le *Traité 38* que Kronos (*i.e.* l'Intellect) « a reçu du Bien la puissance d'engendrer et de se rassasier de ses propres enfants » (15, 19).

4. *Cf.* aussi *Traité 31*, 12 et *Traité 32* (V, 5), 3.

été dit plus haut, « chacun a tout en lui » (**4, 6-7**). La référence au *Phèdre* est de nouveau très présente ici. On lit en effet en 247 a 7 que chaque être « qui le veut et le peut de façon continue » suit l'un des dieux car « l'envie se tient en dehors du chœur des dieux ». Plotin montre donc à son tour que les êtres divins ont des qualités (constance et absence d'envie) qui font défaut aux êtres humains et il commente d'une certaine façon ce passage du *Phèdre* en soulignant la différence de temporalité entre les deux mondes. Lorsqu'il ajoute, en effet, que « les choses de là-bas sont inusables » (**4, 31**), il laisse entendre qu'à l'inverse de ce qui se produit dans le monde sensible, il n'existe pas d'usure, donc nulle dégradation ni même corruption dans le monde intelligible. Or ce sont bien ces processus-ci qui provoquent l'envie et suscitent un désir jamais assouvi – désir d'autre chose ou à l'égard d'un autre, comme dans le cas du désir amoureux chez les hommes. Il rejoint par là ce que dit Aristote de la fatigue [1]. Il faut en effet distinguer l'insatiabilité humaine de ce que l'on pourrait aussi nommer l'insatiabilité divine, qui correspond en réalité à une satiété en un autre sens. Cette distinction tient à une double raison : une différence de temporalité doublée d'une différence de nature. En effet, lorsque Plotin dit en **4, 33-35** : « en voyant, on voit encore plus et en se voyant infini soi-même ainsi que les choses que l'on voit, on suit sa propre nature », il parle d'une infinité qui n'a pas de rapport avec l'apparente infinité du monde sensible et des désirs qui s'y expriment, puisque la vision ne cesse *jamais* (*cf.* **4, 28**) et que l'objet de cette vision – soi-même dans les autres et les autres en soi-même – est *toujours* le même. Le mouvement n'y est donc pas linéaire, mais circulaire : c'est le mouvement même de l'Intellect, comme il le démontre dans le *Traité 38* (*cf.* chapitre 13). En agissant ainsi, chaque être intelligible suit « sa propre nature » : il agit à la fois conformément à sa « nature » d'être intelligible et à sa nature singulière, qui le distingue des autres, et c'est cette singularité qui lui permet d'appréhender l'autre à la fois comme un autre et comme lui-même. Plotin pense peut-être ici encore à ce

1. À propos du sens ontologique de la fatigue, voir Aristote, *Éthique à Nicomaque*, X, 4, 1175 a 3 *sq*.

même passage du *Phèdre*, où il est dit que « chacun des dieux accomplit ce qui relève de lui » (247 a 5-6).

L'absence de fatigue (**4, 34-36**) s'explique par la plénitude qui caractérise cette vie : elle résulte de l'absence de mouvement et de désir perpétuellement inassouvi, d'une satiété absolue. Comme dans le *Phèdre*, fatigue et effort sont réservés à l'âme qui cherche à contempler les êtres intelligibles. C'est que cette vie est une vie « pure » (**4, 35**), elle est « la meilleure » (**4, 36**) : l'emploi du superlatif *arista* en souligne la perfection, et les questions rhétoriques viennent souligner l'évidence de l'argument, comme pour achever d'en convaincre des auditeurs peut-être dubitatifs.

Les notions de pureté et de perfection introduisent à l'examen des deux dernières caractéristiques du lieu intelligible : (1) ce lieu est celui où se manifeste l'identité vie-sagesse-être, parce qu'il est (2) celui de la « science en soi » dont parle Platon dans le *Phèdre*. Ces points de doctrine sont importants et ils seront tour à tour repris et développés dans la suite du traité.

Le terme qui fait le lien entre ces deux caractéristiques est celui de *sophia*, que nous avons choisi de traduire par « sagesse » mais qui doit s'entendre aussi au sens de « science » ou de « savoir ». L'emploi de ce terme polysémique n'est pas anodin, car il peut faire polémique dans la mesure où Plotin vise tout particulièrement, à travers lui, la conception gnostique de la *sophia*. C'est pourquoi il expose sa propre conception de cette notion importante dans l'argumentation et l'économie du traité, à travers un développement relativement long qui s'étend depuis la ligne 36 du chapitre 4 jusqu'à la fin du chapitre 6.

Dans un premier temps – ici au chapitre 4 – il a recours à des définitions, directes ou indirectes, pour expliquer en quoi consiste cette *sophia*.

Deux définitions (en **4, 36-39** et **39-40**), complémentaires l'une de l'autre, sont ainsi envisagées successivement.

La première est celle de la vie comme *sophia* (**4, 36**). Celle-ci ne doit pas s'entendre au sens où on l'entend généralement (comme, par exemple, lorsque l'on parle de « sagesse » à propos d'un homme) car elle constitue une totalité indivisible (elle est « pure ») : elle est par conséquent inaccessible au « raisonnement » (*logismos*, **4, 37**) qui relève quant à lui de la *dianoia*, la pensée qui est le propre de l'homme et qui divise. Elle ne peut donc être atteinte par la dialectique. Plotin reprend cette thèse un peu plus loin, au chapitre 6, à travers l'image des hiéroglyphes, en disant qu'elle est d'un bloc, « compacte » (**6, 9**). Sa nature même détermine aussi son mode d'appréhension : existant de toute éternité, constituant une totalité parfaite, sans aucun manque ou défaut (**4, 37**), elle ne peut en effet être « saisie » que tout entière, sans être décomposée en parties, sans même avoir besoin d'être « recherchée » (**4, 38**). Ceci s'explique là encore par une différence de temporalité : ici-bas, recherche et raisonnements impliquent une temporalité linéaire, une succession de moments tandis que là-bas, tout est toujours déjà donné, car le temps ontologique est le temps à la fois de l'immédiateté et de l'éternité, du "maintenant, depuis et pour toujours", en une seule fois et sans médiation. C'est la véritable éternité, que traduit l'usage en grec du temps du parfait, par opposition à la ponctualité de l'aoriste, comme on le voit dans ce passage du *Traité 28* (IV, 4) : cette vie « ne consiste pas dans les raisonnements et dans la recherche de ce qu'il faut faire, car ce qu'il faut <faire> est toujours déjà et définitivement découvert et mis en ordre, non pas mis en ordre à un certain moment. En effet, les choses qui sont mises en ordre à un certain moment sont les choses qui sont engendrées » [1].

La sagesse dans l'intelligible n'est bien sûr pas de l'ordre du devenir, parce qu'elle est « première » (première après l'Un), « ne vient pas d'une autre » (**4, 38-39**), et qu'elle n'est pas soumise au changement, de même qu'il sera dit de la « science en soi », à la fin du chapitre 4, qu'elle ne change pas avec son objet (*cf.* **4, 53**). Le temps est celui de l'arrêt définitif, du repos : « Celui qui raisonne cherche à comprendre ce que l'homme sage possède déjà, par conséquent la sagesse est en celui qui s'est arrêté » [2]. Plotin développait déjà cette thèse dans le *Traité 30* : la contemplation constitue la fin (*telos*) même pour ceux qui agissent » [3].

1. *Traité 28*, 10, 8-10.
2. *Traité 28*, 12, 9-11.
3. *Traité 30*, 6, 2 ; *telos* doit s'entendre dans les deux sens de « terme » et de « but ».

Le seconde définition, « l'essence (*ousia*) même est sagesse » (**4, 39-40**), complète la première, celle de la « vie » comme « sagesse ». On retrouve à travers ces deux définitions successives la triade vie/sagesse/essence intelligible ou être, dont Pierre Hadot a montré qu'elle était un principe fondamental du néoplatonisme hérité du moyen platonisme [1].

5. *Intellect et science en soi (***4, 40-56***)*

En **4, 40-48**, c'est au concept de « science en soi » (*autoepistèmè*) que Plotin a recours pour faire comprendre à son lecteur de façon encore plus précise en quoi consiste la *sophia* propre au monde intelligible. Cette libre association des deux termes, *sophia* et « science en soi », en **4, 40**, s'apparente en réalité à une troisième définition. Si elle est moins explicite que les deux premières, elle redouble cependant la seconde puisqu'en **4, 48**, la boucle est pour ainsi dire bouclée : « et cette essence est la sagesse de là-bas », dit en effet Plotin en reprenant quasiment textuellement la formulation de la seconde définition, « l'essence même est sagesse » (**4, 39**). Il forge le terme *autoepistèmè*, un *hapax* dans son œuvre, à partir du *Phèdre* [2] mais celui-ci peut aussi être entendu comme la « science première » ou science de l'être, l'ontologie, qu'Aristote définit au début du livre III de la *Métaphysique* comme « science de l'étant en tant qu'étant ». Cette science ou ce savoir n'est pas une Forme parmi d'autres, et ce n'est pas non plus la science des sciences : il s'agit en effet du savoir ou de la connaissance propre à l'Intellect, qui se connaît lui-même, *c'est-à-dire* connaît tous ses objets (les réalités intelligibles), puisqu'il ne fait qu'un avec eux : « De cette sagesse l'on peut voir la grandeur et la puissance en ce qu'elle a avec elle et a produit tous les êtres véritables, que tous la suivent, qu'elle est elle-même les êtres et qu'ils sont nés avec elle et que les deux sont un et que l'être en soi est la sagesse de là-bas. » (**4, 44-48**). Cette conception est fondamentale chez Plotin. Il la théorise plus longuement dans le *Traité 32* (V, 5), en particulier au chapitre 1 et au

1. P. Hadot, « Être, Vie, Pensée chez Plotin et avant Plotin », dans *Les sources de Plotin*, Entretiens de la Fondation Hardt, t. V, Genève, 1960, p. 105-141.

2. *Phèdre*, 247 c 6 – e 7.

chapitre 5, en s'appuyant sur le principe aristotélicien selon lequel si l'Intellect est « en acte et existe éternellement » (*32*, 5, 4), il est nécessairement tout ce qu'il pense [1]. En effet, « si son essence est autre et si les choses qu'elle pense sont différentes d'elle, sa propre essence ne sera pas pensable par elle ; et elle sera en puissance et non en acte » [2].

C'est donc la science suprême (« aucune n'est plus grande », **4, 40**) et, comme il le fait souvent lorsqu'il s'agit d'expliciter un point de doctrine ou une notion complexe qui n'a pas d'équivalent dans le langage courant, Plotin a recours au mythe et au langage allégorique. Ce langage allégorique, ou façon de parler « par imitation », comme il le dit en **4, 42**, auquel il aura recours de façon systématique dans les derniers chapitres du traité, est en effet un langage propre à exprimer des faits ou des réalités inexprimables ou du moins difficiles à exprimer. C'est ainsi qu'il assimile ici (**4, 40-41**) la « science en soi » avec *Dikè*, la Justice qui est traditionnellement associée, dans la littérature grecque, à Zeus au côté duquel elle siège (c'est le sens du mot « parèdre ») [3].

Or, dans l'interprétation allégorique de la généalogie hésiodique des dieux, à laquelle Plotin se livre à la fin du traité, Zeus représente l'Âme du monde, l'Âme universelle. Ainsi, ce que *Dikè* est à l'Âme, la « science en soi » l'est à l'Intellect. C'est donc grâce à un bref retour au niveau inférieur (l'Âme) à celui dont il est question ici (l'Intellect) que Plotin explicite le statut de la *sophia*. Mais ce statut même demeure ambigu et le recours au langage du mythe n'est peut-être pas aussi convaincant qu'on pourrait le croire. Si *Dikè* est parèdre de Zeus, c'est parce qu'elle siège *à côté* de lui et *l'assiste* dans ses jugements, comme on le voit dans les poèmes homériques. Est-ce à dire que la « science en

---

1. Plotin cite d'ailleurs en *32*, 5, 30-31 cette phrase du *De Anima* : « la science des choses sans matière est identique à son objet » (Cf. *De Anima*, III, 430 a 3 et 431 a 1-2). Voir aussi le commentaire de cette phrase dans le *Traité 34* (VI, 6), 6, 19-26.

2. *32*, 5, 7-9.

3. *31*, 4, 41-42 : sur le thème de la Justice parèdre de Zeus, voir Sophocle, *Œdipe à Colone*, v. 1381-1382 et Hésiode, *Travaux*, v. 256 où Dikè est dite fille de Zeus ainsi que *Théogonie*, v. 902. Pour les lignes 39-42 du chapitre 4, voir Hésiode, *Travaux*, v. 256-57, à propos de la Justice de Zeus.

soi » serait l'auxiliaire de l'Intellect? Plotin n'explicite pas ce point. Mais on peut penser qu'il considère ici aussi, comme il le fait ailleurs, que le mythe dissocie ce qui est en réalité uni et ne fait qu'un. En effet, le point décisif pour lui est de mettre constamment en évidence, et par tous les moyens, la singularité de cette science qui ne fait qu'un avec ses objets et qui est connaissance de soi par soi : cette science n'est pas seulement celle *de* l'Intellect, mais elle *est* l'Intellect qui se pense continuellement lui-même. Cette connaissance auto-réflexive caractérise bien sûr aussi ses objets et c'est, cette fois, un emprunt au *Phédon* qui le justifie [1]. Cependant, les statues dont il est question ici peuvent aussi être les Formes en soi du *Phèdre* (Justice, Sagesse, Science, en 247 d). Ces statues réapparaissent au chapitre 5 ici-même (**5, 21**) et elles sont évoquées aussi dans le *Traité 1* (9, 15).

L'importance de la notion de *sophia* pour Plotin lui-même est repérable jusque dans la façon dont il la décrit. En effet, de la ligne 40 à la ligne 48, plusieurs procédés stylistiques concourent à conférer à celle-ci un statut singulier, ce qui relève sans aucun doute d'une intention polémique et d'une stratégie de disqualification de la conception gnostique. Sa grandeur et sa puissance (« de cette sagesse l'on peut voir la grandeur et la puissance », **4, 44-45**) sont mises en évidence de plusieurs manières : par le recours à des expressions hyperboliques (« aucune n'est plus grande », **4, 40**; des « spectateurs *suprêmement bienheureux* », **4, 44**); par l'emploi du terme « parèdre » et la référence implicite aux textes poétiques anciens dans lesquels il est utilisé pour qualifier le statut de *Dikè* par rapport à Zeus; par la mention même de ces divinités (*Dikè* étant elle-même une figure divinisée, mais faisant signe aussi vers sa version platonicienne de Forme en soi de la Justice); par l'effet de rythme et d'accumulation que produit la répétition de la coordination *kai* en **4, 46-48**.

De fait, si le retour à un langage moins poétique, au style discursif et au discours rationnel est perceptible dès la ligne 48 (**4, 48**), il n'en demeure pas moins que le lecteur se trouve ainsi placé dans une

1. *Cf.* Platon, *Phédon* 111d. Cette référence au *Phédon* confirme qu'il oppose la terre véritable du *Phédon* à la terre étrangère des Gnostiques.

disposition propre à lui faire d'une certaine manière éprouver ou du moins comprendre de façon intuitive et non discursive la singularité de la « science de là-bas » et de son statut. Cette entité unique et unitive, ce tout qui ne fait qu'un avec ses objets, ne sont en effet comparables à nul autre. Plus précisément, il est encore moins aisé de les comprendre si l'on se réfère, par comparaison, aux sciences d'ici-bas, d'autant plus que nous nous trompons sur la nature véritable de ces sciences-ci. Plotin l'affirme explicitement en **4, 48-52** : « Mais nous, nous n'en avons pas pris conscience, parce que nous croyons fermement que les sciences sont des théorèmes et un amas de prémisses. Or, ceci n'est pas même vrai des sciences d'ici-bas – mais s'il y a contestation sur ce point, laissons de côté, pour le moment, ces sciences-ci. »

On peut rapprocher cette assertion du chapitre 1 du *Traité 32* dans lequel Plotin récuse l'idée selon laquelle les intelligibles seraient des « propositions » ou « prémisses » (*protaseis*), des « énoncés » (*axiômata*) ou des « exprimables » (*lekta*) car alors ils ne seraient pas les êtres (*ta onta*)[1]. Il réitèrera cette critique ici même au chapitre 5 (*31*, 5, 19-21). Le terme *protasis* désigne chez Aristote les « prémisses » d'un syllogisme ou, de façon générale, les « propositions » mais ce terme appartient aussi au vocabulaire de la logique des stoïciens, qui sont peut-être visés ici. On trouve en effet dans le *Traité 27* (IV, 3), 2, 50, dans un passage qui concerne les parties de l'âme et dans lequel Plotin critique ouvertement les conceptions stoïciennes, une confirmation de la thèse rapidement suggérée ici : la science ne peut être réduite à un agrégat de théorèmes car chaque théorème contient nécessairement en lui tous les autres et la science subsiste malgré tout en elle-même, en tant que totalité une et indivisible : « Est-ce que <l'âme> est partie comme un théorème d'une science est appelé partie de la science considérée comme un tout, alors qu'elle-même ne demeure pas moins [en tant que totalité] et que sa division est une sorte de manifestation et d'activité de chaque partie ? En pareil cas chaque théorème contient en

1. *32*, 1, 38-39.

puissance la science tout entière, mais celle-ci n'en est pas moins une totalité »[1].

Ce qui est vrai des sciences d'ici-bas l'est donc *a fortiori* de la science de là-bas, mais nous peinons à le comprendre et surtout à concevoir ce qu'est la « science en soi » *ou* « sagesse » *ou* Intellect, car les trois sont identiques. Par souci de pédagogie, Plotin propose donc, dans une courte phrase de transition (**4, 54-56**), de reprendre la réflexion depuis le début, mais avec un nouveau point de départ : « peut-être vaut-il donc mieux commencer en partant de là ». Il ne se livre ici à aucune *retractatio*, puisqu'il ne revient pas sur ses affirmations et continue de soutenir la même thèse. Il s'agit d'abord et avant tout de comprendre ce qu'a voulu dire Platon si l'on veut « mériter cette appellation », comme il le dit dans une formulation allusive, elliptique et pour tout dire mystérieuse : appellation de « platonicien »[2] ? De « philosophe », tout simplement ? Et pour cela il faut expliciter, reformuler de façon plus claire, plus précise et approfondir le discours tenu jusque là, non seulement pour faire avancer la réflexion mais aussi pour faire progresser le lecteur et emporter l'adhésion, car l'on ne peut négliger non plus la valeur rhétorique du procédé[3], en outre très instructif quant à la pratique d'écriture de Plotin. Celle-ci comporte souvent, en effet, une dimension auto-réflexive : c'est une écriture qui réfléchit sans cesse sur elle-même, voire sur l'acte même d'écrire.

1. *27*, 2, 50-55.
2. *Cf.* note de la traduction, *ad. loc.*
3. Comparer avec le chap. 13 du *Traité 31*, ligne 22.

TROISIÈME PARTIE
(5, 1 – 6, 18)

L'INTELLECT COMME SAGESSE

Aperçu général

*La remontée depuis le monde sensible jusqu'au monde intelligible et à l'Intellect, entamée au chapitre 3, s'arrête en 4, 55-56 pour prendre un nouveau départ. Pause et reprise sont provoquées par l'évocation de « la science de là-bas », l'*autoépistèmè *dont Platon a dit dans le* Phèdre *qu'elle « n'est pas non plus celle qui est différente dans un objet différent », car cette formulation nécessite visiblement d'être explicitée. Pareille démarche est fréquente chez Plotin et témoigne à la fois d'un souci d'ordre pédagogique mais aussi d'une relation spécifique avec le texte de Platon. Bien souvent en effet, un mot ou une expression suscitent l'interrogation et engagent la réflexion dans une voie nouvelle qui peut apparaître comme un détour, parfois même comme un véritable retour en arrière, semblable à celui qu'il propose d'effectuer dans les toutes dernières lignes du traité pour faire mieux comprendre ce qu'est le* topos noètos. *Or ces détours ne sont qu'apparents et s'inscrivent en réalité étroitement dans la logique de l'argumentation, dont ils approfondissent tel ou tel point et qu'il font toujours progresser. Un procédé identique est utilisé dans le* Traité 22 *(VI, 4), chap. 16, l. 47.*

Reprenant le mouvement ascensionnel inspiré du Banquet *et parcourant à nouveau, mais très rapidement, les étapes antérieures, il montre que toute production, dans l'art comme dans la nature et dans* *l'âme (5, 1-15), provient d'une* sophia *sans raisonnement. Les « sagesses » propres à l'art (5, 1-4), à la nature (5, 4-10) et à l'âme (5, 10-11) ne sont pas, en effet, la sagesse en soi, mais des sagesses dérivées de celle-ci, des sagesses « particulières ». L'Intellect est cette sagesse en soi, dont le monde sensible est le produit (5, 16 – 6, 18). Essence (*ousia*) et sagesse (*sophia*) sont en effet identiques, comme le sont l'Intellect et les êtres intelligibles (5, 15-25). Cette thèse est argumentée à travers l'exemple des hiéroglyphes (6, 1-9), représentations figurées (*agalmata*) des Idées, êtres, essences ou Formes intelligibles qui font voir et comprendre, non pas grâce au raisonnement ou au calcul, mais de façon purement intuitive, l'Intellect-*sophia. La* sophia *n'est ni un savoir comparable à un savoir constitué, ni une activité pensante telle que la pensée discursive (*dianoia*), mais une activité contemplative et, pour cette raison même, productrice. Plotin souligne en effet (6, 9-18) la différence entre les deux et montre que par conséquent, non seulement le produit de cette sagesse qu'est l'Intellect est nécessairement beau mais aussi qu'il ne peut en retour être perçu comme beau que de façon intuitive et non discursive. C'est sur cette argumentation qu'il s'appuiera, dans les chapitres suivants, pour critiquer la conception gnostique de la "création" du monde.*

PREMIÈRE SECTION
(5, 1–15)

LA SAGESSE DANS L'ART, LA NATURE ET L'ÂME

Le problème posé à la fin du chapitre 4 est le suivant : en quel sens peut-on dire que la science dont parle Platon dans le *Phèdre* n'est pas « différente dans un objet différent » ? Pour répondre à cette question, il faut montrer que la science ou sagesse intelligible n'est pas dans un objet différent d'elle-même, c'est-à-dire qu'elle n'est pas un accident, mais une substance, une *ousia*, comme il est dit en **5, 15** : « La véritable sagesse est donc essence, et la véritable essence est sagesse, et la valeur pour l'essence aussi vient de la sagesse et, parce qu'elle provient de la sagesse, elle est essence vraie ». Cette démonstration se fait en deux temps.

Dans un premier temps (chapitre 5), Plotin cherche d'abord à prouver que cette sagesse ou science est *première*, en un sens logique et non chronologique, c'est-à-dire qu'elle constitue le terme au-delà duquel on ne peut remonter. Il réfute donc une à une les hypothèses qui permettraient de s'arrêter et de s'en tenir à une forme de sagesse en réalité postérieure, toujours en un sens logique, à la « véritable » sagesse ou essence. Il procède de la manière suivante : il formule l'hypothèse, fait mine de l'accepter (*cf.* **5, 3-4** et **8-9**) « eh bien soit, disons que… » ou « cela suffit ») mais aussitôt lui oppose une objection. C'est qu'il existe, en effet, plusieurs sortes ou formes de sagesse : il en existe une dans l'art (**5, 1-4**), puis dans la nature

(**5, 4-10**), dans l'âme (**5,10**), enfin dans l'Intellect (**5, 10-25**). Le mouvement de la démonstration est ascendant et suit, on le voit, la hiérarchie des « lieux » où la trace toujours plus précise et plus évidente d'une sagesse peut être repérée. C'est exactement le même mouvement que celui qui a été adopté dans les chapitres 1 à 4, ce qui s'explique par le fait qu'il s'agit ici de reprendre ce qui a été dit, mais autrement.

1. *La sagesse dans l'art* (**5, 1-4**)

De fait, la démonstration commence par une affirmation générale qui reprend les thèses développées dans les chapitres 1 et 2 mais qui est surtout très proche de celle par laquelle débute le chapitre 3 (**3, 1-3**), à cette différence cependant que le terme *sophia* se substitue ici à celui de *logos* : « Toutes les choses qui sont engendrées, qu'il s'agisse de produits de l'art ou de la nature, c'est une sagesse particulière [1] (*tis*) qui les crée, et partout c'est la sagesse qui guide la création » (**5, 1-3**). Plotin distingue donc bien ici, par l'emploi du *tis*, deux *types* de sagesse, ou deux sagesses particulières, et non pas indéfinies ou quelconques : celle qui préside à l'art et celle qui préside à la nature. Dans la seconde partie de la phrase, il souligne l'universalité de l'activité de *la* sagesse, sans doute à cause des Gnostiques : on peut penser qu'il s'agit de la sagesse en soi dont les précédentes sont des produits, celle qui est propre à la nature produisant à son tour celle qui est propre à l'art. C'est ce que précise la phrase suivante (**5, 3-4**) : de façon cohérente avec ce qu'il a dit de l'art à la fin du chapitre 1, Plotin réfute de nouveau l'idée selon laquelle l'art ou l'artiste créerait en remontant *directement* à la sagesse en soi, c'est-à-dire celle qui n'est pas autre dans un autre objet. Il rappelle que l'artiste remonte d'abord aux principes rationnels actifs dans la nature sans pour autant imiter les produits de la nature qu'il peut avoir sous les yeux (*cf.* **1, 36**), puisqu'il lui arrive de les embellir : il remonte aux choses de la nature dont les Formes sont *en lui*, dans son intellect propre, et non pas à l'extérieur de lui.

1. *tis* : il ne s'agit pas d'une sagesse quelconque, mais d'une sagesse spécifique, propre à l'art ou à la nature.

2. *La sagesse dans la nature et dans l'âme (***5, 4-15***)*

La définition que Plotin donne de la sagesse naturelle en **5, 5-8** a pour but de la différencier de ce que l'on entend par « science » au sens d'un savoir constitué. Ce n'est pas une science au sens où les mathématiques ou la géométrie en sont une, composée de principes ou de théorèmes dont l'ensemble forme *une* science. On peut aussi se reporter à ce qui est dit de la nature dans le *Traité 30*. La nature y est définie comme une contemplation qui, selon la conception plotinienne de la contemplation, est *en même temps* production. Mais plus précisément, Plotin dit de la nature qu'elle est une « forme (*eidos*) » (*30*, 3, 22) et, plus loin, que « ce qu'on appelle nature est une âme » (*30*, 4, 15). Ainsi, en tant que Forme, elle constitue une unité indivisible qui peut cependant produire plusieurs sortes de *logoi* mais qui n'est pas et n'a pas à être constituée à partir de l'ensemble de ces *logoi*. On voit resurgir, dans l'objection soulevée en **5, 8-10**, la question du lieu et de la différence : « Mais s'ils disent qu'elle est la forme rationnelle dans la nature, et que la nature en est le principe, alors nous demanderons d'où <la nature> le tient et si elle le tient de cet être qui serait différent <d'elle>. Si c'est d'elle-même <qu'elle le tient>, arrêtons-nous là ». Plotin explique de nouveau très précisément ce que signifie « être dans un autre » (sous-entendu « en tant qu'il n'est pas soi »). La sagesse naturelle serait donc première si c'était d'elle-même qu'elle tirait ce principe. Or, comme il le suggère ensuite, bien que ce soit de nouveau sous la forme d'une hypothèse (*cf.* **5, 12-14**), elle ne peut tirer ce principe d'elle-même : il faut donc supposer un terme antérieur et ce terme, c'est l'Intellect, ce qui s'oppose en tout point à la conception des Gnostiques.

DEUXIÈME SECTION
(5, 15 – 6, 18)

LA SAGESSE DANS L'INTELLECT

1. *Essence et sagesse* (**5, 15-25**)

En **5, 15-17**, Plotin identifie de nouveau, comme au chapitre 4 (*cf.* **4, 40**), *sophia* et *ousia*, afin de souligner que la sagesse n'est ni un savoir constitué, ni une sagesse de même *nature* que la sagesse morale, qui est un *état* de l'être et non l'être en soi. Il faut donc distinguer, comme cela est montré dans les lignes suivantes (**5, 17-19**) la "sagesse-essence" et celle que reçoit tel ou tel être particulier, qui fait qu'il *devient* sage : « on n'est pas d'abord soi, ensuite sage », disait déjà Plotin au chapitre 4 (**4, 39-40**). Ceci est en revanche le cas pour l'être individuel puisque dans le monde humain, la sagesse s'acquiert alors que dans le monde intelligible, elle est immédiate et substantielle : être et être sage, c'est la même chose. La question se pose cependant de savoir quelles sont les *ousiai* qui « ne sont pas des essences véritables » car elles « sont advenues grâce à une sagesse particulière mais ne possèdent pas en elles-mêmes la sagesse » (**5, 17-19**). Il s'agit non pas des êtres intelligibles ou des Formes, premières et éternelles mais des êtres qui sont produits par l'activité contemplatrice des êtres intelligibles. Ils ne possèdent pas *la* sagesse en eux-mêmes, c'est-à-dire par eux-mêmes, mais par l'activité d'une sagesse qui leur est spécifique (ce peut donc êtres les produits de l'art, de la nature ou encore de la pensée dianoétique ou calculatrice, telles les « propositions » dont parle Plotin ensuite en **5, 20**). Celle-ci est elle-même le produit de *la* sagesse universelle, celle de l'Intellect et des êtres intelligibles tout ensemble. Ces *ousiai* reçoivent *leur* sagesse de l'être en soi.

Par opposition, les êtres intelligibles *sont* en eux-mêmes *la* sagesse et, comme on l'a vu précédemment (au chapitre 4), leur activité est auto-réflexive : ils se pensent et se voient donc eux-mêmes. C'est pourquoi l'objet de leur vision ne peut être un produit inférieur, comme le sont les propositions produites, quant à elles, par une pensée inférieure (la *dianoia*) et dérivée de la véritable pensée ou sagesse. Cet objet, ce sont les « êtres réels et les essences » (**5, 24-25**), c'est-à-dire les « Idées » qui, comme nous avons déjà eu l'occasion de le souligner, sont au sens propre des « objets de vision ». Plotin revient ici au thème de la vie des dieux et reprend deux expressions qu'il avait déjà utilisées précédemment (*cf.* **4, 43-44**), « les êtres suprêmement heureux » (*tous hupereudaimonas*) et les « belles images » (*kala agalmata*) : ce ne sont pas « des propositions que regardent les dieux ou les êtres bienheureux qui sont là-bas, non : chacune des choses dont nous avons parlé sont là-bas de belles images » (**5, 20-22**). Mais il revient sur ce thème pour l'approfondir, ce qui lui permet d'expliciter davantage ce que sont les êtres intelligibles, c'est-à-dire les Idées.

Ces « belles images » sont « telles que l'on s'imaginait qu'elles existent dans l'âme de l'homme sage, des images qui cependant ne sont pas dessinées, mais existent réellement. C'est aussi pourquoi les anciens disaient que les Idées, ce sont des êtres réels et des essences » (**5, 22-25**). Plotin fait sans doute allusion ici à une célèbre comparaison platonicienne, celle qu'établit Alcibiade, dans le portrait qu'il brosse de Socrate à la fin du *Banquet*, entre les discours de celui-ci et les statues des Silènes, laids à l'extérieur mais beaux à l'intérieur. Si l'on ouvre ceux-ci, on voit apparaître à l'intérieur des « statues (*agalmata*) de vertu » (cf. *Banquet*, 216 e 6 et 221 d – 222 a). Il a lui-même recours plusieurs fois à cette métaphore, non seulement dans le *Traité 31* (chapitres 2 et 4) mais aussi dans le *Traité 1* (chapitres 5 et 9), le *Traité 2* (IV, 7) et le *Traité 24* (VI, 6) [1].

Au chapitre 5 du *Traité 1*, il explique que lorsque l'on voit sa propre beauté intérieure ou celle d'un autre être, c'est la beauté de l'âme que l'on voit, mais de l'âme entièrement purifiée, qui possède par conséquent toutes les caractéristiques de ce que Platon dans le *Phèdre* nomme l'essence (*ousia*) et qui contient en elle les Formes des vertus, comme la « tempérance sans couleur », par exemple [2]. Celles-ci sont « les choses qui existent réellement », *c'est-à-dire*, précise Plotin, « les choses belles ». Puis, au chapitre 9 de ce même traité, il compare le travail sur soi qu'il faut effectuer pour devenir « soi-même beau » à celui d'un sculpteur qui modèle une statue pour la rendre belle : « ne cesse pas de « sculpter » ta propre « statue », jusqu'à ce que resplendisse pour toi la splendeur divine de la vertu, jusqu'à ce que tu voies la « tempérance installée sur son trône sacré » [3]. Dans le *Traité 24*, il dit de la « justice » qu'elle « n'est pas la pensée (*noèsis*) de la justice », mais « comme une image intellectuelle (*agalma noèron*), qui pour ainsi dire se dresse d'elle-même et se manifeste en elle-même, ou plutôt qui est en elle-même ».

L'emploi du terme *agalmata* ici, au chapitre 5 du *Traité 31*, fait donc sens à plus d'un titre. Il fait signe tout d'abord vers l'art, celui du sculpteur, déjà évoqué au chapitre 1 du traité et dont on ne peut manquer de se rappeler qu'il est aussi celui du sculpteur suprême, le Démiurge, dont il sera question plus loin au chapitre 8. Qualifié de l'adjectif *kalos*, ce terme renvoie aussi à la beauté des Idées, dans ce monde intelligible qui est la Beauté même. Enfin, en tant qu'elles sont des « représentations » ou des « images », ces *agalmata* que sont les Idées se désignent comme des objets accessibles à la seule vision, et non à l'intellection. C'est donc par le recours à une interprétation du sens des termes fondée sur l'étymologie, à la manière de Socrate dans le

1. *Traité 24* (VI, 6), 6, 39 et *Traité 2* (IV, 7), 10, 41-53. Pour une métaphore identique, voir aussi Sénèque, *Lettres à Lucilius*, 115, 3.

2. Cf. *Traité 1* (I, 6), 5, 10-15.

3. Plotin cite ici le *Phèdre*, 252 d 7 et 254 b 7.

Cratyle, que Plotin justifie le discours des « anciens » – ici de Platon – sur le statut des êtres intelligibles[1].

2. *L'exemple des hiéroglyphes* (**6, 1-9**)

Il trouve la confirmation de ces thèses dans la « sagesse » égyptienne et plus précisément dans les figures ou représentations figurées (*agalmata*) tracées par les « sages égyptiens » sur les temples. C'est cet exemple, à valeur pédagogique, qu'il développe dans les neuf premières lignes du chapitre 6, avant d'opposer à nouveau la « sagesse » propre à l'Intellect, purement intuitive, et celle qui relève de la pensée calculatrice qui n'en est que le « reflet » (**6, 10**). L'admiration manifestée par Plotin pour les Égyptiens n'est ni étonnante ni, à proprement parler, originale. Il se peut tout d'abord que, puisqu'il est lui-même originaire d'Alexandrie, ce type de représentation lui soit familier. Mais pareille attitude est courante dans l'Antiquité. On peut ainsi penser à Plutarque qui, dans le *De Iside et Osiride*, dit de leur philosophie qu'elle « cache la plupart des choses par des mythes et des récits qui laissent apparaître et transparaître de façon obscure la vérité, comme sans nul doute ils le montrent eux-mêmes en plaçant de façon appropriée les sphinx devant leurs sanctuaires, dans la pensée que leur théologie contient une sagesse énigmatique ». Dans ce même opuscule, Plutarque écrit aussi que Pythagore a imité dans ses vers d'or le caractère énigmatique des hiéroglyphes : « <Pythagore> imita leur manière symbolique et mystérique en mélangeant ses préceptes à des énigmes. En effet, par rapport à ce que l'on appelle les « caractères hiéroglyphiques », les préceptes pythagoriciens ne sont en rien inférieurs »[2].

---

1. *Cf.* Platon, *République* VI, 507 b.

2. *Cf.* Plutarque, *Œuvres morales*, t. V, 2e partie, *Isis et Osiris*, 354 b-c, 354 e, trad. Fr. Frazier, Ch. Froidefond, Paris, Les Belles Lettres, 1988. Voir aussi Clément d'Alexandrie, *Stromates*, V, 1, 1. Sur ce sujet, on pourra aussi consulter : H. Inversen, *The myth of Egypt and its hieroglyphy*, Copenhague, 1961 ; P. Marestaing, *Les écritures égyptiennes et l'antiquité classique*, Paris, 1913 ; A. Fletcher, *The Theory of a symbolic mode*, Cornell University, 1964, p. 130.

Plotin oppose donc ici, à la pensée discursive (*dianoèsis*, **6, 9**) qui s'exprime par le *logos* au sens de « discours rationnel », que celui-ci soit extérieur ou intérieur à l'âme, une science ou une connaissance qui sont, quant à elles, purement intuitives. Les termes *protaseis* (**6, 4**) et *axiômata* (**6, 5**) relèvent en effet du vocabulaire technique propre au discours rationnel et renvoient aux raisonnements logiques. Le premier terme est aristotélicien et le second plutôt employé par les Stoïciens.

La pensée discursive est marquée par le mouvement et une temporalité qui est celle de la succession, de l'enchaînement logique des propositions, des thèses et des arguments, comme le montre l'emploi du verbe *diexodeuô* et du substantif *diexodos*, qui expriment tous deux l'idée d'un chemin, d'une route par laquelle on passe [1]. Cette temporalité est propre au monde sensible, et diffère de celle du monde intelligible, caractérisée par l'immédiateté et l'éternité, où tout est donné d'emblée et existe de toute éternité, comme il a été dit au chapitre 4. La science intelligible est en effet « compacte », elle est donnée et se présente « d'un seul coup », en une seule fois et un seul « bloc », en une totalité indivisible. Par conséquent, elle n'a pas besoin de la *médiation* du *logos* et encore moins de celle des « figures de lettres » (*tupoi grammatôn*) [2] qui « imitent les sons et l'énonciation des propositions » (**6, 6, 4-5**) pour s'exprimer et être perçue. Intuition et vision doivent donc se substituer au raisonnement [3]. De même, cette science-là ne donne pas à voir les différents éléments qui la composent ou la multiplicité qu'elle contient, puisque tout est enveloppé en elle, contrairement au *logos* qui, lui, se développe en paroles, prémisses et propositions (on note l'emploi des pluriels en **6, 4-5**) et s'adapte à la multiplicité du discours. On comprend ainsi pourquoi elle ne peut se présenter que sous la forme d'images (*agalmata*) et n'être appréhendée

---

1. Voir par exemple l'emploi de ces termes par Platon dans le *Théétète*, 208 a 9.

2. Cette expression renvoie peut-être à la définition de l'écriture dans le *Phèdre* en 275 a. Le caractère « extérieur » des lettres, qui sont des « empreintes étrangères » empêche la réminiscence et l'activation d'une pensée intérieure.

3. Ce passage est à rapprocher non seulement du chap. 1 du *Traité 32* (1, 38-40) mais aussi du chap. 5 du *Traité 20* (I, 3). Voir à ce sujet le commentaire de Jean-Baptiste Gourinat, Plotin, *Traité 20, Qu'est-ce que la dialectique ?*, Paris, Vrin, 2016.

que par la vue. Dans chaque cas, qu'il s'agisse de la science qui s'exprime en discours ou de celui de la science intuitive propre à l'Intellect, on constate donc que la *nature* même de chacune détermine l'instrument qui permet de l'appréhender – le *logos* dans le premier cas, la vision dans le second.

La référence au fait que les sages égyptiens gravent sur les temples des images dont chacune correspond à un objet permet ainsi de comprendre, par comparaison, la façon dont les Formes intelligibles s'inscrivent et sont présentes dans l'âme du sage. Cette comparaison réactive en effet celle des statues qui se voient elles-mêmes (*cf.* chapitre 4) et le fait que ce soit sur des temples que ces images sont gravées n'est pas une précision anodine, car celle-ci souligne le caractère divin de la sagesse intelligible et des êtres intelligibles qu'elle contient (Formes ou Idées), personnifiées et comparables à des divinités. Plotin explique et approuve par exemple, dans le *Traité 27*, la création de temples et de statues par « les anciens sages », en disant qu'ils ont ainsi « voulu rendre les dieux présents pour eux » [1].

Chaque « image » – Forme ou Idée – est un « substrat » (**6, 8**), de même que l'on pouvait dire, au chapitre 4, de l'Intellect qu'il est un « substrat » (*cf.* **4, 18-19**), elle est « compacte » (**6, 9**), telle que peut l'être une image et, par conséquent, elle est en elle-même indivisible, elle n'est pas une « pensée discursive » et « n'est pas non plus une délibération » (**6, 9**). Cela signifie qu'elle produit spontanément, sans réfléchir et sans intention d'aucune sorte. Cette thèse-ci va être reprise et développée dans les chapitres suivants, car elle est fondamentale pour Plotin, en particulier dans le cadre de la polémique avec les Gnostiques : il récuse en effet totalement leur conception du monde comme le résultat d'une volonté réfléchie du Démiurge. Ainsi s'explique l'emploi des termes *dianoèsis* et *bouleusis*.

---

1. *Traité 27* (IV, 3), 11, 1-2.

3. *Sagesse et pensée discursive* (**6, 9-18**)

L'exemple des hiéroglyphes, interprétées de cette façon, lui permet alors de démontrer que ce n'est qu'*après coup* que l'on peut, à l'aide du raisonnement, reconstituer les causes et l'enchaînement des causes qui expliquent que « les choses sont ainsi » (**6, 11**) – d'où l'importance de l'adverbe *husteron* (« ultérieurement »), mis en évidence en tête de phrase en **6, 9**. Cet ensemble de causes est un « reflet » – le terme *eidôlon* est pris ici dans son acception négative – de cette sagesse « compacte », antérieure et première qui, par sa pure activité contemplative, produit d'elle-même une image d'elle-même et celle-ci, en tant que telle, lui ressemble mais est en même temps dissemblable. Cet *eidôlon* n'est pas la « science en soi » du *Phèdre*, puisqu'il est « en un autre », (*cf.* **6, 10**), alors que le propre de *l'autoépistémè* est précisément de ne pas être dans autre chose, puisque les Formes intelligibles sont pures et non mélangées (leur matière, la matière intelligible, est cela même qu'elles sont).

La différence entre la science en soi et celle qui en est dérivée réside dans le fait que la seconde développe, déploie ou déroule (voir l'emploi de *exeiligmenon* en **6, 10**), dans une temporalité chronologique, ce qui est enveloppé. Au sens propre du verbe, le discours rationnel (*logos*) "ex-plique" ce qui est replié, et « fait découvrir » (*exeuriskon*, le préverbe – *ex* est ici significatif, de même que dans *exeiligmenon*). L'objet ainsi découvert et expliqué, le monde, apparaît alors dans toute sa beauté et suscite l'admiration (**6, 11-12**). Or, qu'admire-t-on ? On admire le fait que tout *semble* réfléchi et puisse être expliqué par des causes alors qu'en réalité, rien n'est réfléchi (**6, 13-15**). Les choses proviennent donc d'une source unique, qui n'a pas opéré de raisonnement, mais qui « fournit » (**6, 14**) immédiatement, d'un bloc, le « pourquoi » et l'être.

Les Formes, en effet, se posent ou se fondent elles-mêmes. Elles n'ont pas à être expliquées et il est inutile de chercher leur raison ou leur fin, car elles sont en elles-mêmes, à elles-mêmes comme aux choses qu'elles produisent, raison et fin. Elles ne sont donc pas comme elles sont parce qu'il *fallait* qu'elles soient comme cela, mais c'est parce qu'elles sont ce qu'elles sont qu'elles doivent être comme cela. Il en va de même de l'Intellect : il est *la* Forme sans raisonnement, qui s'autoforme et, parce qu'il ne raisonne pas, il ne produit pas non plus de discours – le terme *logos* peut être ici entendu dans sa double acception. Cette contemplation productrice se fait donc *dans le silence*, sans l'aide du discours ni de la démonstration logique : c'est ce que montre l'exemple des images tracées sur les temples par des sages qui dessinent « avec sagesse ». On peut dire que d'une certaine manière, en dessinant ces images, ils agissent comme le fait l'Intellect, comme le font non seulement l'Âme universelle ou Âme du monde, mais aussi la Nature et l'âme individuelle. En effet, pour décrire ce mode de production de la réalité, le discours est inadéquat, car il introduit temps et raisonnement dans ce qui est immédiat et spontané. L'exemple des hiéroglyphes permet ainsi de mettre en évidence le fait que le dessin est perçu intuitivement comme la Forme et qu'il est en lui-même un moyen de connaissance. C'est que tout acte de production procède par contemplation d'une réalité supérieure. Dans le *Traité 30*, Plotin décrit en ces termes la façon dont la Nature produit, en ayant recours au procédé rhétorique de la prosopée. Si l'on interrogeait la Nature, elle répondrait (bien qu'elle soit réticente à parler !) :

> Il ne fallait pas m'interroger, mais comprendre soi-même en silence ; comme moi je me tais : c'est ce que je n'ai pas l'habitude de parler. Comprendre quoi ? Comprendre que l'être engendré est pour moi un objet de contemplation tandis que je me tais [...]. Je ne dessine pas, mais je contemple, et c'est alors que se réalisent les lignes des corps, comme si elles tombaient de moi. (*30*, 4, 3-5 et 9-10).

Parce qu'elle est elle-même le produit de l'activité contemplatrice de l'Intellect, la Nature *fait comme* lui (et l'on pourrait en dire autant de l'artisan). Elle « imite » cette autoposition et immédiateté de l'Intellect. Pour comprendre comment et pourquoi la nature agit, il faut donc substituer la perception au raisonnement explicatif. C'est cette thèse que Plotin continue de développer au chapitre suivant, en critiquant plus explicitement la conception gnostique de la création du monde.

QUATRIÈME PARTIE

CRITIQUE DE LA CONCEPTION GNOSTIQUE DE LA “CRÉATION” DU MONDE (6, 18- 7, 47)

Aperçu général

Plotin développe maintenant de façon plus détaillée la thèse rapidement exposée à la fin du chapitre 6, selon laquelle les choses existent et sont comme elles sont de tout temps, non pas en raison d'une finalité extérieure à elles-mêmes, mais parce qu'elles sont à elles-mêmes leur propre finalité. Il est en effet fondamental pour lui, dans le cadre de sa critique des Gnostiques, de montrer que leur thèse d'une « création » réfléchie, qui résulterait d'un acte volontaire et délibéré du Démiurge – d'un démiurge mauvais qui plus est, puisque selon eux le monde sensible est laid et que la cause du mal résiderait dans cet acte initial –, est fausse. Il défend donc la thèse inverse, celle d'une production spontanée et non réfléchie qui est, précisément pour cette raison, cause de la beauté du monde sensible.

On pourrait penser que le thème de la beauté a été abandonné ou est du moins passé au second plan depuis un certain temps déjà. Or il n'en est rien car c'est justement de l'absence de calcul, de réflexion ou d'intentionnalité que résulte la beauté, comme Plotin l'affirmera au chapitre 8. L'argumentation développée au chapitre 7 vise en effet à préparer cette conclusion. C'est pourquoi il explique à présent en quoi consiste, selon lui, la formation de l'univers. Il s'agit là d'un « grand et unique exemple, qui s'adaptera aussi à tous » (6, 18-19). Ce qui est dit ici du processus de production vaut par conséquent aussi, de façon rétrospective, pour des productions de moindre ampleur, comme celle des œuvres d'art, ainsi qu'on l'a vu au chapitre 1.

*Cette argumentation se déroule en plusieurs temps. En 7, 1-12, il démontre l'absurdité de la thèse d'une création et d'une fabrication finaliste du monde. En 7, 12-16, il expose la façon dont le monde sensible s'est manifesté et est apparu puis, en 7, 17-28, il en décrit le processus de formation : il s'agit d'une suite de formes, qui s'engendrent successivement. Cette production se fait dans le silence et sans fatigue. On note que ce thème-ci était déjà présent dans les chapitres précédents car ce sont là des caractéristiques de la vie dans et de l'intelligible. Il évoque ensuite, en 7, 28-35, pour répondre à une objection possible, le cas de la production humaine, qui consiste elle aussi en une production de formes par une forme. La conséquence logique de cette démonstration (7, 36-47) est que les raisons ne viennent qu'*ensuite *et que le discours qui cherche à retrouver l'enchaînement des causes ne peut lui aussi être tenu que dans un second temps : il est nécessairement second car il déroule dans la temporalité sensible ce qui, originellement et éternellement, forme un tout qui, en réalité et de façon essentielle, n'a pas besoin d'être justifié ni même simplement expliqué. On note en effet que Plotin oppose sans cesse dans le texte le « maintenant », c'est-à-dire le temps propre au monde sensible, à l'éternité du monde des Formes, du monde intelligible. En un certain sens, Plotin définit ainsi de façon indirecte le statut et la valeur de son propre discours : un discours de type doctrinal et argumentatif qui paradoxalement, du moins en apparence, explique les causes tout en niant qu'il existe des causes. Le paradoxe fondamental est en effet que ce qui est sans raison et sans cause fournit les raisons et les causes.*

1. *Absurdité de la thèse gnostique* (**6, 18-7, 12**)

C'est contre les Gnostiques qu'est dirigée l'argumentation de Plotin. Ce chapitre 7 peut être mis en relation, en effet, avec le chapitre 12 du *Traité 33* (lignes 12-21), qui porte sur le même sujet.

Le principe d'une "création" *à partir d'*autre chose n'est nullement remis en cause (**7, 1-2**) ; ce qui l'est, en revanche, est la façon même dont on conçoit ce processus, qui n'est pas celui d'une "création" *ex nihilo* mais une processus de production. Les termes qui reviennent le plus souvent dans ces lignes sont ceux de *épinoia* et *épinoiein*, car Plotin réfute l'idée selon laquelle une « intention » aurait présidé à la "création" du monde. Le texte présent à l'arrière-plan de la démonstration de Plotin est ici le *Timée*, dont il conteste l'interprétation qu'en font les Gnostiques. Il dit en effet dans le *Traité 33* : « ils mentent à son sujet [*i.e.* au sujet de Platon] en ce qui concerne la manière dont le monde est fait et beaucoup d'autres choses, dégradant ses conceptions comme s'ils avaient compris la nature intelligible » (*33*, 6, 24-27). Cependant, le problème qui se pose à lui est que Platon, dans le *Timée* (32 c – 34 b), emploie à plusieurs reprises le terme *logismos* pour désigner la façon dont « le Dieu » a façonné l'univers. Or il ne s'agit là pour Plotin que d'un effet de langage, comme il le souligne dans le *Traité 38* (VI, 7) :

> De manière générale, il n'y a pas de raisonnement là-haut, mais on emploie seulement ce mot « raisonnement » (*logismos*, *Timée*, 34a 8), afin de laisser entendre que la totalité des choses se présente de telle manière que c'est comme si elle résultait de ce qui, dans les choses qui viendront bien plus tard, sera un raisonnement, et on emploie le mot

« prévision » (*proorasis*), parce que la totalité des choses se présente de telle manière que c'est comme si un sage l'avait prévue » [1].

La finalité réside donc dans le « comme si », qui implique une reconstruction et une interprétation fausses parce qu'anthropomorphiques.

À cette conception finaliste, fondée sur une interprétation erronée du *Timée*, Plotin oppose plusieurs objections majeures.

Cela signifierait tout d'abord que le "créateur" réfléchit à la disposition des choses (*cf.* **7, 7-8**) et qu'il a par conséquent recours à la pensée discursive, la *dianoia*, pour "créer".

Cela implique ensuite que le "créateur" a reçu cette intention d'ailleurs, ou d'un autre, c'est-à-dire d'un autre que lui-même, comme le montre la question posée en **7, 9-10**. Si cette conception est fausse, c'est parce qu'elle repose sur un raisonnement doublement erroné lui-même. On pense en effet la "création" du monde sur le modèle de la création humaine, celle de l'artisan, qui a recours à ses mains et à des outils pour fabriquer son objet (**7, 10-12**), c'est-à-dire à des éléments extérieurs et, surtout, seconds et secondaires : ceux-ci, comme les pieds, ne viennent qu'« après » (cf. *husteron*, **7, 12**), ce qui est peut-être une référence au *Timée*, où il est dit que le Monde n'a besoin ni d'yeux ni d'oreilles ni de pieds (33 c – d). C'est là la première erreur. La seconde résulte du fait que l'on se trompe, en outre, si l'on croit que c'est de cette façon que l'artisan produit son œuvre. Comme il a été démontré au chapitre 1, en effet, l'artiste n'a pas besoin de mains et encore moins d'yeux pour produire, puisqu'il n'a pas besoin d'un modèle sensible : il se réfère spontanément à un modèle intelligible et les produit de lui-même *et* à partir de lui-même. Il en va de même pour la façon dont la nature produit : comme Plotin l'explique dans le *Traité 30* (chapitre 2), la nature ne travaille pas avec ses mains ou au moyen d'instruments, car elle est une forme qui produit d'autres formes.

Enfin – mais il le démontrera plus loin dans le chapitre 7 – cette conception erronée signifie que la finalité de la production existe en-dehors de la cause ou du principe et qu'elle est autre que lui, alors que

1. *Traité 38* (VI, 7), 1, 29-32 (trad. P. Hadot).

fin et principe sont identiques et que c'est dans cette identité même que réside la perfection de l'œuvre ainsi que du processus dont elle résulte et, partant, la beauté du monde produit.

Les notions de totalité et d'unité sont, en effet, fondamentales dans ce passage, ce qui ne peut étonner si l'on se rappelle les définitions de l'Intellect et du monde intelligible exposées dans les chapitres précédents (au chapitre 4 en particulier). Toutes les choses – c'est-à-dire toutes les Formes ou les êtres intelligibles – sont identiques à elles-mêmes dans l'Intellect. Il n'existe pas d'ordre, c'est-à-dire pas de succession et, par conséquent, l'idée selon laquelle la production aurait pu se dérouler dans le temps, selon un ordre préétabli, n'est absolument pas pertinente, comme le prouve, en **7, 4-8**, la répétition du connecteur *kai* (« et ») et de l'adverbe *eita* (« ensuite ») : cet effet d'accumulation rend manifeste l'intention ironique du propos.

La comparaison avec d'autres passages de l'œuvre de Plotin est à cet égard instructive, car Plotin y soutient la même thèse. Dans le *Traité 43* (VI, 2), il explique : « De façon générale en effet, partout, toutes les choses que l'on peut saisir par le raisonnement comme étant dans la nature, l'on découvrira qu'elles existent dans l'Intellect sans raisonnement, ce qui conduit à penser que l'être a produit un intellect qui a toujours déjà raisonné (*lelogismenon*), comme c'est le cas aussi pour les principes rationnels qui produisent les êtres vivants. »[1] Ce passage du *Traité 38* (VI, 7), est lui aussi instructif : « L'Intellect, puisqu'il est parfait, possède en lui-même les raisons d'être, de telle sorte qu'après coup, nous voyons que c'est bien que les choses soient comme elles sont (car là-haut, la raison ne fait qu'un avec l'essence [...]) »[2].

2. *La thèse plotinienne de la formation du monde (***7, 12-28***)*

Comment le monde a-t-il été produit ? C'est ce qu'explique alors Plotin (**7, 12-16**). Le terme de "création" est en effet particulièrement impropre, comme le révèle le vocabulaire utilisé pour décrire la

1. *43*, 21, 32-36.
2. *38*, 3, 25 (trad. P. Hadot) ; voir aussi le *Traité 28* (IV, 4), 10, 1-12.

formation du monde. Le terme *geitoneia* (« voisinage », « proximité », **7, 14**) désigne ainsi la cause de ce qui est une « apparition » ou une « manifestation » (cf. *anaphanènai*, **7, 14**) et ce sont les substantifs *indalma* (« trace », « empreinte ») et *eikôn* (« image ») qui désignent le monde sensible. Ces différents termes visent à défendre l'idée d'une production « subite », « instantanée » (*exaiphnès*, **7, 14**) et non réfléchie, d'un acte de l'Intellect qui est « spontané » ou s'est produit de son propre mouvement (*cf.* l'adverbe *autothen*, en **7, 15**) ou bien par l'intermédiaire de l'âme. Il est intéressant d'observer, comme le fait A.H. Armstrong dans une note de sa traduction, que Plotin ne cherche pas ici, en **7, 15-16**, à déterminer si c'est l'Âme universelle qui a créé le monde ou une âme particulière, alors même que sa doctrine de l'âme fait de celle-ci un intermédiaire, un lien entre l'Intellect et le monde intelligible d'une part, et le monde sensible d'autre part. Cette absence de précision relève d'une stratégie de disqualification des thèses des Gnostiques qui sont, quant à eux, partisans de la multiplication des intermédiaires entre les deux extrémités de la hiérarchie.

La terminologie du *Timée*, et en particulier la métaphore de la fabrication artisanale, est donc éliminée au profit de la description d'un processus de production qui est celui d'une succession de formes (**7, 17-24**). Le rejet de la théorie selon laquelle le monde serait le produit d'une fabrication de cette sorte n'est pas propre à Plotin : Aristote est le premier à avoir soutenu que la nature produit sans effort, sans calcul et avec une perfection totale, et que le monde existe de toute éternité [1]. L'on trouve dans le *Traité 6* (IV, 8) une conception identique, sur laquelle nous reviendrons plus loin. Dans la tradition platonicienne (mais aussi chez les Stoïciens ou les Épicuriens, qui rejettent cette conception), certains, comme Alcinoos [2], pensent qu'il ne faut pas prendre à la lettre le texte du *Timée*, tandis que d'autres, comme Atticus, pensent que le monde a eu un commencement.

Le processus qui a permis au monde d'exister est donc une succession de formes, qui dérivent les unes des autres. Dans cette hypothèse, la matière n'est pas – ou pas seulement – l'absence totale de

1. *Cf.* par exemple Aristote, *Métaphysique* Z 7, 1032 a ; *Physique* II, 8.
2. *Didaskalikos*, chap. 14.

forme, l'indétermination absolue, comme Plotin le soutient dans d'autres traités [1]. Le contexte est en effet différent ici. Pour les besoins de sa démonstration, c'est-à-dire dans l'intention de réfuter les Gnostiques pour lesquels le mal (que Plotin identifie à la matière) est le résultat de l'action d'un Démiurge mauvais, il lui faut montrer que le monde sensible lui-même est forme, qu'il garde donc une « trace » de l'intelligible et que, par conséquent, même la matière est forme. Elle est certes forme en un sens très atténué : c'est la forme « dernière » (**7, 23**), la plus imparfaite, la plus faible, « cachée sous une multitude de formes » (**7, 22**) – ce que révèle la notion d'obscurité souvent associée à la matière, alors que l'Intellect ou la Forme intelligible se caractérisent par leur luminosité. Ce qui permet de concevoir la matière en ce sens, et le processus comme une succession de formes, c'est la théorie plotinienne de la procession ou de la dérivation – la dérivation de toutes choses à partir de l'Un. On repère ici un écho du *Traité 30*, dans lequel il est dit, de l'ensemble formé par la réalité sensible et intelligible, que celui-ci existe en vertu d'une série de contemplations. L'on pourrait presque substituer le terme de « contemplation » à celui de « forme », tant il est vrai que c'est dans la contemplation que réside l'activité de la forme. Nous avons déjà eu l'occasion de souligner, en effet, l'originalité de la position de Plotin dans ce traité qui consiste à dire, d'une part, que tout est contemplation (la nature, l'âme, l'Intellect) et, d'autre part, que toute contemplation est production.

L'avantage que représente le fait d'avoir défini la matière comme une forme (aussi paradoxal que cela puisse paraître), est que cette définition permet de raisonner *a fortiori* et d'en déduire que « ce monde-ci tout entier est une forme » et que « toutes choses sont des formes » (**7, 23**). Et lorsque Plotin justifie cette assertion en disant que « le modèle était une forme » (**7, 23**), il renforce la thèse de la continuité entre le monde sensible et le monde intelligible.

Cette production s'est faite « sans bruit » (**7, 24**) et « sans peine » (**7, 25**). Cette affirmation constitue un argument supplémentaire pour rejeter le modèle de la fabrication artisanale, qui dévalorise

1. Cf. *Traité 15* (III, 4), 1, 8-15; *Traité 51* (I, 8), chap. 3.

considérablement la production du monde. Le thème de l'absence de peine et la belle image du silence de la création étaient déjà présents au chapitre 4, et on les retrouve dans d'autres traités [1]. De façon générale, les partisans d'une production sans calcul soulignent aussi que l'idée même de raisonnement ou de calcul est incompatible avec le statut et la nature de la puissance qui produit – le démiurge, le Dieu, ou l'Intellect. Or c'est nécessairement dans l'absence de trouble que cette production doit se faire, comme on le voit chez Aristote puis, plus tard, chez Alcinoos. La forme produit tout en restant elle-même, de même que l'intellect divin produit tout en restant en repos [2]. Plotin, quant à lui, met ici en évidence l'opposition entre la fabrication sensible, qui peut être perçue par les sens (celui de l'ouïe, en l'occurrence), et la production intelligible, que l'on ne perçoit pas puisqu'elle est intellectuelle [3].

S'il a ensuite recours à la notion de « totalité », c'est parce que ceci est la conséquence logique de la définition du monde comme une forme où *tout*, c'est-à-dire les parties et la totalité dont elles sont des parties, est forme, et qui ne peut être forme que parce qu'il est le produit d'une forme. L'identité de l'objet produit avec son producteur implique en effet une identité de nature : le tout produit le tout (*cf.* **7, 26**) de même que la forme produit la forme [4]. On a déjà vu, au chapitre 4, que la notion même de « parties », différentes les unes des autres, n'était pas pertinente pour expliquer la constitution du monde intelligible. Tout y est tout, chacun est tous et inversement. C'est ce qui explique que le producteur ne rencontre pas d'« obstacle » (**7, 26**) dans la production du monde puisqu'existe, dans le monde intelligible, une interpénétration totale des éléments qui, en un certain sens, se reflète dans l'univers qu'ils ont produit. La domination (**7, 27**) universelle de la forme sur la matière, même si celle-ci résiste, en constitue une

1. *Traité 30* (III, 8), 4, 5 *sq.* ; *Traité 27* (IV, 3), 4, 26-27 ; *Traité 6* (IV, 8), 2, 25 *sq.* et 8, 13-14.

2. Voir aussi Aristote, *De mundo*, VI, 397 b et Porphyre, *In Tim.* I, 395, 10.

3. *Cf.* aussi dans le *Traité 30* (III, 8) la prosopopée de la nature qui produit dans le silence.

4. Voir aussi *Traité 30*, 12, 15.

preuve supplémentaire : Plotin reprend ici, comme il l'a fait dans le *Traité 1* (chapitres 2 et 3), la conception aristotélicienne de la domination de la matière par la forme.

3. *Comparaison avec la création humaine* (**7, 28-35**)

S'ouvre alors une parenthèse : « Mais à mon avis… » (**7, 28-29**), destinée à confirmer la thèse précédente. On note ici le caractère assez lâche de l'argumentation qui consiste, depuis la ligne 24 jusqu'à la ligne 35, en une succession d'assertions dont la logique est difficile à retracer. Il semble que Plotin accumule les arguments en faveur de la thèse qu'il défend davantage qu'il ne démontre, comme il l'a fait depuis le début du chapitre 7 et comme il le fera de nouveau à partir de la ligne 36 jusqu'à la fin du chapitre, l'inanité des thèses contraires. On peut supposer que cette suite d'affirmations est davantage destinée à développer, sur fond d'interprétation du *Timée*, sa propre doctrine du processus de production *de* l'Intellect et *dans* celui-ci. Pour autant, l'hypothèse d'un processus de production opéré par « l'homme », qui serait par plusieurs aspects identique à celui qui est propre à l'Intellect, n'est pas sans lien avec la critique des conceptions gnostiques. Certes, l'emploi de l'irréel (**7, 29-31**) souligne qu'il s'agit là d'une simple hypothèse, qui ne se fonde pas sur une réalité vérifiée ni même sur un fait envisageable. Mais la théorie platonicienne de l'âme, à laquelle elle se réfère, en atténue l'effet d'irréalité.

Plotin suppose donc que nous soyons « nous-mêmes » l'Intellect – c'est-à-dire « archétypes, essence et forme » tout ensemble, conformément à la nature de celui-ci et avec la caractéristique, qui lui est propre, d'être une totalité – en d'autres termes, comme si nous n'étions ni une partie d'une totalité ni un « composé » de matière et de forme. Dans ce cas, nous "créerions" nous aussi « sans peine » (**7, 31**). Il faut bien voir que ce n'est plus à la figure de l'artisan que Plotin « nous » associe ici : de fait, s'il est vrai, comme on l'a vu au chapitre 1 et dans ce même chapitre 7, que la production propre à celui-ci s'apparente à celle de l'Intellect (elle est spontanée et non réfléchie), l'artisan a cependant besoin, *ensuite*, pour créer, de mains et d'instruments. « L'homme » qui est envisagé ici est l'homme au sens où il est défini dans l'*Alcibiade* de Platon : « l'homme, c'est l'âme ». Il faut donc sans doute entendre le « nous » dont il est question comme le « nous » tel qu'il est défini dans le *Traité 53*. « L'homme », en ce sens, produirait donc un objet qui est à la fois lui-même (l'homme au sens de la Forme « Homme ») et qui est autre que lui (**7, 32**), c'est-à-dire l'homme particulier, l'individu – une forme, certes, mais une forme particulière. La question de savoir s'il existe des Formes des individus est complexe et difficile, mais Plotin ne l'aborde pas ici car son but est de montrer que l'on peut produire de soi-même une image différente tout en *demeurant* soi-même. Or ce qui va de soi, selon Plotin, pour l'Intellect – c'est même en cela que consiste son essence –, ne peut l'être, en ce qui concerne l'homme, que par moments, c'est-à-dire non pas selon la temporalité propre à l'Intellect, qui est l'éternité, mais selon celle à laquelle l'homme est soumis, celle du devenir (**7, 32-34**). C'est ce que démontre la théorie de l'âme dans le *Phèdre* (246c 1-2). L'âme particulière, à certaines conditions, *devient* l'Âme universelle, qui « administre l'univers tout entier ». Elle fait alors partie du tout et c'est en tant que telle qu'elle « produit le tout » (**7, 35**).

4. *Critique du discours rationnel (***7, 36-47***)*

Quoi qu'il en soit, la comparaison avec ce qui *pourrait* se produire si l'homme était tout entier et éternellement intellect a un enjeu polémique : elle accentue la dévalorisation d'une conception anthropomorphique de la production du monde.

Cette comparaison trouve cependant sa limite dans la différence entre deux temporalités, celle du monde sensible et celle du monde intelligible. Or c'est précisément sur l'opposition entre ces deux temporalités que se fonde Plotin pour revenir, dans les lignes 36 à 47, à son propos initial (chapitre 6 et début du chapitre 7) : le discours argumentatif que l'on peut tenir sur la production du monde, visant à expliquer les phénomènes par leurs causes et leur finalité, est nécessairement second et postérieur. Mais ce n'est pas là la seule raison pour laquelle il faut rejeter ce type de discours. En effet, le type de raisonnement propre aux sciences – physique, géométrie, arithmétique, logique – peut se révéler insuffisant d'une autre manière. Plotin réactive ici la critique que Socrate adresse à Anaxagore dans le *Phédon* (97 c – 98 b). Une phrase comme « tu peux bien, toi, énoncer la raison pour laquelle la terre est au milieu et pourquoi elle est sphérique et pourquoi l'écliptique est ainsi » (**7, 36-38**) fait écho, par exemple, à ces phrases désabusées de Socrate : « Je croyais avoir découvert en Anaxagore un maître capable de m'enseigner la cause de tout ce qui est, une cause en accord avec mon intelligence à moi ! Il allait d'abord m'expliquer si la terre est plate ou ronde [...] Et s'il m'affirmait qu'elle est au centre du monde, il m'exposerait aussi en détails combien il est meilleur d'être au centre » [1]. Le discours qui prétend expliquer l'ordre universel par des causes purement physiques, tout en affirmant que l'Intellect est la cause universelle mais en ne le faisant aucunement intervenir *in fine* est, selon Socrate, vain et non pertinent. Et l'on sait que c'est la causalité de la forme que Socrate exposera dans la suite du dialogue (*Phédon*, 100 c *sq.*). Plotin semble ainsi suggérer, à travers la référence implicite au *Phédon*, que le discours propre aux sciences est aussi inférieur en un autre sens : il se peut qu'il soit, sinon faux, du moins incomplet, puisqu'il ne tient pas compte de la causalité de la forme.

En réalité, comme il le soutient à partir de la ligne 41, il est impératif de ne pas raisonner du tout, puisque tout existe avant le raisonnement et se passe du raisonnement pour exister : « En effet, <là-bas> les choses ne résultent pas de la consécution logique ni de la réflexion, mais existent avant la conclusion et avant la réflexion ; de fait, tout cela – le raisonnement, la démonstration et la preuve – vient après » (**7, 41-44**). Ces propos annoncent ceux qui figurent au début du traité suivant, le *Traité 32* : parlant du savoir propre à l'Intellect, Plotin dit qu'il ne comporte « ni conjecture, ni ambiguïté, ni information par ouï-dire » et qu'il « n'a pas recours non plus à la démonstration ». Les causes sont donc dans l'Intellect en tant que principes (*archè*), or, par

1. Platon, *Phédon*, 97 d 5 – e 4 (trad. M. Dixsaut, Paris, GF-Flammarion, 1991). Le discours selon lequel la terre est ronde est attribué par Aristote aux Pythagoriciens et le géocentrisme est, selon lui « l'opinion de la plupart des philosophes », à l'exception des Pythagoriciens (cf. *De caelo*, II, 13, 293 a-b).

définition, les principes sont à eux-mêmes leurs propres causes et ne viennent pas d'un autre ou d'ailleurs. C'est ce que démontre Aristote au livre I de la *Physique*, auquel Plotin se réfère peut-être ici (*cf.* **7, 45**), mais dans une perspective différente : « il est évident qu'à peu près tous font des contraires les principes, et c'est avec raison : il faut en effet que les principes ne proviennent ni les uns des autres, ni d'autres choses, et que tout provienne d'eux »[1]. C'est pourquoi il ne faut pas, de façon générale, « chercher les causes du principe » (**7, 45**). On note ici l'emploi du singulier et, si Plotin se réfère à Aristote, ce n'est pas à propos des principes des choses, mais du principe en soi et premier, c'est-à-dire l'Intellect. Celui-ci forme une totalité unique et parfaite, dérivée de l'Un et qui, par définition, est à la fois principe et fin. S'il n'est pas « déficient » (**7, 47**), c'est parce qu'il n'a besoin de rien, contrairement au discours scientifique qui, lui, a besoin du raisonnement pour exister et se justifier.

1. Aristote, *Physique*, I, 5, 188 a 26-28 (notre traduction).

CINQUIÈME PARTIE
(8, 1 – 9, 47)

LA BEAUTÉ DU MONDE INTELLIGIBLE

Aperçu général

*Le thème de la Beauté est de nouveau développé au chapitre 8. Le "modèle" intelligible (*paradeigma, *7, 23), défini au chapitre 7 comme Forme pure et simple, totalité, principe unique et parfait est en effet, en tant que tel, nécessairement beau. Par conséquent, la beauté du monde sensible, qui en est l'image, est évidente, incontestable et pourrait même se passer d'explication, ou presque : « c'est parce que <là-bas> les choses sont comme elles sont, que les choses ici-bas aussi sont belles », a-t-il été dit de façon péremptoire au chapitre 7 (7, 39-40). Mais puisque certains (les Gnostiques) s'obstinent à la nier (cf. 8, 2, 4, 21-23), il faut une nouvelle fois la justifier, ce qui implique de réaffirmer avec force la beauté du modèle. Plotin utilise à cet effet trois arguments, d'importance croissante. Tout d'abord, le modèle intelligible est la Beauté même parce qu'il est totalement beau (8, 1-4). Ensuite, il n'existe pas d'autre Beauté, il est la Beauté « en premier » (8, 4-7). Enfin, la beauté du modèle, et donc de son image, est corroborée par l'exégèse du* Timée *(8, 7-23) : Platon montre en effet le démiurge prenant plaisir à l'œuvre qu'il vient de produire, ce qui constitue une preuve supplémentaire de la beauté du monde intelligible* et *par conséquent du monde sensible.*

Après nous avoir fait comprendre pourquoi le modèle est beau (chapitre 8), il cherche alors à nous faire voir *celui-ci (chapitre 9). Il a recours, pour ce faire, à un exercice spirituel de "dé-spatialisation" du monde sensible (9, 1-15), grâce auquel nous sommes alors en mesure d'invoquer « le dieu » (l'Intellect), qui s'offre à nos yeux dans sa puissance une et multiple, totale et infinie (9, 15-36) : être et Beauté sont totalement et parfaitement identiques (9, 36-48).*

PREMIÈRE SECTION

POURQUOI LE MODÈLE INTELLIGIBLE EST NÉCESSAIREMENT BEAU

« Beau, donc, en premier » (**8, 1**) : ces trois mots résument à eux seuls la thèse soutenue par Plotin dans ce chapitre. La place inaugurale de l'adjectif *kalon*, son emploi dans une phrase volontairement elliptique ainsi que l'association immédiate de l'adverbe *prôtôs* (« en premier ») visent à impressionner et convaincre d'emblée, par la seule force du style, l'âme du lecteur ou de l'auditeur. Viennent ensuite les trois arguments.

1. *Le modèle est beauté « totale » (***8, 1-4***)*

Le monde intelligible est ontologiquement beau parce qu'il est *totalement* beau. La notion de totalité[1], déjà mentionnée dans le chapitre précédent (**7, 23-26** et **47**), est en effet étroitement liée à celle de beauté, comme on a pu le constater précédemment (*cf.* **3, 31-34** ; **4, 6-11** et **21-23**). Par opposition au monde sensible, dont certaines parties peuvent être laides et d'autres belles mais qui n'en est pas moins beau dans son ensemble, comme Plotin le souligne dans le

1. À propos de la notion de « totalité », on peut se reporter aux chapitres 13 et 14 du *Traité 38* (VI, 7).

Traité 47[1], le monde intelligible, lui, est beau de part en part. Il n'est soumis ni à l'altérité, ni à la séparation, comme le signifie l'adverbe « partout » (**8, 1**) qui, en un sens, abolit toute référence au lieu : l'identité des parties et du tout, comme celle des parties entre elles, est parfaite car elles sont toutes *également* belles (**8,2**) : nulle déficience (**7, 47** et **8, 2**), nulle infériorité ou supériorité des unes par rapport aux autres. Les parties – en d'autres termes les Formes, les Idées ou êtres intelligibles – sont en effet, Plotin le disait déjà dans le *Traité 1*, « la Beauté » (1 (I, 6), 9). En revanche, ce qui participe[2] à la Beauté, que ce soit à la Forme du Beau ou à la Forme en soi et, *a fortiori*, ce qui n'y participe en aucune manière (**8, 3-4**) – ainsi la matière – ne peut être dit "réellement", c'est-à-dire ontologiquement et absolument beau.

Les deux questions rhétoriques (**8, 2-3** et **4-5**) ont une visée conclusive mais aussi critique, et elles sont liées : nier la beauté du monde intelligible aurait pour conséquence, en effet, de nier l'existence même de la beauté, comme le laisse entendre la seconde question : « quoi d'autre peut l'être ? ».

2. *Le modèle est la beauté « en premier » (***8, 4-7***)*

Une réponse possible à cette question, voire une objection que Plotin se formule à lui-même, consisterait à rappeler qu'il existe une beauté antérieure à celle de l'Intellect, à savoir l'Un ou le Bien. Ne dit-il pas en effet dans d'autres traités comme, par exemple, le *Traité 1* ou le *Traité 38*, que l'Un ou le Bien est « le premier Beau »[3] ? Or ces définitions ne sont pas contradictoires avec l'affirmation du chapitre 8 : « De fait, ce qui est avant lui ne consent pas même à être beau » (**8, 5**). C'est que l'Un n'est Beauté qu'en un certain sens, selon un certain type de discours ou encore d'un certain "point de vue" (au sens littéral de l'expression) puisqu'il n'est en lui-même, à proprement parler, « rien »[4]. Telle était déjà, en effet, la thèse que soutenait Plotin dans le

1. Cf. *Traité 47* (III, 2), chap. 2, 1-2 et chap. 3.
2. Voir *Traité 1* (I, 6), 1, 12 ; 2, 14 ; 6, 32.
3. *Traité* 1 (I, 6), 9, 39-40 et *Traité 38* (VI, 7) 33, 22-23.
4. Voir le *Traité 9* (VI, 9).

Traité 1[1]. Dans le *Traité 38*, il précise que le Bien est « beauté sous un autre mode que la beauté : beauté au-dessus de la beauté » (*38* (VI, 7), 32, 27-35), « Beauté transcendante » et « sans forme » (*38* (VI, 7), 33, 23)[2]. Beau ou Beauté, l'Un ou le Bien l'est donc nécessairement, et cela pour deux raisons : parce que le *discours* le fait voir et le montre comme tel – Plotin y insiste particulièrement dans les chapitres 9 du *Traité 1* et 33 du *Traité 38* –, et parce que c'est toujours lui qui, *in fine*, constitue l'objet véritable et premier de l'amour (cf. *38*, 33, 22 *sq.*) S'il « ne consent pas » à l'être, comme le dit ici Plotin (**8, 5**), c'est parce que de toute façon, il ne consent à rien[3]. Il ne fait que se donner à voir et se présenter *comme* Beau[4].

Ce sont donc le monde intelligible et l'Intellect qui sont la Beauté en soi, « en premier ». Ils ne sont pas « *le* premier »[5], mais ils en sont la manifestation première et, logiquement, ce que nous contemplons « en premier ». La répétition de l'adverbe *prôtôs* (**8, 1** et **5**) est révélatrice, car elle souligne la priorité par nature de l'Intellect par rapport à l'âme et au monde sensible, priorité qui tient à sa proximité avec l'Un. La dialectique platonicienne (celle du *Banquet* et du *Phèdre*) est en effet très présente dans l'argumentation du chapitre 8. Ce vers quoi l'on est reconduit et que l'on contemple, lorsque l'on « admire » (**8, 11-12**) la beauté dans le monde sensible et que l'on en tombe amoureux (**8, 14-15**), c'est le modèle d'après lequel celui-ci a été produit : la Forme en

---

1. Cf. *Traité 1* (I, 6), 9, 37-43. En témoignent aussi les formulations implicites des chapitres 7 et 8 de ce même *Traité 1*.

2. Pierre Hadot, dans son commentaire du *Traité 38*, suggère ceci : « il est possible que Plotin tienne à définir le Bien comme Beauté transcendante afin de pouvoir interpréter la remontée du *Banquet* 210-212 vers le Beau comme une remontée vers le Bien. Le Bien du *Philèbe*<64e> et de la *République* <509 a 6> seraient ainsi identifiés avec le Beau du *Banquet* ».

3. Cf. *Traité 43* (VI, 2), 9, 12 et *Traité 39* (VI, 8), 13, 28-30, 32, 34, 37, 38, 53.

4. Plotin dit dans le *Traité 1* que le Beau est « placé devant » (*probeblèmenon*) le Bien ; dans le *Traité 32*, comparant le Bien à un « grand roi » qui apparaît à ses fidèles accompagné de son escorte, il s'exclame : « il faut qu'existe pour lui une « beauté inconcevable » qui s'avance devant lui (*pro autou*) » (cf. *32*, 3, 6-15)

5. Cf. *Traité 9* (VI, 9), 2, 28-29 : « En résumé, l'Un en soi est absolument le Premier, mais l'Intellect, les Formes et l'Étant ne sont pas premiers » (trad. P. Hadot, *Traité 9*, Paris, Éditions du Cerf, 1994).

soi, c'est-à-dire l'Intellect qui ne fait qu'un avec les Formes intelligibles (thèse commune aux *Traités 31* et *32*), ce qui est « forme et objet de contemplation pour l'Intellect » (**8, 6**) [1].

Or le signe qui permet de comprendre que l'on est alors en présence de la Beauté en soi est le plaisir éprouvé dans cette contemplation (**8, 7**), qui fait naître l'amour [2]. Seule la vision, en effet, cette vision intellectuelle et intérieure maintes fois décrite dans le traité, peut faire éprouver du plaisir – un plaisir, il faut le noter, plus grand et d'une autre nature qu'un simple *hèdonè* : Plotin utilise en effet l'adjectif *agaston* (**8, 7**), qui implique une joie faite de plénitude, pour le qualifier.

3. *Exégèse du* Timée *(***8, 7-23***)*

Plotin développe alors une argumentation qui vise à mieux expliquer la cause du plaisir que suscite la contemplation de l'Intellect. Il convoque à cette fin Platon, et plus précisément le passage du *Timée* (37 c-d) dans lequel ce dernier montre le Démiurge satisfait de son ouvrage. La phrase qui débute par « c'est bien pourquoi Platon [...] » (**8, 7**) produit un effet rétrospectif sur ce qui a précédé, qui apparaît du même coup comme une justification et une interprétation, par anticipation, du texte platonicien. Or l'exégèse du *Timée* s'inscrit nécessairement dans un cadre plus général, celui d'un conflit d'interprétation, dans la tradition philosophique grecque en général et dans la tradition platonicienne en particulier, qui porte sur la façon dont il faut comprendre la création du monde par le Démiurge, telle que Platon

1. Ce passage est à rapprocher des argumentations du chapitre 2 du *Traité 31* (en particulier les lignes 14 et 25).

2. On peut comparer ceci avec la description suivante dans le *Traité 38* : « C'est ce dont témoigne l'impression qu'éprouvent les amants. Tant que cette impression se trouve dans quelqu'un qui s'arrête à la forme (*tupos*) sensible, celui-là n'éprouve pas encore l'amour. Mais lorsque à partir de cette forme (*tupos*) sensible il produit, lui-même en lui-même, une forme (*tupos*) non sensible dans la partie indivisible de l'âme, alors l'amour prend naissance. » (*38* (VI, 7), 33, 23-25)

l'expose dans le *Timée*[1]. Plotin ne souscrit pas davantage que ses prédécesseurs à la thèse d'une "création" conçue sur le modèle d'une fabrication humaine, comme on l'a vu dans les chapitres précédents. La façon dont il utilise ici le texte de Platon et les termes qu'il emploie sont donc à analyser avec précision. Il a recours en effet à des précautions de langage qui lui permettent de marquer une distance avec une interprétation du *Timée* qui pourrait être qualifiée d'anthropomorphique, tout en faisant du Démiurge une "personne" qui éprouve des sentiments très humains de joie et de plaisir. Il insiste ainsi sur le fait que Platon vise avant tout la clarté et que son discours s'adresse « à nous » (**8, 8** et **19-20**), signifiant par là que le discours sur la création du monde dans le *Timée* est d'ordre didactique (« il veut nous montrer », **8, 9**), en d'autres termes que Platon a recours à un langage imagé, voire métaphorique, pour expliquer des réalités que nous aurions peine à saisir autrement. La comparaison avec l'ignorance propre aux amoureux, qui ne savent pas que la cause de leur sentiment est la beauté « de là-bas » (**8, 13-14**)[2], confirme la volonté de souligner la fonction pédagogique du discours platonicien.

Mais en procédant ainsi, Plotin poursuit un double but. En expliquant, au prix d'un détournement de l'objet initial du plaisir (le monde sensible dans le texte de référence du *Timée*, le monde intelligible selon Plotin), que la joie éprouvée par le Démiurge renvoie au modèle, il est en mesure d'inférer, de la beauté du modèle – Idée, Forme, Intellect – la beauté de l'objet produit, le monde sensible (**8, 7-11**), et il trouve chez Platon une confirmation supplémentaire de la validité de la thèse centrale du traité. Mais il peut aussi, par la même occasion, critiquer à nouveau explicitement les Gnostiques (« De là vient qu'ils ont tort [...], **8, 22-23**), leur mépris du monde sensible et leurs interprétations erronées de Platon.

---

1. Voir Dominic O'Meara, « Gnosticism and the Making of the World in Plotinus », art. cit., p. 365-368.

2. Cette ignorance des véritables raisons du sentiment amoureux est évoquée par Platon dans le *Phèdre* (250 a-b et 255 d); Plotin l'analyse dans la même perspective dans d'autres écrits, ainsi dans les premiers chapitres du *Traité 20* (I, 3) ou le chapitre 5 du *Traité 1* (I, 6).

Le plaisir éprouvé par le Démiurge est alors comparé au plaisir éprouvé par quiconque contemple un objet créé conformément à « autre chose » – un modèle intelligible ici – lorsqu'il lui est donné d'admirer le modèle en conformité avec lequel cet objet a été créé (**8, 11-13**).

DEUXIÈME SECTION
(9, 1-24)

MÉTHODE POUR PERCEVOIR LE MONDE INTELLIGIBLE

1. *Exercice spirituel : “dé-spatialisation” du monde sensible et invocation du dieu* (**9, 1-15**)

Après l’explication du texte de Platon, Plotin utilise un autre procédé pour conduire le lecteur, conformément au programme fixé au début du traité (*cf.* 1, 1-6), à la « contemplation de la beauté de l’Intellect et du monde de là-bas ». Il s’agit d’un exercice spirituel de « dé-spatialisation » du monde sensible dont le but est de faire entrevoir l’infini du monde intérieur (il faut en effet « voir à l’intérieur », comme le signifie très exactement le verbe *enorasthai*, **9, 6**), qui est celui de l’Intellect, « modèle » du monde sensible. Ceci implique que le monde sensible est en lui-même, inversement, une spatialisation des Formes du monde intelligible. En ayant recours à cette méthode, Plotin répond donc d’une autre façon (à la fois proche et différente de la description donnée dans les chapitres 3 et 4) à la question du *topos noètos*, qui est *la* question même du traité, comme le révèle la dernière phrase de celui-ci (*31*, 13, 24).

Cet exercice spirituel comporte plusieurs étapes. La première (**9, 1-10**) consiste à concevoir dans sa pensée (et par conséquent sans recours à la perception sensible) et « dans l’âme » (**9, 8**), c’est-à-dire dans la partie intelligible de l’âme, ce monde-ci, mais d’une façon entièrement différente de la façon dont l'appréhende habituellement. Il faut le concevoir à la fois « avec toutes ses parties » se distinguant les unes des autres (il a été en effet précisé, au chapitre 4 puis au chapitre 7, ligne 18, qu'il n'y a ni mélange ni confusion dans le monde intelligible, même s'il y a interpénétration) *et* comme une totalité unique (**9, 3**) de façon à ce que l'apparition d'une partie (la sphère extérieure, par exemple, c'est-à-dire le monde sub-céleste) entraîne aussitôt l'apparition et la vision de toutes les autres. Si ce lien intime entre les différentes parties du monde ne peut être perçu que par une opération mentale (*cf.* l'emploi du terme *phantasia*, **9, 5**) [1], c'est que dans le monde sensible, la perception ne peut jamais englober, dans une vue synoptique, l'ensemble des éléments qui le composent. Telle qu'elle est décrite, cette opération permet de comprendre le caractère unitaire du monde intelligible, où « tout est tout » en demeurant lui-même. La transparence (l'adjectif *diaphanès*, **9, 7**, avait déjà été utilisé en 4, 4) y est donc absolue, de même que la lumière : la représentation est lumineuse (**9, 8**) parce qu'il s'agit d'une vision intelligible qui possède par conséquent l'une des caractéristiques essentielles de l'Intellect, la luminosité. Dans le monde que l'on s'est ainsi représenté mentalement, toutes choses sont contenues ensemble – même celles qui, dans ce monde-ci, sont pourtant marquées par la différence ou l'opposition, comme celles qui ont pour propriété le mouvement, ou le repos, ou les deux (**9, 9-10**). C'est un monde dans lequel la contradiction n'existe pas et dans lequel les contraires coexistent sans conflit. La raison en est que la matière n'est pas la matière sensible, mais la matière intelligible.

De fait, le deuxième moment de cet exercice (**9, 10-14**) consiste à « supprimer la masse » (**9, 11**), c'est-à-dire, en un certain sens, la matière. C'est sur le principe de la correction d'image que repose cette seconde opération mentale. L'image déjà épurée du monde sensible doit être « conservée » (**9, 10**) pour être davantage encore épurée et former une seconde image qui ne conserve plus aucune des caractéristiques du monde sensible : ni les lieux ni la masse, tous deux liés à la

1. Il ne s'agit pas de la *phantasia* au sens où les Stoïciens entendent ce terme, mais d'une simple image mentale.

matière. On se souvient en effet qu'au chapitre 2, Plotin avait déjà dit de la beauté qu'elle « devient intérieure car, à travers les yeux, seule passe la forme » (2, 9-26). Or la matière constitue un obstacle qui, semble dire Plotin, est plus important encore que le lieu puisqu'elle est elle-même un objet de vision (*phantasma*, **9, 12**), et donc une image – chose ou objet représenté – dont il faut se déprendre. De fait, il met en garde contre l'erreur qui consisterait à se contenter de diminuer le "poids du monde" et à lui conserver une détermination sensible comme celle de la grandeur, quand c'est l'infini qu'il faut voir. On peut rapprocher cet argument de ce qui est dit de la mémoire dans le *Traité 27* [IV, 3] : celle-ci relève du *phantastikon* et l'objet sensible, perçu par exemple par la vision, est conservé plus ou moins longtemps avec ses caractéristiques sensibles dans la représentation. Plotin décrit donc ici une opération mentale qui est à la fois proche et différente de celle en quoi consiste la mémoire et il le fait pour critiquer les Gnostiques, qui ont tendance à se représenter tout de façon matérielle [1].

Vient alors le troisième moment, celui de la prière : « invoque le dieu qui a produit celle dont tu possèdes l'image et prie-le de venir » (**9, 13-14**). Le recours à la prière est fréquent chez Plotin dès lors qu'il s'agit d'appréhender des réalités qui ne peuvent l'être ni par les sens, ni même par la pensée. Déjà, dans la *Vie de Plotin* (10, 35 *sq.*), Porphyre rapporte que Plotin disait : « C'est aux dieux de venir à moi, non à moi d'aller à eux ». Dans le *Traité 10* [V, 1], il refuse d'utiliser le « discours sonore » pour comprendre la relation entre l'Un et l'Intellect : « Comment voir ? Comment se fait-il que l'Un ne soit pas resté en lui-même et que se soit écoulée de lui une si grande multiplicité, qui est vue dans les êtres, et comment estimons-nous qu'il faut ramener cette multiplicité à lui ? Qu'on le dise de cette façon : en invoquant le dieu lui-même non pas grâce au discours sonore, mais avec une âme tendue vers la prière que nous lui adressons » [2]. L'âme doit être en effet tout entière concentrée vers l'Un et sa première

1. Cf. *Traité 33*, chap. 6.
2. *10*, 6, 8-12.

« image » (*agalma*), c'est-à-dire l'Intellect. Il en va de même ici dans le *Traité 31*, et la suite du chapitre 10 est une réponse à la prière formulée à l'aide de l'optatif de souhait *hèkoi* (**9, 15**) : c'est une prière performative.

2. *Évocation du monde intelligible : puissance une et multiple, totale et infinie* (**9, 15-36**)

L'Intellect apparaît en effet, de même que dans le *Traité 10*, dans sa complexité d'*Un multiple* : « puisse-t-il venir en apportant le monde qui lui est propre avec tous les dieux qui sont en lui : lui est à la fois un et tous, et chacun est tous réunis en un [...] » (**9, 15-17**). Le « monde » est le monde intelligible et les dieux les êtres intelligibles déjà évoqués dans les chapitres précédents. La définition de l'Intellect comme « un et tous » (**9, 16** et **18**) correspond à la deuxième hypothèse du *Parménide*, selon une interprétation bien attestée chez Plotin et dans la tradition platonicienne. Cette interprétation est ici développée dans un exposé doctrinal dont les effets rhétoriques ne sont cependant pas absents. Il s'agit en effet de souligner ce paradoxe apparent : les êtres intelligibles « sont ensemble et chacun est aussi à part dans une position sans distance » (**9, 19-20**). L'expression grecque est ici difficile à traduire en français, puisque l'association de l'adjectif *adiastatoi* (« sans distance ») au substantif *stasis* (« position ») relève d'une figure étymologique doublée d'un oxymore et produit un effet d'allitération. Dans sa lettre même, le discours met ainsi en évidence le caractère spécifique de cette réalité double, pourrait-on dire, qu'est l'Intellect dont on comprend que c'est en raison de sa nature même, celle d'une totalité multiple, qu'il « n'est pas déficient » (**9, 17-18**), à condition toutefois (**9, 19**), d'admettre que « tous ceux-ci [c'est-à-dire les êtres intelligibles] sont produits »[1].

La position séparée (**8, 20**) mais « sans distance » qu'occupent les êtres intelligibles les uns par rapport aux autres implique par

1. Cette précision renvoie à la condition même de l'interprétation de la deuxième hypothèse du *Parménide* : les êtres intelligibles sont tous sans exception dans l'Intellect, comme le démontrera le *Traité 32*.

conséquent que la notion même de « lieu » n'a aucune pertinence si toutefois on l'envisage sur le modèle du lieu sensible. L'expression utilisée en **9, 20** est à cet égard révélatrice : ces êtres sont par essence des « formes » (*eidè*) et ne possèdent donc pas les contours et les déterminations sensibles des êtres de ce monde-ci. C'est pourquoi ils ne sont pas chacun dans un lieu déterminé (**9, 21-22**) et circonscrit par leurs contours.

De fait, la notion de « parties » n'est pas plus pertinente que celle de « figure » : « chacun ne possède pas non plus des parties différentes par rapport aux autres ou à lui-même, et chaque <partie> n'est pas non plus comme une puissance divisée et dont la grandeur est proportionnelle à la mesure des parties. » (**9, 22-24**). Plus précisément, cette notion n'a aucun rapport avec celle de « partie » dans le monde sensible, puisque « ce dieu est si grand que même ses parties sont infinies » (**9, 26-27**) : c'est un raisonnement par l'absurde qu'utilise ici Plotin. En effet, dans l'intelligible, ce sont les notions d'« identité », de « totalité » et d'« unité » qui priment. Par conséquent, l'idée même que l'on puisse parler de « grandeur » à propos de l'intelligible n'a aucun sens, puisque la grandeur implique une détermination alors que c'est par la « non-grandeur » que le lieu intelligible peut être défini, ou encore par une « grandeur » telle qu'elle se trouve en elle-même aussitôt annihilée : « Quel lieu, en effet, peut-on en quelque façon nommer où il ne parvienne pas ? » (**9, 27-28**). Il s'agit d'une « grandeur que l'on ne saurait dire » (**9, 30**), comme le précise Plotin dans une formulation hyperbolique. L'Intellect est donc une totalité infinie, qui va au-delà de ce que l'on peut imaginer. C'est pourquoi seule la notion de « puissance » permet de se la représenter et de la comprendre.

On retrouve ici des thèses développées dans d'autres traités, à propos des sens différents que recouvre la notion de « puissance » selon qu'elle est appliquée à des réalités sensibles ou intelligibles. Les puissances sensibles ont en effet le corps comme point d'appui (cf. *Traité 26* [III, 6], 4 et *Traité 27* [IV, 3], 23), de même qu'ici en **9, 30-31**, le ciel que nous connaissons a « une puissance petite, propre au corps ». C'est donc parce que l'on ignore ce qu'est « la puissance véritable » que l'on imagine à tort que les puissances sensibles comme celles « du feu et des autres corps » sont grandes (**9, 31-32**). Cette conception est erronée non pas en ce qu'elle attribue à celles-ci une capacité importante, qui est incontestable, mais en ce qu'elle ne tient pas compte de la nature même de ces puissances-ci, qui sont tout autant soumises à la corruption et au devenir que les objets ou les êtres sur lesquels elles exercent leur puissance : « elles détruisent parce qu'elles-mêmes sont détruites, et contribuent à la naissance parce qu'elles-mêmes aussi naissent » (**9, 35-36**). La puissance de l'être est en revanche indivisible et infinie[1]. Dans le *Traité 22* [VI, 4], Plotin compare celle-ci à celle de l'âme, qui n'a pas de volume et peut s'étendre à plusieurs objets sans se diviser[2]. Ainsi, « chaque être qui est là-bas est multiple grâce à sa puissance infinie » et « être infini » signifie « être une vie totale »[3]. Il peut être intéressant à cet égard de rapprocher la conception exposée ici par Plotin de la conception stoïcienne de Dieu telle qu'on la trouve par exemple chez Zénon qui définit « Dieu » comme le « Père de toutes choses, à la fois de façon générale et dans la partie de lui-même qui pénètre à travers toutes choses et qui reçoit des appellations multiples selon les puissances qu'il (y) déploie. »[4]

3. *Puissance totale et identité parfaite de la beauté et de l'être (***9, 36-47***)*

Cette puissance a ceci de particulier qu'à la différence des autres, elle n'est pas soumise à la corruption ni au devenir. En revanche, « elle possède seulement l'être et seulement l'être-beau » (**9, 36-37**). Plotin énonce alors ici la thèse fondamentale du traité, vers laquelle tend toute la démonstration et tous les développements que celle-ci contient : l'identité de l'être et de la beauté (**9, 37-40**). Il pense cette identité en

1. Cf. *Traité 45* [III, 7], 5 et 6. Sur la question de la puissance, voir l'étude de G. Aubry, *Dieu sans la puissance,* Dunamis *et* Energeia *chez Aristote et Plotin*, Paris, Vrin, 2007.

2. Cf. *Traité 22* [VI, 4], 6.

3. Cf. *Traité 45* [III, 7], 5, 23 *sq.* et 29-30. Voir aussi la définition de ce que signifie « toujours », *ibid.*, 6, 21 *sq.*

4. Diogène Laërce, *Vies et doctrines des philosophes illustres*, livre VII, § 147, trad. R. Goulet, Paris, Le Livre de Poche, 1999, p. 876. On peut aussi se reporter à saint Augustin, *Confessions*, XIII, 11, 12.

procédant à un raisonnement par l'absurde : il n'est pas d'être sans beauté, et inversement. C'est ici qu'est le plus fortement affirmé le statut ontologique du Beau. Plotin va plus loin que Platon qui, dans le *Phèdre* (250 d), considérait la Beauté comme *l'une* des Formes, même si elle est la plus saillante, la plus visible et, peut-être, celle qui prédomine sur toutes les autres. Plotin, lui, la définit comme *la* Forme, en raison de son caractère universel : en effet, *tous* les êtres intelligibles sont nécessairement beaux. C'est donc que la Beauté est l'essence intelligible en elle-même. Voilà pourquoi la privation de beauté équivaut à la privation d'être, et inversement (**9, 38-39**). Ainsi s'explique aussi, du même coup, l'amour infini (**9, 40-41**) que l'on peut éprouver pour l'Intellect et, au-delà, pour le Bien ou l'Un : ils sont la Beauté même, en un sens différent, cependant, pour chacun. Pour ce qui concerne l'Intellect, il constitue « une seule et même nature » (**9, 42**) avec la Beauté.

Tel n'est pas le cas dans le monde sensible : l'essence trompeuse « emprunte » (*cf.* **9, 43**) la beauté pour « paraître » belle. Or, puisque le beau et l'être (véritable) constituent une seule et même nature, plus on est beau, plus on « est », et inversement. En se référant ici à la théorie platonicienne de la participation (**9, 45**), Plotin revient à des conceptions que l'on pourrait qualifier de plus « traditionnelles », qu'il développait par exemple déjà au chapitre 2 du *Traité 1*. C'est en effet la théorie de la participation qui peut expliquer l'existence de différentes sortes de beautés, de beautés plus ou moins « grandes ». Mais l'éloignement par rapport à Platon, sur ce point décisif, demeure. Platon dirait que plus on participe à la *Forme du Beau*, plus on est beau, quand Plotin soutiendrait que plus on participe à *la Forme*, plus on est beau.

SIXIÈME PARTIE
(10, 1 – 11, 39)

VISION DU MONDE INTELLIGIBLE ET DE L'INTELLECT

Aperçu général

Les chapitres 10 et 11 sont consacrés à la vision du monde intelligible et de l'Intellect, c'est-à-dire à la vision de la Beauté en soi. Même si les descriptions précédentes, au chapitre 4 puis au chapitre 8, portaient sur un sujet identique, celle-ci s'en distingue par le fait que Plotin fait porter l'accent plus spécifiquement sur la notion même de « vision », sur son sens dès lors qu'il s'agit de la vision « intelligible » du Beau, et précise davantage la façon dont on doit comprendre le statut de la Beauté dans le monde intelligible et par rapport à l'Intellect.

Il s'appuie tout d'abord, au chapitre 10, sur une exégèse du mythe de la procession des dieux et des âmes dans le Phèdre *(246 e) pour décrire à nouveau le « lieu intelligible ». Zeus est à la tête de ce cortège des « voyants », de ceux qui ont la « capacité de voir » (10, 1-22). Ceux-ci voient, comme dans le* Phèdre, *les Formes intelligibles, mais ils voient surtout la Beauté qui « court sur toutes choses ». Ils la voient « en dernier » et se voient eux-mêmes, c'est-à-dire se voient comme âmes totalement purifiées, dont la « nature est d'être là-bas ». Zeus et les « voyants » contemplent donc la Beauté illuminant l'ensemble du monde intelligible et cette vision a pour effet de les rendre à ce point semblables au "lieu" dans lequel ils se trouvent (qui n'est à proprement parler même plus un « lieu » spatialement défini) qu'ils n'ont plus conscience de voir.*

Voyant la Beauté, ils deviennent eux-mêmes Beauté (10, 22-35). Leur vision est en effet intérieure et c'est à l'intérieur d'eux-mêmes qu'ils contemplent eux-mêmes et le monde intelligible, avec lequel ils ne font plus qu'un (10, 35-43).

C'est l'occasion pour Plotin d'expliciter davantage en quoi consiste cette vision intérieure, vision du Beau, si singulière. Il montre ainsi que cette vision peut se dédoubler : elle est tantôt consciente à la fois d'elle-même et de l'objet vu, tantôt inconsciente des deux (11, 1-19). Voyant le Beau, on devient alors le Beau et l'on est ainsi totalement « dans » le Beau (11, 19-22). Cette double vision correspond en réalité à deux états distincts de l'âme : un état de conscience d'une part, où le sujet qui voit comme celui qui pense est divisé, et un état d'inconscience d'autre part, incompatible avec le dédoublement propre à la pensée, dans lequel l'âme n'a plus conscience ni d'elle-même en tant qu'âme ni, a fortiori, *de sa beauté ou même de la Beauté : l'unité est totale (11, 23-40).*

PREMIÈRE SECTION
(10, 1-43)

EXÉGÈSE DU *PHÈDRE* : ZEUS ET LE CORTÈGE DES VOYANTS

1 *La capacité à voir (***10, 1-22***)*

La Beauté apparaît depuis le lieu supra-céleste comme objet de contemplation pour les dieux et les âmes, ainsi que le suggère le commentaire paraphrastique et exégétique du *Phèdre* qui occupe la majeure partie du chapitre 10.

Le passage auquel Plotin se réfère ici est assez large (246 d – 253 c), c'est donc l'ensemble du texte ainsi délimité qu'il a à l'esprit dans son commentaire. Les références sont en effet tantôt précises, tantôt diffuses ; certains thèmes, certaines notions y sont davantage accentués que d'autres, mais se trouvent aussi associés à des thèses platoniciennes empruntées à d'autres dialogues (le *Parménide*, la *République* et le *Banquet*) ou rattachés à des points de doctrine spécifiquement plotiniens. Toutes ces références sont insérées dans le commentaire et agencées entre elles dans la double perspective de l'argumentation anti-gnostique d'une part, de la thèse de l'identité entre Beauté et Intellect d'autre part, qui est la thèse principale du traité.

Les références précises sont situées au début du chapitre, où Plotin reprend l'allégorie de la procession des âmes faisant cortège à Zeus (c'est-à-dire l'Âme divine, comme on le verra dans les chapitres 12 et 13) pour contempler le monde intelligible. Le verbe « conduire » (cf. *hègeitai*, **10, 2**) renvoie au substantif *hègemôn* (« guide ») qui désigne le statut de Zeus dans le *Phèdre* (246e4), tandis que le syntagme *prôtos poreuetai* (« il s'avance le premier », **10, 2**) est une citation textuelle de la ligne suivante (*Phèdre*, 246e5). L'image du cortège est réactivée par la reprise du verbe *hepontai* (*Phèdre*, 246e6 et 247a7) en **10, 3** (« à sa suite vont [...] ») – cortège dont font partie, comme chez Platon, « les autres dieux et les démons » (**10, 3-4**) mais aussi les âmes : ce sont les « autres âmes » mentionnées plus loin dans le *Phèdre* en 248 a 1, c'est-à-dire « celles qui *sont capables* de regarder cela » (**10,4**), le verbe *dunantai* faisant écho au participe *dunamenoi* (*Phèdre*, 247a7).

L'image du cortège de Zeus circule d'un traité à l'autre, puisqu'on la retrouve dans le *Traité 32*, à travers celle de l'escorte du Grand Roi, développée au chapitre 3 de ce traité. Mais, comme dans le *Traité 32*, les notions sur lesquelles Plotin insiste particulièrement sont celles de la vision et de la contemplation (*thea*, **10, 3**) qui sont dans un premier temps (**10, 6-12**) associées à celle de la lumière. C'est la lumière de l'Intellect, qui brille sur toutes choses et remplit tout de lumière (*cf.* **10, 6-8** et **12**). L'idée selon laquelle l'Intellect est *la* lumière est récurrente chez Plotin et elle constitue même l'une des thèses principales de sa conception de l'Intellect. Mais on ne peut oublier ici que la lumière est, dans le *Phèdre*, associée à la Beauté (250b-d), qui « resplendit parmi les réalités » (250d1). C'est donc sur cette définition du *Phèdre* que Plotin fait fonds pour établir de nouveau l'identité de la Beauté et de l'Intellect, à laquelle concluait l'argumentation du chapitre précédent (9, 37 *sq.*).

C'est ensuite la capacité de voir – autre thème important dans ce même passage du *Phèdre* – sur laquelle Plotin cherche à attirer l'attention du lecteur (**10, 4-11**). L'Intellect apparaît en effet à Zeus et à son cortège depuis un « certain lieu invisible » (**10, 5**) qui, certes, renvoie au « lieu supra céleste » du *Phèdre* (247c3) mais s'en distingue également par le qualificatif même que Plotin lui attribue. La difficulté à voir, déjà soulignée dans le dialogue, se trouve ici accentuée par le fait qu'il s'agit de voir ce que l'on ne *peut pas* voir. Plotin a conscience du caractère paradoxal d'une telle vision et c'est pourquoi il a recours, à travers une lecture conjointe de dialogues platoniciens qu'il considère comme complémentaires, à des références empruntées à la *République*, en particulier à l'allégorie de la caverne. Les effets de cette vision sur celui qui cherche à l'atteindre (la « stupeur » qui les frappe, le fait qu'ils « se détournent » de cette vision) sont ainsi comparés à ceux du soleil (**10, 6-8**). Or on se souvient qu'au livre VI de la *République*, Platon établit une analogie de la lumière et de la vue avec le soleil (VI, 508 b – 509 a) et qu'au livre VII, les yeux des prisonniers de la caverne sont éblouis à la lumière du soleil et se trouvent dans l'incapacité de voir « aucun des objets véritables » (VII, 516 a), le terme « véritable » renvoyant à la définition de l'Intellect dans le dialogue. La même référence était présente au chapitre 9 du *Traité 1* (1, 9, 25-32).

Enfin, l'emploi des temps verbaux est en lui-même révélateur de la façon dont Plotin conçoit cette vision : les valeurs aspectuelles respectives, dans la langue grecque, de l'aoriste, dont l'emploi souligne le caractère ponctuel d'une action, et du présent, qui en indique la durée indéfinie, confèrent à cette vision sa double spécificité. Le caractère soudain de l'illumination produite par la présence de l'Intellect (**10, 6**), la brutalité de ses effets sur ceux qui tâchent de voir ou qui, au contraire, se détournent de cette lumière trop forte pour leurs yeux (**10, 7**), ou encore l'instantanéité de la vision obtenue par ceux qui, à l'inverse, en supportent l'éclat en fixant leurs regards (**10, 13**) et sont aussitôt « remplis du spectacle de la tempérance » (**10, 13-14**) : toutes ces actions sont exprimées à l'aoriste. En revanche, le présent est utilisé pour mettre en évidence le caractère durable de l'effort consenti (**10, 8**) et la permanence, dans un temps indéfini, du spectacle contemplé (**10, 9-12**) mais aussi celle du trouble dans lequel sont plongés ceux qui sont incapables d'en soutenir l'intensité (**10, 11**). Il s'agit donc d'une vision à la fois soudaine, dont l'évidence s'impose à certains quand elle est insupportable pour d'autres, mais en même temps d'une vision située hors du temps du devenir, dans l'éternité d'un présent infini qui est celui-là même de l'Intellect.

Cette vision n'est cependant pas uniforme, même pour ceux qui sont « capables de voir ». Tous, en effet, ne voient pas la même chose (**10, 11-12**) : certains voient la Justice, d'autres la Tempérance. Il s'agit bien sûr des Formes intelligibles mais il faut souligner qu'à ce stade, la vision n'est pas encore parfaite ni absolue. Or, si elle est partielle, c'est parce que l'on n'a pas encore atteint l'étape supérieure, où celui qui voit et ce qui est vu ne forment qu'une seule nature, un seul être. Ce moment est donc encore celui de la distinction, qui est davantage le fait du *logos* ou de la *dianoia*. Et, si Plotin éprouve le besoin de préciser que la Tempérance n'est pas celle que les hommes peuvent posséder dans ce monde-ci (celle-ci n'en est qu'une imitation, souligne-t-il en se conformant strictement à la doctrine platonicienne, **10, 15**), c'est aussi pour mieux montrer que cette vision est inférieure à la vision véritable – celle de la Beauté – qui va être décrite ensuite. Il se réfère toujours au *Phèdre* en mentionnant les mêmes Formes que celles que mentionne Socrate dans le *Phèdre* (250b) : Justice, Tempérance (on se souvient cependant qu'auparavant, au chapitre 4, il avait repris et ajouté celle de la Science en soi). Mais il semble aussi interpréter les distinctions du *Phèdre* comme le signe d'un progrès spirituel qui n'a pas encore atteint son but ultime.

Or ce but ultime est précisément la vision de la Beauté, à laquelle il fait allusion de façon énigmatique en **10, 16** : elle est « celle qui court sur toutes choses autour de ce qui est comme son étendue, est vue en dernier par ceux qui ont déjà vu bien des spectacles lumineux » (**10, 16-18**). Placée « en dernier » (**10, 17** et **23**) et courant « sur toutes choses », elle n'a pas de forme assignée et, en sens, elle est entièrement assimilable à l'« essence sans forme » qu'est l'Intellect, selon la définition qui en est donnée dans le *Traité 38* (*38*, 33, 6) que l'on peut rapprocher, par bien des aspects, du *Traité 31*. Elle court d'ailleurs « autour de ce qui est comme son étendue ». Le pronom *autou*, employé avec la fonction de possessif, renvoie au monde intelligible ou à l'Intellect et l'adverbe souligne précisément ce que l'application d'une détermination (sensible) telle que la « grandeur » ou l'« étendue » peut avoir d'inadéquat, dès lors que l'on parle du « sans forme ». De même, la « course » suggère l'immensité de cette « étendue ».

Ce monde intelligible parcouru par la Beauté est l'un-multiple dont il a été question précédemment (*cf.* **10, 17-18**). Mais la description révèle un fait nouveau : y sont intégrées les âmes qui « voient toutes choses là-bas et proviennent de toutes ces choses » et « contiennent <donc> toutes choses depuis le début jusqu'à la fin » (**10, 18-20**). Il n'était pas fait mention des âmes jusqu'à présent, si ce n'est dans les premiers chapitres du traité (chapitres 2 et 3). C'est sans doute le texte de référence, le passage du *Phèdre* cité auparavant, qui explique qu'il en soit fait mention à présent. Mais il n'est pas anodin que ceci intervienne à un moment du traité où il est davantage question de la Beauté, et de la vision, que de l'Intellect. La Beauté, en effet, est avant tout perçue par l'âme, et il en va ainsi dans le sensible comme dans l'intelligible.

C'est l'occasion pour Plotin de préciser un point de doctrine important pour l'argumentation qu'il élabore ici. L'âme est selon lui constituée, en effet, d'une « essence indivisible » et d'une « essence divisible » (cf. *Traité 4* IV, 2, 12-13) et une partie d'elle-même reste éternellement dans l'intelligible (cf. *Traité 6* IV, 8, 8, 1-7). Cette doctrine s'appuie certes sur une exégèse du *Timée* (34c-35a) mais elle rejoint aussi une raison plus profonde, celle de la préexistence des hypostases. Or c'est cette conception qui sous-tend l'*excursus* concernant les âmes : « les âmes qui voient toutes choses là-bas et proviennent de toutes ces choses en sorte qu'elles contiennent elles aussi toutes choses depuis le début jusqu'à la fin. Et elles sont là-bas pour la partie d'entre elles dont la nature est d'être là-bas, et bien souvent, elles y sont même dans leur totalité, quand elles ne sont pas divisées » (**10, 18-22**).

Ce qui pourrait apparaître comme une parenthèse explicative est en réalité déterminant dans la logique argumentative de Plotin : c'est en effet grâce à la concentration de l'âme et à la vision *intérieure* qu'elle suscite en se rapprochant tout entière de l'Intellect que peut avoir lieu cette union que l'on pourrait qualifier de “mystique” avec l'Intellect, qui réunit dans un même élan amoureux (*cf.* **10, 23**) l'Âme universelle (Zeus) et l'âme individuelle (« l'un d'entre nous »). Cet amour commun, qui fait de celui qui voit et qui, par conséquent, aime, un « participant à la beauté » (**10, 24-25**) a pour effet de le transformer et plus précisément, comme il sera démontré au chapitre 11, de le rassembler en une unité puisqu'il ne fait plus qu'un avec l'objet de sa vision.

2. *Beauté et splendeur totales :*
voir la Beauté, c'est devenir beau (**10, 22-35**)

En effet, voir la Beauté, c'est non seulement devenir beau soi-même (*cf.* **10, 25**), mais devenir *le* Beau. Cette thèse, déjà développée longuement dans les chapitres 7 à 9 du *Traité 1*, est ici défendue à travers la belle image des hommes qui, cheminant sur les collines escarpées au sol couleur d'ocre se teignent de la couleur de la terre sur laquelle ils marchent (**10, 26-29**). A.H. Armstrong suggère, dans une note explicative de sa traduction, que Plotin l'Alexandrin songe sans doute ici aux hommes qui montent au désert s'étendant de chaque côté de la vallée du Nil. On peut aussi penser que cette image ravive celle de la « terre » intelligible qui n'est pas « étrangère » au sol sur lequel se tiennent les êtres intelligibles ou les dieux (*cf.* chapitre 4), et souligner que la mention de la couleur ocre n'est pas sans rappeler la luminosité du monde intelligible. Mais ce que Plotin veut aussi faire comprendre à travers cette image, c'est que la Beauté n'est pas seulement « au-dessus » ou « à la surface » de ce monde-là, comme la préposition *epi* (**10, 16** et **24**) et les participes le suggèrent (**10, 29** et **31**). Elle est constitutive de la totalité de ce monde-là, elle est au-dessous comme au-dessus, elle unifie cette réalité-là.

L'être (ou l'âme) qui n'a pas une vision partielle, mais totale (**10, 32**) de cette réalité est donc envahi par sa beauté, au point de s'enivrer de nourriture divine. Plotin retrouve ici des thèmes communs au *Banquet* (203b3) et au *Phèdre* (247e) : l'ivresse provoquée par le nectar fait penser à celle de Poros dans le *Banquet*, dont le *Traité 50* (III, 5) propose une exégèse révélatrice de la façon dont Plotin conçoit la vision intelligible[1]. Celle-ci a pour caractéristique principale, en effet, d'abolir toute extériorité, toute distance entre ce qui voit et ce qui est vu et d'ôter tout son sens au statut même de « spectateur » ou à la notion même de « spectacle », qui en avait pourtant encore un lors des étapes précédentes (*cf.* **10, 17-18**) : « ceux qui, à travers tout leur être, sont comme enivrés et remplis de ce nectar, puisque la beauté s'étend à

1. Cf. *Traité 50*, chap. 9.

travers l'âme tout entière, ceux-là ne sont plus seulement des spectateurs » (**10, 33-35**).

De fait, les lignes 35 et suivantes constituent un tournant dans le discours de Plotin. Celui-ci tend désormais à devenir de façon de plus en plus évidente une vision « en acte » du monde intelligible et l'exercice spirituel a considérablement progressé, non seulement depuis le début du traité, mais même depuis le chapitre 8. Certes, nous ne sommes pas encore parvenus à la révélation provoquée par l'interprétation de la généalogie hésiodique des dieux des chapitres 12 et 13, mais on peut considérer que la fin du chapitre 10 et le chapitre 11 dans sa totalité sont les derniers exercices préparatoires à cette révélation ultime.

3. *La vision est intérieure (***10, 35-43***)*

Dans les dernières lignes du chapitre 10, Plotin cherche à montrer que cette vision intérieure est en réalité union de soi avec soi. C'est la vision « perçante » [1] de l'âme qui ne fait qu'une avec elle-même : il faut, dit-il « transporter » cet objet que l'on voit « en soi-même » et « le regarder comme un et le regarder comme son propre soi » (**10, 40-41**). Mais on note que la référence au *Phèdre* est toujours présente, ce qui confère à ces injonctions à visée pédagogique un caractère exégétique. La comparaison avec l'« enthousiasme », au sens propre du terme (*cf.* **10, 41**), renvoie en effet implicitement aux différentes formes de délire définies par Socrate (*Phèdre*, 244b – 245b). À travers l'adjectif *phoiboleptos* et l'allusion aux Muses (**10, 41-42**), c'est à la folie suscitée par Apollon à Delphes comme au délire poétique provoqué par les Muses que l'on se trouve reconduit. Mais la phrase par laquelle se conclut le chapitre (comme si l'on produisait « en soi-même la vision de ce dieu, si l'on avait le pouvoir de regarder en [soi-même] le dieu », **10, 42-43**) doit aussi être mise en relation avec l'invocation du dieu prononcée au chapitre 9 (9, 15), ce qui donne tout son sens à la démonstration de Plotin.

1. On retrouve ici l'allusion à Lyncée.

Ce chapitre 10 permet de mesurer la distance de Plotin à Platon. Dans le *Phèdre* en effet, le mythe de la procession des âmes et des dieux est destiné à expliquer comment, dans une vie antérieure, nous avons contemplé la Beauté, de sorte que la beauté d'un visage humain nous conduit à nous en ressouvenir. Et ce mythe est mis en relation avec la destinée des âmes. Chez Plotin en revanche, la vision de la beauté sensible et l'expérience de l'amour humain, dans ce traité du moins, jouent peu de rôle. Et surtout, tout se passe dedans, à l'intérieur de nous-mêmes, dans une relation intra-subjective et non pas inter-subjective. Le « lieu intelligible », objet de la contemplation, c'est nous-mêmes (*cf.* **10, 40**). Il s'agit d'une intériorisation vécue – un exercice spirituel, comme va le souligner le chapitre 11, et non plus une analogie, comme c'était encore le cas au chapitre 2. Il ne s'agit pas – ou plus – de voir la beauté, mais de *devenir* la beauté. Le mythe platonicien de la contemplation du lieu supra céleste sert donc à formuler une expérience mystique, qui consiste à « se voir soi-même ».

DEUXIÈME SECTION
(11, 1-40)

LA VISION INTELLIGIBLE

1. *Une vision intérieure, tantôt consciente, tantôt inconsciente (***11, 1-19***)*

C'est cette « vision de soi », en tant qu'elle est vision du « lieu intelligible », qui fait l'objet du chapitre 11. La principale caractéristique de ce type de vision est que celle-ci ne peut être continue, et n'est atteinte que par intermittences. Plotin, dans un premier temps, la décrit (**11, 1-13**) puis indique la méthode qui permet de l'obtenir (**11, 13-19**).

Il décrit ainsi l'alternance entre des états de conscience et des états d'inconscience. Les premiers correspondent à des états de dédoublement (*cf.* **11, 6**), où l'on a conscience à la fois de l'objet de cette vision (c'est-à-dire soi-même) et du fait d'être soi-même le sujet qui voit : « Mais si l'un d'entre nous, encore incapable de se voir lui-même, se trouve saisi par ce dieu-là et projette l'objet de sa contemplation afin de voir, c'est lui-même qu'il projette et c'est sa propre image, embellie, qu'il regarde » (**11, 1-3**). Cette opération de vision n'est cependant pas comparable à celle de la vision sensible, car elle est vision consciente d'elle-même, c'est-à-dire que l'on a conscience de voir. Ou bien, si on veut établir une comparaison, ce peut être avec ces moments où, dans le sensible, il arrive que l'on se voie soi-même, comme c'est le cas lorsque l'on se regarde dans un miroir ou que, tel Narcisse, on contemple son propre reflet à la surface de l'eau. De fait, le mythe de Narcisse est présent ici indirectement à travers l'emploi de l'expression de « l'image embellie » (**11, 3**) puisque l'on sait qu'il fut frappé par la beauté du visage qu'il voyait réfléchi, dont il ignorait que c'était le sien. La différence, cependant, entre le mythe et son interprétation ou son usage par Plotin réside dans le fait que l 'image « portée sur l'eau » n'est qu'un reflet trompeur, comme on le constate dans l'allusion similaire du *Traité 1*. En effet, si cette image est « embellie », c'est parce que l'objet de vision est ici, dans ce chapitre du *Traité 31* et au moment où a lieu cet exercice spirituel, un objet précisément non sensible : il s'agit de soi, c'est-à-dire de l'âme dans sa partie intelligible. On note ici un rappel de la fin du chapitre 2 : « si tu t'es vu toi-même comme beau, souviens-toi ».

Si l'état de conscience implique une différenciation et une extériorisation de soi, celui d'inconscience, quant à lui, est celui où objet et sujet ne sont plus ni distincts ni distingués : c'est l'union totale de soi avec soi et il s'agit du plus haut degré de contemplation. « Puis il abandonne cette image, qui est pourtant belle, et vient constituer une unité avec lui-même et, comme il n'a plus opéré de scission, il est alors ensemble un et tout avec ce dieu-là présent en silence, et il est avec lui autant qu'il le peut et le veut » (**11, 4-7**). Celui qui s'est vu lui-même à l'extérieur réunit donc ce qu'il avait séparé et se concentre en lui-même sur lui-même. La tension et la concentration de l'âme sont extrêmes, comme on peut le constater en observant de près l'écriture de Plotin. Cette longue phrase est en effet constituée d'une assertion centrale, exprimée au présent, « il est alors ensemble un et tout avec ce dieu-là » : on retrouve ici l'expression figée *homou panta*, utilisée précédemment et associée sans coordination avec l'autre attribut. Cette assertion est précédée d'une succession de participes aoristes dont le contraste avec l'emploi du présent est révélateur – comme l'est aussi le syntagme qui suit, décrivant la présence silencieuse du dieu. Le rythme soutenu des participes aoristes ralentit avec la pause constituée par les deux syntagmes au présent.

Le mouvement décrit ici est le fait non pas seulement de la partie intelligible de l'âme, mais de l'âme *totale* ramassée en elle-même, qui se fait tout entière Intellect. Le « dieu » est en effet toujours l'Intellect, celui que l'on a prié de venir au chapitre 9. Ce n'est pas – ou pas encore – l'Un. Il faut comparer ce passage avec le premier chapitre du *Traité* 6 dans lequel Plotin décrit précisément l'expérience d'union avec l'Intellect. On retrouve aussi, en **11, 6**, le terme *apsophèti* : il s'agit d'une contemplation silencieuse puisque l'on n'est plus au niveau de la *dianoia*, et donc du discours.

La description suit de près les différents moments de l'expérience de contemplation. On revient en effet, à la ligne 7, à l'état de conscience puisque de l'unité (**11, 4**) on retourne à la dualité (**11, 7**). Ce retour à la dualité a été préparé dès la fin de la phrase précédente, où il est fait allusion à la difficulté de maintenir de façon durable l'état d'union contemplative totale : « il est avec lui autant qu'il le peut et le veut ». On note cependant une différence sensible par rapport à l'état de vision consciente décrit au début du chapitre. Un progrès a été fait, qui correspond à la progression même de l'exercice spirituel – et c'est pourquoi Plotin parle ensuite du « gain » ainsi obtenu (**11, 9**) : « Mais s'il se retourne pour être deux, tout en demeurant pur il se place juste après lui, de façon à lui être présent de cette façon-là à nouveau, s'il se tourne à nouveau vers lui. » On pourrait résumer cette troisième phase de la manière suivante : une fois que l'on a « vu » de cette façon, on veut voir à nouveau. La vision engendre le désir de la vision et sans doute la conscience est-elle aussi conscience du manque. C'est en effet en ces termes que Plotin expose ce que « gagne » celui qui « se retourne » : « Et lorsqu'il effectue ce retour, voici ce qu'il gagne : au début il se perçoit lui-même, aussi longtemps qu'il est différent <de lui-même>. Mais lorsqu'il revient en toute hâte vers l'intérieur, il possède tout et, après avoir abandonné derrière lui cette perception par crainte d'être différent <de lui-même>, il est un là-bas. Puis, s'il désire se voir comme un objet différent <de lui-même>, il se place lui-même à l'extérieur ». La « crainte » et la précipitation vers l'intérieur traduisent en effet le désir de recouvrer la plénitude éprouvée lors de la contemplation totale : « il possède tout ».

Après avoir décrit le processus de la contemplation, Plotin indique maintenant la méthode qui permet de parvenir à cet état. C'est le moment de la parénèse (**11, 13-19**) : « Il faut que… » (**11, 13**). Deux étapes sont nécessaires et Plotin part à nouveau de la première des deux, c'est-à-dire de l'état qui précède la contemplation. Il faut en effet tout d'abord saisir l'objet en usant de l'intellection et du jugement puis – c'est la seconde étape – se « donner soi-même » et non plus voir, mais devenir objet de vision.

C'est de nouveau l'état de conscience qui est ici décrit en premier (**11, 13-16**). Le champ lexical de l'intellection et du jugement porté sur les objets montre que ce moment est celui de la *dianoia*, de la discursivité : il s'agit de la pensée consciente d'elle-même. L'empreinte (*tupos*) désigne l'Intellect sous l'espèce de la *forme*, la Forme intelligible. Ce processus cognitif aboutit à la prise de conscience de la *nature* de l'objet pensé, mais cette nature est définie par une expression qui renvoie davantage au sentiment ou à l'émotion qu'à un pur acte d'intellection : cette « réalité » dans laquelle « on pénètre » est « la plus haute béatitude », ou encore une « chose suprêmement bienheureuse ». Mais il devient en réalité difficile de définir de façon précise cet objet auquel on va ensuite s'unir. La qualification par l'adjectif *makariston* met en évidence la nature « mystérieuse », au sens premier du terme, et proprement inexprimable, indicible, de cet objet. On se souvient que, dans le *Banquet*, Platon avait aussi recours à des expressions imagées, à des métaphores pour désigner le Beau en soi. Il en va de même ici. L'emploi du verbe « se donner », par lequel Plotin inaugure la description de la seconde étape, en **11, 17**, souligne à son tour l'aspect « mystique » que revêt l'expérience de ce type de vision. Le mouvement se fait introspectif (**11, 17**) et la conversion transforme le statut du sujet qui voit. Ce n'est plus un sujet qui regarde à l'extérieur et qui objectivise ce qu'il voit, mais un sujet qui s'objectivise lui-même et qui, de sujet voyant, devient objet vu. Cette vision de soi suppose donc un voyant tout à fait différent, qui est *identique* à l'objet et qui est autre que ce qu'était le voyant (**11, 17-18**). La transformation est totale et achevée lorsque l'on « rayonn[e] de pensées telles que celles qui viennent de là-bas » (**11, 18-19**). L'emploi du verbe « rayonner » est révélateur : c'est précisément le verbe utilisé pour définir l'activité de l'Intellect, qui illumine toutes choses à partir de cette source lumineuse qu'il est lui-même. Le voyant (l'âme) est donc devenu lui-même tout entier Intellect, grâce à la contemplation.

Cela signifie que le voyant, à proprement parler, ne voit plus, parce qu'il n'a plus à exercer sa vision. D'où l'objection (**11, 19**) : « Mais comment sera-t-on dans le beau si on ne le voit pas ? ».

2. *Comment être dans le Beau sans le voir ? (***11, 19-22***)*

Plotin répond en deux temps.

Il donne d'abord une réponse synthétique, qui s'appuie logiquement sur les conclusions de l'exposé précédent (**11, 1-19**) : « si on le voit comme différent <de soi>, on n'est pas encore dans le Beau, tandis que si on est devenu le Beau, c'est de cette manière que l'on est au plus haut point dans le Beau » (**11, 20-21**). Il expose ensuite les conséquences de cette affirmation.

La première est que la définition commune de la vision en général, qui suppose une extériorité de l'objet par rapport au sujet voyant, ne peut s'appliquer à la vision spécifique de l'intelligible, dans laquelle toute extériorité est nécessairement abolie et dont la caractéristique principale est d'unifier le voyant et l'objet de vision : « Par conséquent, si la vision est celle de ce qui est à l'extérieur, il ne doit pourtant exister de vision que de la manière suivante, c'est-à-dire identique à ce qui est vu » (**11, 21-22**).

3. *Beauté, conscience et inconscience de soi (***11, 23-40***)*

La seconde conséquence est qu'il faut bien comprendre en quoi cette vision-là se différencie de la vision telle qu'on la conçoit généralement. C'est l'occasion pour Plotin de décrire non plus le processus ou la méthode propres à cette vision d'un genre nouveau, comme il l'a fait plus haut (*i.e.* **11, 1-19**), mais plus précisément la *nature* de cette vision, et donc de définir l'état d'inconscience – qui est en réalité celui de la connaissance à son plus haut degré – par opposition à celui de la conscience, inférieur au premier. Il a recours alors à une comparaison avec l'opposition entre la santé et la maladie.

Plus on veut être conscient du Beau, plus on s'en éloigne : « Il s'agit là en quelque sorte d'une conscience et d'une perception intime de soi-même, où l'on prend garde à ne pas s'éloigner de soi parce que l'on veut percevoir davantage » (**11, 22-24**). Le terme *sunesis* peut aussi avoir le sens d'« intelligence » ou de « compréhension », mais la traduction par « conscience » s'impose si l'on veut éviter la confusion avec l'état antérieur, qui est précisément celui de l'intellection et du jugement. Le terme *sunaisthèsis* vient confirmer cette interprétation[1] : il implique, si l'on prend en compte le préfixe *-sun*, qui entre dans la composition de chacun des deux substantifs, une union intime avec soi[2], qui n'existe pas dans le cas de l'intelligence puisque celle-ci implique l'extériorité. Il montre que Plotin pense l'appréhension du Beau en terme de « sentiment », et non de pensée ou *noèsis*, comme on le voit déjà dans les développements du *Traité 1*.

Dans un souci pédagogique, Plotin utilise deux exemples connexes : les coups que l'on peut recevoir et les sentiments qui en découlent, d'une part, les effets opposés de la maladie et de la santé, d'autre part. L'état d'inconscience est comparable, en effet, à l'état de santé. Lorsque nous sommes en bonne santé, nous n'en avons pas conscience (**11, 25-29**). Cette conscience de nous-mêmes est la connaissance absolue et renvoie à l'état d'union et d'identité avec soi qui est la propre de la contemplation absolue de l'Intellect. Devenir soi-même Intellect, c'est ne plus avoir conscience de soi en tant qu'autre. Et si la santé est notre état naturel et familier, il en va de même pour l'âme qui, *tout entière* devenue Intellect, retrouve alors un état qui lui est, à elle aussi, naturel et familier : elle recouvre sa nature intelligible et n'est plus séparée d'elle-même : « Quant à ce qui nous appartient en propre, même nous, nous ne le percevons pas. Or c'est lorsque nous sommes dans cet état que nous avons au plus haut degré conscience de nous-mêmes puisque, de la science de nous-mêmes et de nous-mêmes, nous avons fait une chose unique » (**11, 31-33**). L'emploi du terme *épistèmè* est ici révélateur : la « science de nous-mêmes » est en effet la science propre à l'Intellect, l'*autoépistèmè* qui « n'est pas différente de son objet » et dont il était question au chapitre 4 du traité. C'est en

1. On peut en effet considérer le *kai* comme explicatif : « une conscience, *c'est-à-dire* une perception intime ».

2. C'est le même préverbe que l'on retrouve par exemple dans le verbe *sunoida*, « j'ai conscience, je me rends compte ».

revanche quand l'âme se dissocie d'elle-même qu'elle retrouve une conscience de soi qui la renvoie à l'état antérieur à son union contemplative avec elle-même, celui de la division et de l'extériorité par rapport à elle-même : « Celle-là [la maladie], en revanche, est chose étrangère et n'est pas propre à notre nature et c'est pour cette raison qu'elle se distingue nettement, parce qu'elle nous paraît être une chose absolument différente de nous » (**11, 29-31**). En effet, lorsque nous sommes malades, nous prenons conscience d'être divisés, c'est-à-dire, pour parler en termes platoniciens, d'être un composé corps-âme. C'est la « puissance divisible » de l'âme qui s'exerce alors de façon prioritaire.

Nous sommes donc en présence d'un paradoxe dont les conséquences sont importantes pour la théorie plotinienne de la connaissance. La connaissance véritable, « à son plus haut degré », est l'ignorance : « Là-bas aussi, donc, lorsque notre savoir est au plus haut degré conforme à l'Intellect, il nous semble que nous sommes dans l'ignorance » (**11, 33-34**). Mais ce paradoxe se résout si l'on tient compte de la spécificité du niveau de réalité auquel on se situe. Nous croyons en effet être dans l'ignorance « parce que nous attendons l'affect provoqué par la perception sensible qui affirme qu'elle n'a pas vu : de fait elle n'a pas vu et jamais ne pourra voir pareilles choses » (**11, 34-36**). Or il ne s'agit que d'une impression, et d'une impression erronée en ce qu'elle attribue à cette vision-ci, pourtant bien différente, des effets qu'elle ne peut en aucune manière induire (*pathos*), puisque ce sont ceux qu'éprouve l'âme lorsqu'elle est dissociée d'elle-même. Cette impression d'ignorance et cette incertitude s'expliquent par le dédoublement entre un sujet qui voit et un objet qui est vu : « par conséquent, ce qui doute, c'est la perception sensible, tandis que l'autre, c'est celui qui voit. Ou bien, si lui aussi se mettait à douter, il douterait même d'exister lui-même. Car lui non plus ne peut se placer à l'extérieur et se regarder lui-même en tant qu'être perceptible avec les yeux du corps » (**11, 36-40**). « L'autre » dont il s'agit ici est l'Intellect ou, plus exactement, l'être qui se situe tout entier au niveau de l'Intellect, que l'on doit différencier de celui qui se situe au niveau inférieur et antérieur, celui de la raison discursive.

SEPTIÈME PARTIE

LES MYTHES DE FILIATION DIVINE ET LE STATUT DE L'INTELLECT (12, 1-13, 22)

Aperçu général

Plotin récapitule au début du chapitre 12 les résultats obtenus à l'issue de la démonstration qui a précédé, c'est-à-dire les deux types de vision, consciente et inconsciente : « nous avons dit en quel sens il peut faire cela en tant qu'il est différent, et en quel sens <il peut le faire> en tant qu'il est demeuré lui-même. » (12, 1-2).

Il décrit maintenant, dans les deux derniers chapitres du traité, non plus la vision en tant que processus, mais le contenu de cette vision, ce que voit, pour reprendre la terminologie platonicienne, « l'œil de l'âme », c'est-à-dire l'intellect quand, purifiée et parvenue au but de l'ascension, elle se trouve enfin en mesure de contempler non seulement l'Intellect et le monde intelligible mais aussi ce qui est « au-delà », l'Un ou le Bien. L'objet de sa vision a certes déjà été évoqué en partie dans les chapitres précédents, à travers les descriptions de la totalité formée par l'Intellect et le monde intelligible. Mais la vision qui s'offre à présent à l'âme est plus large, car elle englobe l'ensemble des réalités situées au-delà du monde sensible, dont celui-ci est le produit : les trois hypostases, Un/Bien, Intellect, Âme. Celles-ci ne sont cependant pas évoquées séparément les unes des autres, mais à travers les relations *qui les unissent les unes aux autres. Rappelons-nous ce que Plotin avait affirmé au tout début du traité : « celui qui a atteint la contemplation du monde intelligible et intellectuellement conçu la beauté de l'Intellect véritable sera capable d'introduire aussi dans sa pensée le père de celui-ci – c'est-à-dire celui qui est au-delà de l'Intellect, […] ». L'image et la figure du « père » sont donc déterminantes et se trouvent en toute logique réactivées à la fin du traité, puisque l'intellection et la contemplation de celui-ci constituent la finalité ultime de l'exercice spirituel proposé. Ainsi s'explique, en partie du moins, le recours aux mythes hésiodiques de filiation divine et à leur interprétation. Si on l'interprète correctement, le mythe révèle en effet des vérités jusque-là cachées. Celui qui « a vu » se fait donc à la fois narrateur et herméneute, et il tire sa légitimité de la vision à laquelle il a été capable d'accéder. La question du statut et de la légitimité de l'interprète a son importance : face à des adversaires qui « innovent », méprisent l'antique culture hellénique et ignorent la nature véritable des êtres intelligibles (cf.* Traité 33, *chapitre 6) ou inventent des mythes erronés ou incohérents, il est impératif de revenir aux récits fondateurs de l'hellénisme et d'en proposer une lecture claire et informée.*

Le mythe présente l'avantage de donner à voir et de développer successivement ce qui est originellement un et, en un certain sens, "replié", comme Plotin l'affirme au chapitre 9 du Traité 50 (III, 5). *Le discours du voyant, nécessairement postérieur à sa vision, adopte donc la temporalité propre au mythe et déroule dans le temps du devenir les relations entre des réalités qui, par définition, sont éternelles et constituent une seule et même réalité. Mais il conserve des traces de l'état de contemplation totale et absolue qui l'a précédé et continue de l'imprégner, dont témoignent le langage imagé et la tonalité "mystique" de plusieurs passages des deux derniers chapitres. Pierre Hadot considère ainsi la fin du* Traité 31 *comme un « poème théogonique »* [1].

Celui qui a vu « annonce » donc tout d'abord qu'il a vu « un dieu » (l'Intellect) qui « enfante une belle progéniture », c'est-à-dire les êtres

1. P. Hadot, « Images mythiques et thèmes mystiques dans un passage de Plotin (V, 8, 10-13) », dans *Néoplatonisme, Mélanges offerts à Jean Trouillard*, Les Cahiers de Fontenay, n°s 19-20-21-22, ENS Fontenay-aux-Roses, mars 1981, p. 210.

intelligibles, parmi lesquels un fils (l'Âme) s'est manifesté à l'extérieur (12, 1-11). Ce fils est en tous points semblable à son père, dont il possède la beauté et l'éternité (12, 3-20), ce qui prouve qu'il est absurde de nier, comme le font les Gnostiques, l'éternité du monde (12, 20-26). La relation entre le dieu et son propre Père d'une part, son fils d'autre part, doit s'interpréter par référence aux relations qui unissent, dans le mythe hésiodique, trois niveaux de divinité : Ouranos, Cronos *et* Zeus *ou, respectivement, l'Un, l'Intellect et l'Âme. L'Intellect est Beauté « en premier » (13, 1-12). Toute âme, qu'il s'agisse de l'Âme de l'univers (Aphrodite) ou des âmes particulières – est par conséquent nécessairement belle, d'une Beauté qui est l'Intellect. Plotin conclut provisoirement en demandant si l'on comprend mieux ainsi ce qu'est le « lieu intelligible »* (topos noètos)*, ou s'il faut l'expliquer en suivant une autre méthode (13, 12-22).*

PREMIÈRE SECTION (12, 1-26)

LE DISCOURS DU "VOYANT" (12, 1-26)

1. *Narration : voici ce qu'il a vu (***12, 1-11***)*

Dans les premières lignes du chapitre 12, Plotin rappelle les distinctions établies précédemment (**11, 1-19**) entre les deux types de vision : l'une, consciente, dans laquelle celui qui voit est différent de ce qu'il voit, l'autre, inconsciente, où l'un et l'autre ne font qu'un. Les deux peuvent alterner (*cf.* **11, 4-9**) mais l'acte de voir est plus intense lorsque celui qui contemple s'abîme dans l'objet contemplé et s'unit totalement à lui. Cette vision-ci est nécessairement silencieuse. Le discours ne peut en effet advenir que lorsque la vision redevient consciente et que l'altérité entre ce qui voit et ce qui est vu s'installe à nouveau. Le retour à la conscience s'accompagne donc du retour au *logos*. Tel est le sens de l'emploi du verbe *appangellô*, qui signifie précisément « revenir annoncer », « revenir pour apporter une nouvelle ou une réponse ». Le discours qui peut être tenu alors est de type dianoétique : il s'appuie sur la pensée discursive (*dianoia*), celle qui « sépare les intelligibles », comme le dit Plotin au chapitre 9 du *Traité 1* [1] et dit successivement des réalités qui, par essence et lorsqu'on

1. *Traité 1* (I, 6), 9, 40. L'expérience décrite et racontée ici dans le *Traité 31* peut en effet être rapprochée de celle qui est évoquée à la fin du *Traité 1*. On observe le même

les appréhende par la seule vision, ne sont qu'une mais qui, lorsqu'on les pense, sont plusieurs, de même que le mythe sépare et divise ce qui est uni.

Mais qui prononce ce discours? On peut supposer qu'il est prononcé par l'âme de celui qui a vu, et plus précisément la partie divine et intellectuelle de l'âme, à laquelle renvoient les pronoms « nous » ou « il » du chapitre 11. On songe ici au *Banquet* de Platon : à la fin de son discours, Diotime explique en effet que c'est la contemplation par l'âme de la Beauté en soi [1] qui lui fait « enfanter une multitude de beaux et magnifiques discours ainsi que des pensées (*dianoèmata*) avec un amour sans jalousie pour le savoir » [2]. Il en va de même ici : l'âme de celui qui a contemplé l'Intellect enfante à son tour un discours dans lequel elle raconte, « sous une forme mythique, l'expérience [qu'elle a] éprouvée dans son unité avec le Dieu » [3].

C'est cependant l'objet de cette vision antérieure qui intéresse ici plus particulièrement Plotin : « après qu'il a vu [...], qu'annonce-t-il? » (**12, 3**). Le discours du « voyant » prend la forme d'un récit : celui de la genèse, dans l'Intellect, des êtres intelligibles et de l'Âme. Mais à ce récit, inspiré de la *Théogonie* d'Hésiode, sont intégrés des commentaires exégétiques visant à donner un sens nouveau aux éléments, ou plus exactement aux données factuelles du poème archaïque. C'est ainsi que s'élabore progressivement, au fil du texte, l'interprétation allégorique de la généalogie hésiodique des dieux [4].

---

phénomène : à la vision du Bien (*cf.* « vois! » en *1*, 9, 24) succèdent un discours « général » puis un discours détaillé, dialectique.

1. Identifiée à l'Intellect par Plotin dans le *Traité 31*.

2. *Banquet*, 210 d 5-6.

3. P. Hadot, cours de l'École Pratique des Hautes Études, années 1975-1976, dans *Études de Patristique et d'Histoire des concepts*, chap. II, Paris, Les Belles Lettres, 2010, p. 136-137.

4. À propos de l'interprétation plotinienne de ce mythe important pour la conception plotinienne de l'Intellect, on pourra aussi se reporter à un autre article de Pierre Hadot : « Ouranos, Cronos and Zeus in Plotinus'Treatise against the Gnostics » *in* H. J. Blumenthal, R. Marcus (eds.), *Neoplatonism and Early Christian Thought*, *op. cit.*, p. 124-137, ainsi qu'à deux études plus récentes : L. Oliveira « A genealogia mítica Urano, Cronos e Zeus em Plotino », *Revista de Estudos Filosóficos e Históricos da*

Plotin s'appuie d'abord ici, au chapitre 12, sur le récit que fait Hésiode de la naissance de Zeus [1]. Rhéia (ou Rhéa), épouse mais aussi sœur de Cronos, puisque tous deux sont enfants de Terre (Gaia) et de Ciel (Ouranos), donne à celui-ci plusieurs enfants. Or Cronos, qui sait que son destin est d'être détrôné par son propre fils (Zeus), « engloutit » [2] chacun dès sa naissance. Pour éviter ce sort à Zeus, Rhéia s'enfuit secrètement en Crète pour accoucher et cache l'enfant dans un antre inaccessible du mont Egéon. Puis elle offre à Cronos, en lieu et place de l'enfant, une pierre enveloppée de langes que celui-ci dévore aussitôt. Plus tard, « vaincu par l'habileté et la force de son fils », Cronos vomira d'abord cette pierre puis tous les enfants qu'il avait avalés.

Plotin ne retient ici du mythe hésiodique que trois éléments : « un dieu qui enfante une belle progéniture » et « a retenu en lui-même tous ses enfants » ; un seul fils, Zeus, qui « s'est manifesté à l'extérieur ». Or ces éléments sont en quelque sorte "détournés" et explicités par le commentaire qui les entoure.

Le « dieu » dont il est question en **12, 3** est, selon le mythe, Cronos et, selon la signification que lui donne Plotin, l'Intellect, déjà invoqué sous cette appellation de « dieu » au chapitre 9 (**9, 16**). On trouve la confirmation de cette identification de Cronos à l'Intellect dans un passage du *Traité 10* (V, 1) où le même mythe est utilisé et interprété dans un sens très proche de celui qui lui est présenté ici dans le *Traité 31*. Une fois engendré, l'Intellect

> [...] engendre à son tour tous les êtres intelligibles avec lui, la beauté des Idées toute entière et tous les dieux intelligibles ; mais, plein des êtres qu'il a engendrés, il les engloutit pour ainsi dire à nouveau, parce qu'il les possède en lui-même et qu'ils ne tombent pas au-dehors dans la matière et ne sont pas nourris auprès de Rhéa. De même, les mystères et les mythes qui se rapportent aux dieux laissent entendre par énigme que Cronos, dieu très sage, avant la naissance de Zeus,

---

Antiguidade 25, 2008, p. 109-133 ; I. Jurasz, « L'Intellect-Kronos chez Plotin. La place du mythe dans la noétique plotinienne », *Methodos. Savoirs et textes*, 2016.

1. Hésiode, *Théogonie*, v. 453-506.

2. *Ibid.*, v. 459 et 467.

> garde en lui-même à nouveau les êtres qu'il engendre de sorte qu'il est plein et qu'il est Intellect rassasié (*en korô*). Ils disent qu'après cela il engendre Zeus qui est fils (*koron*), car l'Intellect engendre l'Âme puisqu'il est Intellect parfait [1].

La comparaison des deux textes montre qu'un premier point est essentiel pour Plotin : il s'agit de justifier, grâce au mythe, la thèse, déjà soutenue dans ce traité-ci, présente aussi dans le *Traité 10* puis reprise et développée dans le *Traité* 32, selon laquelle l'Intellect contient et, comme le mythe le fait comprendre, *retient* en lui les Formes ou les êtres intelligibles, qui ne peuvent par conséquent exister en dehors de lui. Comme l'écrit P. Hadot, « contempler l'Intellect c'est contempler la naissance du système des Idées à partir de l'activité pensante de l'Intellect, mais c'est aussi éprouver l'identité qui existe entre l'Intellect et ses objets. C'est cette identité qui assure la vérité et la certitude de l'Intellect, son accord avec lui-même » [2]. De ce point de vue, les notions de « plénitude » et de « satiété » sont importantes. Il se peut en effet que l'identification de l'Intellect à Cronos fasse écho à une explication étymologique du *Cratyle* (396 b), où le nom de Cronos est justifié comme la contraction de *Koros* et de *noûs*. Mais la polysémie du terme *koros*, qui signifie à la fois « satiété » et « fils », fait aussi penser à la fin du *Traité 30* (*30*, 11, 39), où l'Intellect, lui-même engendré du père (le Bien), est qualifié de « plénitude (*koros*) de beauté et fils (*koros*) ». Et l'on se rappelle qu'au chapitre 4 du *Traité 31*, la satiété pure et sans envie constitue l'une des caractéristiques essentielles de l'Intellect et du monde intelligible.

Plotin fournit cependant, ici, au chapitre 12, une explication complémentaire pour justifier la satiété éprouvée par l'Intellect : si, à l'instar de Cronos qui, dans le mythe, avale ses enfants, l'Intellect « les a retenus tous en lui » (**12, 6**), c'est parce qu'ils sont beaux et parce qu'il se délecte de leur beauté. En effet, à la différence du mythe tel

1. *10*, 7, 29-37. Voir aussi *10*, 4, 9-12.

2. P. Hadot, « Images mythiques et thèmes mystiques dans un passage de Plotin (V, 8, 10-13) », *op. cit.*, p. 210.

qu'il est raconté par Hésiode [1], ce n'est pas pour empêcher ses fils de le détrôner et de prendre le pouvoir que Cronos/Intellect les retient en lui. Il agit ainsi parce qu'il « a éprouvé du plaisir à l'égard des êtres qu'il avait engendrés, de la joie à l'égard de ses enfants [...], se délectant de sa propre splendeur comme de la leur » **(12, 5-7)**. L'Intellect se « délecte » de la Beauté qu'il est et qu'il produit. Ces propos s'apparentent aussi à une reformulation de ceux qui ont été tenus au chapitre 8, concernant le démiurge. Les participes (**12, 5-7**) glosent les verbes employés au chapitre 8 (**31, 8, 10**) pour montrer le Démiurge satisfait de son ouvrage. L'interprétation plotinienne du *Timée* (37 c) est donc à nouveau présente à l'arrière-plan de cette interprétation, ce qui signifie que les Gnostiques continuent d'être visés.

Le second point important, pour Plotin, concerne la naissance de Zeus, c'est-à-dire de l'Âme. En effet, seul celui-ci, dans le mythe, a réussi, grâce au stratagème inventé par sa mère (dont on note qu'elle est totalement absente ici) à déjouer la méfiance de son père et à ne pas être englouti par lui. Le mythe explique et justifie la production de l'Âme, troisième niveau de réalité, par l'Intellect et, en un certain sens, sa différenciation d'avec lui. Le fils s'est en effet « manifesté à l'extérieur » (**12, 9**) : cette expression souligne qu'il s'agit davantage d'une "théophanie" que d'une naissance. Cette interprétation est conforme à la conception plotinienne de l'Âme-hypostase, produit de l'activité contemplatrice de l'Intellect, tourné vers l'Un. Il s'agit peut-être aussi pour Plotin de souligner que l'Âme se différencie du Père qu'est l'Intellect pour elle et s'en éloigne quelque peu, sans pour autant rompre avec lui ni faire preuve à son égard d'une indépendance radicale, sans, par conséquent manifester cette « audace » (*tolma*) que les Gnostiques lui attribuent pour expliquer sa chute [2].

Ceux qui sont « beaux et même plus beaux », car ils « demeurent à l'intérieur » (**12, 7-8**) sont les autres « enfants » de l'Intellect, c'est-à-dire les autres réalités intelligibles, Idées ou Formes, « frères » de l'Âme. L'on peut s'interroger sur la mention des « frères ». Il se peut

1. *Théogonie*, v. 459 et 478.
2. Cf. *Traité 45* (III, 7), 11, 15.

en effet que Plotin critique ici indirectement l'emploi de ce terme soit par les Gnostiques, soit par les chrétiens en général. Les Éons sont en effet dits « frères » les uns des autres dans le Plérôme, mais c'est aussi le terme par lequel se désignent les premiers disciples du Christ (ainsi dans les *Actes des apôtres* ou les *Épîtres* de Paul), avant qu'il ne devienne synonyme de « chrétien ». Il s'agit cependant surtout pour Plotin de mettre en évidence la nature véritable de l'Âme et sa *parenté*, en filiation directe, avec l'Intellect et même au-delà avec l'Un. Ce qui vaut pour l'Âme-hypostase vaudra par conséquent aussi pour l'Âme du monde ou Âme universelle et pour les âmes individuelles, auxquelles il consacrera la fin du chapitre 13.

2. *Filiation et Beauté (***12, 11-20***)*

Du mythe hésiodique de la naissance de Zeus, Plotin retient et développe surtout, de fait, deux notions essentielles à ses yeux, celles de la paternité et de la filiation. Le mythe confirme, en effet, qu'il n'existe aucune solution de continuité entre le monde sensible et le monde intelligible, et plus encore que le monde sensible, à l'image de son « père », est pour cette raison même nécessairement beau, comme le révèle la suite du discours : « Quant à lui il affirme que ce n'est pas en vain qu'il est venu d'auprès du père. Il faut en effet qu'existe un monde différent de lui, beau de naissance puisqu'il est une image du Beau. Car il n'est pas permis que n'existe de belle image ni du Beau ni de l'essence. Il imite donc son modèle en tous points » (**12, 11-15**). L'exégèse du mythe donne ainsi un fondement ontologique aux relations iconiques entre l'Intellect, l'Âme et le monde sensible. Celles-ci sont fermement mises en évidence comme une nécessité (« ce n'est pas en vain », « il faut », **12, 11-12**), répondant à une injonction quasi divine puisque l'expression *mède themiton* (« il n'est pas permis », **12, 14**) renvoie à un interdit religieux, dans ces phrases où les négations se multiplient (*cf.* **12, 11-15**). Le ton du discours change, devenant de plus en plus affirmatif et polémique, annonçant ainsi la condamnation de la ligne 20, « c'est pourquoi ils ont tort »[1]. L'anaphore de syntagmes introduits par *hôs* (**12, 16-17**) – « puisqu'il est une imitation », « puisqu'il vient de là-bas », « puisqu'il est une image » – souligne la virulence de l'argumentation. L'enjeu, de fait, est capital : reprenant des thèses déjà soutenues aux chapitres 4 et 8 mais appliquées cette fois à la définition de la nature même du monde sensible, Plotin montre que celui-ci est en tout point semblable à celui dont il provient, puisqu'il en possède les caractéristiques majeures, que lui a transmises l'Intellect par l'intermédiaire de l'Âme : la vie, l'essence ou l'être, la beauté et l'éternité.

Une objection survient cependant en **12, 17-18**, comme le montre l'emploi du *hè* philosophique : « Ou alors (*hè*), tantôt il aura une image, tantôt il n'en aura pas ». Cette objection est aussitôt suivie d'une double réfutation (**12, 18-20**) : « alors que cette image n'a pas été produite par l'art. Or toute image produite par la nature existe aussi longtemps que le modèle demeure ». L'image qu'est notre monde est en effet différente de celle que peut produire l'art en ce que la seconde (une statue par exemple) n'existe ni nécessairement, ni éternellement. Le monde sensible en revanche, produit direct d'une contemplation supérieure (celle de l'Âme universelle ou Âme du monde qui contemple l'Intellect), nécessairement et de toute éternité productrice, ne peut être détruit. Cela signifierait sinon qu'il arrive un moment où l'Âme du monde ne produit plus et, par conséquent, ne contemple plus. On retrouve ici non pas l'opposition, mais la différence de degré et de statut entre l'art et la nature (en tant que principe rationnel ou *logos* supérieur, celle-ci ne cesse jamais de produire), telle qu'elle a été définie au début du chapitre 2 et du chapitre 3.

3. *Critique de ceux qui nient l'éternité du monde* (**12, 20-26**)

On touche ici un point de doctrine fondamental pour Plotin – l'éternité commune du modèle (l'Intellect et l'Âme universelle) et de l'image (le monde sensible) –, contre des adversaires qui pensent que le

---

1. Littéralement, l'expression *ouk orthôs* signifie qu'il n'est « pas correct » de dire que le monde est soumis à la corruption et au devenir.

monde a eu un commencement et qu'il est destiné à périr. C'est ce qui explique une certaine brutalité (ils « corrompent et engendrent », **12, 20-21**) ainsi qu'une exaspération sensible : « ils ne veulent pas comprendre et ne savent pas » (**12, 22-23**), « il faut en effet user de ces expressions puisque nous sommes contraints de vouloir nous faire comprendre » (**12, 25-26**). Le temps n'est plus, provisoirement du moins, celui de la démonstration d'une thèse, mais il faut être clair, direct et affirmatif. Il n'existe pas de « moment » (cf. *pote*, **12, 21**) où celui qui a produit le monde aurait décidé de le produire. Comme le souligne Pierre Hadot [1], ce ne sont pas, contrairement à ce que pensent Henry et Schwyzer (dans les références qu'ils proposent pour les lignes 20 et 21 dans leur édition) les Stoïciens qui sont visés ici, mais bien les Gnostiques. Les Stoïciens ne souscriraient pas en effet à la thèse de l'existence d'un monde intelligible et sont peu susceptibles de penser à une décision de créer, d'autant plus que selon eux, naissance et destruction se renouvellent éternellement. Les affirmations de Plotin annoncent plutôt les arguments développés dans le *Traité 33* (II, 9), en particulier dans les chapitres 3 à 4, puis 7 à 9 [2].

---

1. P. Hadot, *Études de Patristique et d'Histoire des concepts*, *op. cit.*, p. 137.

2. Pour une argumentation en faveur de la thèse de l'éternité du monde, on peut se reporter aussi au *Traité 40* (II, 1).

DEUXIÈME SECTION
(13, 1-12)

RETOUR À L'INTERPRÉTATION DU MYTHE : LE STATUT DE L'INTELLECT

Plotin reprend l'interprétation du mythe hésiodique afin de définir le statut propre à chacune des trois hypostases ainsi que les relations qu'elles entretiennent, le but étant de revenir à l'objet principal du traité, formulé au tout début du traité puis évoqué de nouveau à la fin : faire comprendre ce que sont l'Intellect et le monde intelligible, ce qu'est le « lieu intelligible », montrer leur beauté et montrer qu'ils sont la Beauté même.

Dans la généalogie hésiodique telle qu'il l'interprète, l'Intellect a un statut central et joue un rôle déterminant. C'est la raison pour laquelle le discours du « voyant » s'attache à présent à décrire et à expliquer les actes par lesquels Cronos/Intellect s'est défini par rapport à son père (Ouranos) et à son fils (Zeus). Au chapitre 3 du *Traité 32*, Plotin illustre le statut de l'Intellect à travers l'évocation du cortège du Grand Roi et le définit comme un « second dieu » – ayant ainsi recours à un vocabulaire hérité du moyen platonisme – qui est d'une « beauté inconcevable ». Puis il emploie, à la fin du chapitre, pour définir les trois niveaux de réalité ou hypostases, des images comme celles du « père » et du « pro-père » ou de l'aïeul, qui constituent une allusion voilée à la généalogie hésiodique des dieux. Une interprétation similaire est également proposée au chapitre 7 du *Traité 10* (V, 1), que nous avons cité précédemment.

Dans l'exégèse développée au chapitre 13 du *Traité 31*, dont les présupposés sont les mêmes que ceux des autres interprétations, le « dieu » **(13, 1)**, c'est-à-dire Cronos ou l'Intellect, est « enchaîné afin de demeurer tel qu'il est ». Ceci ne correspond pas au mythe raconté par Hésiode, qui mentionne seulement que Cronos a été vaincu par son fils, Zeus, l'évocation de chaînes ne concernant que les oncles de Zeus, fils d'Ouranos et frères de Cronos, retenus prisonniers par celui-ci dans sa crainte d'être détrôné. Il se peut qu'il y ait une contamination ou une combinaison de références, mais la mention de l'enchaînement est en elle-même significative. Elle renvoie d'abord à l'immobilité de l'Intellect, qui ne peut être « en-dehors » de lui-même et produit une image inférieure (l'Âme) tout en demeurant en lui-même, par opposition à l'Âme qui « ne demeure pas elle-même », c'est-à-dire ne demeure pas immobile en produisant le monde sensible [1]. Mais l'immobilité de l'Intellect est aussi due à une immobilisation (mise en évidence par l'emploi du parfait *dedemenos*) qui est le fait de l'Âme, puisque Plotin précise plus loin (**13, 10**) qu'un « lien » retient l'Intellect « éloigné de ce qui vient après lui vers le bas » : c'est la thèse de la limitation de l'Intellect par l'Âme (Zeus).

Plotin interprète cependant positivement ce qui pourrait l'être de façon négative, puisqu'il s'agit d'une limitation et d'une délégation de pouvoir **(13, 2)**. Or il faut sauvegarder le statut de l'Intellect, puissance totale (il se contente de déléguer son pouvoir mais sa supériorité comme sa puissance restent intactes), dont le domaine d'application est *tout*, c'est-à-dire la totalité de l'univers intelligible et sensible. Il demeure dans le temps de l'éternité (la souveraineté de Zeus est en effet « plus récente », **13, 3**), tandis que le fils, l'Âme, entre dans le temps du devenir pour administrer l'univers. La mention du pouvoir ou de la souveraineté (*archè*) évoque la royauté du chapitre 3 du *Traité* 32. De fait, contrairement à ce que rapporte le mythe d'Hésiode, il n'existe nulle envie ni jalousie dans ce monde divin, car la satiété est

1. Cf. *Traité 49* (V, 3), 6, 30-31.

absolue : la « plénitude (*koros*) de beautés » (**13, 4**) est celle des êtres intelligibles dont l'Intellect, qui ne fait qu'un avec eux, est éternellement rassasié.

La limitation n'est cependant pas seulement le fait de l'Âme. L'Intellect fixe lui aussi une limite à la surabondance de l'Un/Bien dont il arrête, en le fixant en lui-même dans une contemplation qui est aussi conversion (**13, 5**), le mouvement infini de production. Cela signifie qu'il ne faut pas seulement concevoir les relations entre les différents « niveaux » de réalité en fonction d'une hiérarchie verticale (de ce point de vue, le terme de « niveau » est inapproprié), même si Plotin dit de l'Intellect qu'il « s'étend vers le haut », vers son Père, c'est-à-dire vers l'Un, mais que l'on peut aussi comprendre ces relations en fonction d'un mouvement dirigé vers l'intérieur. La conversion vers soi de l'Intellect est aussi celle qu'effectue vers elle-même l'âme, qu'il s'agisse de l'Âme-hypostase, l'âme universelle ou l'âme individuelle, comme Plotin l'a montré à la fin du chapitre 2 et comme il le soulignera de nouveau dans les dernières lignes du traité.

En avalant ses enfants, l'Intellect fixe donc une limite à la puissance de production de son propre père mais ce faisant, il constitue aussi un point fixe à partir duquel la production peut se poursuivre car Zeus, seul enfant à « sortir » de l'Intellect, reprend le mouvement : les choses qui sont situées « de l'autre côté commencent », en effet, « à exister » à partir de lui (**13, 6-7**). Son statut est donc d'être « entre les deux » (*metaxu*, **13, 8** et **10**), entre ces deux puissances productrices que sont l'Un/Bien d'une part, l'Âme d'autre part, qui constituent en un certain sens un couple de puissances, comme le montre l'emploi du duel *amphoin* (**13, 8**). Tout en contemplant l'Un, l'Intellect le sépare et *se* sépare de lui, tout comme il sépare l'Âme de lui, pour devenir *autre* que lui. C'est en ce sens que l'on peut comprendre l'interprétation que donne Plotin de la castration d'Ouranos par Cronos. La castration dont fait état le mythe ne symbolise pas seulement l'arrêt de la production infinie d'Ouranos, car cet acte est aussi fondateur en ce qu'il produit de « l'altérité » (**13, 8**) : un devient deux[1]. Or l'altérité constitue la condition nécessaire pour que la « vie » soit « éveillée », comme il est dit dans le *Traité 38* (VI, 7)[2], et que le monde sensible puisse être produit : c'est par elle que l'un devient multiple.

Plotin rend sensible, en **13, 10-13**, la différenciation ainsi permise par le jeu des comparatifs : renouant avec la thèse majeure du traité, l'identité de la Beauté et de l'Intellect, il précise en effet que le père ou l'Un est « trop grand pour être beau »[3] **(13, 11)** mais que l'Intellect est plus beau que l'âme (**13, 13**) et qu'il est « beau en premier » (**13, 12**). Cette formulation, déjà utilisée au chapitre 8 (**8, 1** et **6**), souligne à la fois qu'il garde une trace de sa filiation avec l'Un, mais qu'il en diffère aussi.

---

1. Dans le *Traité 30* (III, 8), 9, 31, Plotin dit de l'Intellect qu'il est *amphistomos, c'est-à-dire qu'il* a « deux bouches » ou, si l'on veut, « deux visages ».
2. Cf. *Traité* 38 (VI, 7), 13, 11-13.
3. Au chapitre 8 (8, 21), Plotin a déjà dit de l'Un qu'il était « supérieurement beau ».

TROISIÈME SECTION
(13, 12-22)

LA BEAUTÉ DE L'ÂME

Dans cette dernière partie du traité, Plotin « redescend », pour ainsi dire, au niveau de l'âme pour définir sa beauté. Mais l'introduction d'une nouvelle divinité, Aphrodite, fille de Zeus dans la mythologie grecque, mais caractérisée comme étant l'âme, peut surprendre. Or il faut distinguer ici plusieurs niveaux et donc plusieurs sortes d'âme. Dans le *Traité 50* (III, 5), Plotin évoque, à la suite de Platon dans le *Banquet* (180 d-e), deux Aphrodites, l'Aphrodite ouranienne, « descendante d'Ouranos » et fille de Cronos, et l'Aphrodite « fille de Zeus et de Dionè », c'est-à-dire l'Aphrodite « pandémienne » du *Banquet* (*50*, 2, 15-22). Mais il semble que dans ce chapitre-ci du *Traité 31*, il faille distinguer trois niveaux. Zeus est l'Âme hypostase, qui produit l'Âme universelle, Aphrodite, clairement identifiée comme telle : « Par conséquent, si l'âme de l'univers, pour parler plus clairement, c'est-à-dire si Aphrodite elle-même est belle, qu'est-il, lui ? » (**13, 15-17**). Le Zeus dont il est question ici n'est donc pas celui qui était présenté, au chapitre 10, comme le guide du cortège des voyants et qui s'apparentait davantage à l'âme universelle ou âme du monde. Comme il arrive souvent chez Plotin, l'identification fluctue, parfois au sein d'un même traité, en fonction du contexte et des nécessités de l'argumentation. Le but étant, au chapitre 13, de définir le statut de l'Intellect par rapport à ce qui le précède et le suit, l'Un d'une part, l'Âme d'autre part, Zeus est pour cette raison défini comme l'Âme hypostase. L'Âme universelle ou Âme du monde, quant à elle, administre l'univers et produit à son tour le monde sensible de façon générale et les âmes individuelles en particulier.

Les questions posées en **13, 16-19** sont identiques à celles que Plotin formulait à la fin du dernier chapitre du *Traité 30* (30, 11) ainsi qu'au chapitre 8 du *Traité 31* : « si ce n'est pas le monde de là-bas qui est beau, quoi d'autre peut l'être ? » (**8, 4-5**). Ce sont des questions rhétoriques, destinées à provoquer émotion et assentiment chez le lecteur, qui s'apparentent à des exclamations et rappellent les propos du chapitre 8 (**8, 11** *sq.*), où Plotin soulignait l'étonnement, l'admiration et le plaisir suscités par le modèle intelligible. La formulation de ces questions suggère aussi, de façon implicite, un raisonnement *a fortiori* : si l'âme du monde (Aphrodite) est belle, celui dont elle provient est *a fortiori* beau lui aussi, et même plus beau, puisqu'il en est l'origine : « à quel point le serait-il, lui ? » (**13, 17**).

Ce qui est vrai de l'âme du monde l'est aussi de l'âme individuelle, mentionnée en **13, 18**. Le raisonnement est le suivant : si la beauté de l'âme du monde provenait d'une autre source que l'Intellect, comment la beauté de l'âme individuelle s'expliquerait-elle ? On note que Plotin rappelle que l'âme individuelle possède deux sortes de beauté : une beauté « adventice » et une beauté « connaturelle » (**13, 18-19**). L'adjectif *epaktos* (« adventice », apportée de l'extérieur) a été employé au chapitre 3 (**3, 10**) à propos de l'Intellect, dont la beauté n'est pas « adventice » mais essentielle, ce qui se justifie par le fait qu'il est lui-même la Beauté en soi. L'âme (l'âme humaine ou âme individuelle), en revanche, située à un niveau inférieur, est belle de deux façons. Sa beauté provient d'autre chose, c'est-à-dire de la réalité supérieure, l'Intellect, quand elle tourne ses regards vers lui. Mais elle est belle aussi « par essence » ou « par nature », ce qui revient au même, en tant qu'elle est divine, dans sa partie intellectuelle, noétique, celle qui toujours demeure là-haut, dans l'intelligible.

Tel est le sens des dernières phrases du chapitre 13. Les hommes sont beaux quand ils « s'appartiennent à eux-mêmes » (**13, 20**), c'est-à-dire lorsqu'ils ne font qu'un avec eux-mêmes et que leur âme est unie à elle-même dans la contemplation de l'Intellect. Ils sont laids, en revanche, lorsqu'ils se s'appartiennent plus à eux-mêmes et que leur âme, « inclinée vers le corps et la matière », comme le dit Plotin au chapitre 5 du *Traité 1* (I, 6) [1], devient différente d'elle-même et prend cette « autre nature » qu'est la nature corporelle. Le retour à soi et l'appartenance à soi-même sont donc la condition nécessaire non seulement pour devenir beau, mais pour « être » au sens plein du terme, car être, c'est être beau. On retrouve ici des thèmes développés précédemment dans le traité, celui de la connaissance de soi et de soi-même comme beau, à la fin du chapitre 2 (**2, 35-46**), ou celui de la nécessité de ne faire qu'un avec soi-même pour « devenir le Beau » et « être dans le Beau », au chapitre 11 (**11, 20-21**). Plotin nous rappelle ainsi que la beauté advient et se manifeste toujours par l'unité.

1. *1*, 5, 49.

Conclusion
(13, 22-24)

FAUT-IL ADOPTER UNE AUTRE MÉTHODE POUR FAIRE COMPRENDRE LE « LIEU INTELLIGIBLE » ?

Par conséquent, le beau est là-bas et vient de là-bas. Ce que nous avons dit suffit-il donc pour faire comprendre de façon claire le *lieu intelligible*, ou bien faut-il revenir en arrière et repartir en suivant un autre chemin, comme ceci ? ».

La conclusion, qui peut paraître un peu abrupte, revient sur la notion de « lieu ». Celle-ci, comme c'était déjà le cas pour le *Traité 1* (I, 6), est fondamentale pour l'argumentation, car les deux écrits répondent l'un et l'autre, *in fine*, à la question : « où est le beau ? ». Les nombreuses descriptions qui ont jalonné le *Traité 31* avaient toujours le lieu pour objet, qu'il s'agisse du monde intelligible décrit au chapitre 4 ou du lieu « dé-spatialisé » du chapitre 9. Cette question était aussi présente dès les premières lignes du traité. Dans un mouvement auto-réflexif, Plotin s'interroge sur la validité du discours tenu, de l'exercice proposé et de la « méthode », au sens étymologique de la « route » ou du « chemin que l'on suit », comme en témoigne l'emploi de *hodos* en **13, 24**. Il se proposait, au tout début de son écrit, de conduire à la contemplation de l'Intellect et du monde intelligible et, à travers leur beauté, à celle de l'Un. La première étape est atteinte, la suivante le sera dans le *Traité 32* dont la majeure partie sera consacrée à l'étude, ou plutôt à la quête de l'Un, que Plotin associe à l'Idée du Bien dans la *République* (508c1 et 517b5). C'est en effet cette ultime référence à Platon qui donne tout son sens à la réflexion menée dans le *Traité 31*.

BIBLIOGRAPHIE

Cette liste ne comporte que les ouvrages cités dans le commentaire ou qui se rapportent, d'une manière ou d'une autre, aux problèmes posés par le Traité 31 et sont susceptibles d'apporter un complément d'information au lecteur. Pour Platon, l'édition utilisée est celle des Oxford Classical Texts et pour Aristote, celles des Oxford Classical Texts ou de la collection Budé.

AUTEURS ANCIENS

ALCINOOS, *L'enseignement des doctrines de Platon*, texte établi et commenté par J. Whittaker et traduit par P. Louis, Paris, Les Belles Lettres, 1990.

ANAXAGORE, *Die Fragmente des Vorsokratiker*, éd. par H. Diels, 6ᵉ édition par W. Kranz, Berlin, Weidmann, 1951-1952.

ATTICUS, *Fragments*, texte établi et traduit par É. Des Places, Paris, Les Belles Lettres, 1977.

AUGUSTIN, *Confessions*, texte établi et traduit par P. De Labriolle, Paris, Les Belles Lettres, 1926 [1].

CICERON, *De oratore*, texte établi et traduit par E. Courbaud, Paris, Les Belles Lettres, 2009 (1922 [1]).

– *De Inventione*, texte établi et traduit par G. Achard, Paris, Les Belles Lettres, 2015 (1994 [1]).

CLÉMENT D'ALEXANDRIE, *Stromates*, ed. O. Stählin, Leipzig, J. C. Hinrichs, 2 vol., 1906-1909.

DIOGÈNE LAËRCE, *Vies et doctrines des philosophes illustres*, traduit sous la direction de M.-O. Goulet-Cazé, Paris, Le Livre de Poche, 1999.

ÉCRITS GNOSTIQUES, *La bibliothèque de Nag Hammadi*, édition publiée sous la direction de J.-P. Mahé, P.-H. Poirier, « Bibliothèque de la Pléiade », Paris, Gallimard, 2007.

HERMIAS, *In Platonis Phaedrum scholia*, éd. Carlo M. Lucarini, C. Moreschini, Berlin, De Gruyter, 2012.

HÉSIODE, *Théogonie*; *Les Travaux et Les Jours*, texte établi et traduit par P. Mazon, Paris, Les Belles Lettres, 2014 (1928 [1]).

HOMÈRE, *Iliade*, texte établi et traduit par P. Mazon, t. 1, Paris, Les Belles Lettres, 2009 (1937 [1]).

– *Odyssée*, texte établi et traduit par V. Bérard, t. 1, Paris, Les Belles Lettres, 2002 (1924 [1]).

PHILOSTRATE, « Vie d'Apollonios de Tyane », dans *Romans grecs et latins*, textes traduits par P. Grimal, « Bibliothèque de la Pléiade », Paris, Gallimard, 1958.

– *Galerie de Tableaux*, traduit par A. Boudot, Paris, Les Belles Lettres, 2001.

PINDARE, *Olympiques*, texte établi et traduit par A. Puech, Paris, Les Belles Lettres, 2014 (1922 [1]).

PLATON, *Phédon*, traduit par M. Dixsaut, Paris, GF-Flammarion, 1991.

– *Phèdre*, traduit par Létitia Mouze, Paris, Le Livre de Poche, 2007.

PLINE, *Histoire Naturelle*, Livre VI, 4e partie, texte établi et traduit par J. Desanges, Paris, Les Belles Lettres, 2008.

PLOTINUS on the Good or One [VI, 9 (9)]. An Analytical Commentary, par A. M. Meijer, J.C. Gieben, Amsterdam, 1992.

PLOTIN, *Traité 1*, (I, 6), introduction, traduction, commentaire et notes par A.-L. Darras-Worms, Paris, Cerf, 2007.

– *Traité 1*, texte établi par L. Ferroni, introduction par J.-M. Achard et J.-M. Narbonne, Paris, Les Belles Lettres, 2014 [2].

– *Traité 9* (VI, 9), introduction, traduction, commentaire et notes par P. Hadot, Paris, Cerf, 1994.

– *Traité 38* (VI, 7), introduction, traduction, commentaire et notes par P. Hadot, Paris, Cerf, 1988.

– *Traité 50* (III, 5), introduction, traduction, commentaire et notes par P. Hadot, Paris, Cerf, 1991.

– *Traité 53* (I, 1), introduction, traduction, commentaire et notes par G. Aubry, Paris, Cerf, 2004.

PLUTARQUE, *Isis et Osiris*, texte établi et traduit par Fr. Frazier, Ch. Froidefond, *Œuvres morales*, t. V, 2, Paris, Les Belles Lettres, 1988.

PORPHYRE, *In Platonis Timaeum Commentarorium Fragmenta*, éd. A. R. Sodano, Napoli, Instituto della Stampa, 1964.

– *La Vie de Plotin*, Luc Brisson *et alii*, Paris, Vrin, vol. I, 1982, vol. II, 1992.

– *L'Antre des Nymphes dans l'Odyssée*, traduit par Y. Le Lay, Paris, Verdier, 1989.

SÉNÈQUE, *Lettres à Lucilius*, texte établi par F. Préchac et traduit par H. Noblot, Paris, Les Belles Lettres, 2002 (1964 [1]).

SOPHOCLE, *Œdipe à Colone*, texte établi par A. Dain et traduit par P. Mazon, Paris, Les Belles Lettres, 2013 [2].

XÉNOPHON, *Mémorables*, texte établi et traduit par L.-A. Dorion, Paris, Les Belles Lettres, 2015.

AUTEURS MODERNES

ARMSTRONG A.H., « Beauty and the Discovery of Divinity in the Thought of Plotinus », dans J. Mansfeld, L. de Rijk (éd.), *Kephalaion, Studies offered to C.J. De Vogel*, Assen, 1975, p. 155-163.

– « Plotinus and Christianity : with special reference to II, 9 ([33], 9, 26-83 and V, 8 [33], 4, 27-36 », E.A. Livingstone (éd.), *Studia Patristica, XX : Papers presented to the Tenth International Conference on Patristic Studies held in Oxford 1987, critica, classica, orientalia, ascetica, liturgiuca*, Leuven, Peeters, 1989, p. 83-86.

– « Plotinus on the Origin and Place of Beauty in Thought about the World », dans R. Baine Harris (éd.), *Neoplatonism and Contemporary Thought*, Part II, International Society for Neoplatonic Studies, 10, State University of New York Press, 2002.

AUBRY G., *Dieu sans la puissance,* Dunamis *et* Energeia *chez Aristote et Plotin*, Paris, Vrin, 2007.

– « Personne n'y marcherait comme sur une terre étrangère : présences de Plotin chez Yves Bonnefoy », dans D. Lançon, P. Née (dir.), *Yves Bonnefoy. Poésie, recherche et savoirs*, Actes du colloque de Cerisy-la-Salle, Paris, Hermann, p. 197-198.

BABUT D., « Sur la notion d'imitation dans les doctrines esthétiques de la Grèce classique », *Revue des Études Grecques* n°s 465-466, 1983, p. 82-87.

BEIERWALTES W., « Image and Counterimage ? Reflections on Neoplatonic Thought with respect to its place today », dans *Neoplatonism and Early Christian Thought*, London, 1981.

– « The Love of Beauty and the Love of God », *Classical Mediterranean Spirituality*, ed. by A.H. Armstrong, New York, 1986, p. 293-313.

– « Bellezza : Riflessioni su Plotino, Agostino, Schelling », a cura di M. Bianchetti, *Plotino e l'ontolologia*, Milano, Albo versorio, 2006, 79-93.

BRETON S., « Difficile néoplatonisme. Παυσάμενοι δὲ τοῦ εἶναι ἄνθρωποι... Plotin, *Enn.* V, 8, 7 », *Néoplatonisme. Mélanges offerts à Jean Trouillard*, Cahiers de Fontenay 19-22, ENS Fontenay-aux-Roses, 1981, p. 91-101.

BRISSON L., « *Logos* et *logoi* chez Plotin. Leur nature et leur rôle », dans J.-F. Pradeau (éd.), *Plotin, des principes, Cahiers Philosophiques de Strasbourg*, n° 8, Strasbourg, 1999, p. 87-108.

BROWN P., *The World of Late Antiquity*, W. W. Norton & Company, New York-London, 1989.

CASSIRER E., « Eidos et Eidôlon. Le problème du Beau et de l'art dans les dialogues de Platon », dans *Écrits sur l'art*, trad. fr. par C. Berner, F. Capeillères, J. Carro et J. Gaubert, Paris, Éditions du Cerf, 1995, p. 27-52.

CHARRUE J.-M., *Plotin lecteur de Platon*, Paris, Les Belles Lettres, 1978.

DARRAS-WORMS A.-L., « Art, Beauté et Intelligence. À propos de l'art dans le chapitre 1 du *Traité V, 8* (31) des *Ennéades* de Plotin », *Dioti*, 1 er trim. 1999, n° 4, vol. 2, Ellipses-CRDP Midi-Pyrénées, p. 39-51.

– « La beauté d'Hélène ou la médiation du beau dans les *Traités 31* (V, 8) et *48* (III, 3) de Plotin », *Methodos. Savoirs et textes*, 2010, accessible en ligne sur le site http://methodos.revues.org

DE KEYSER E., *La signification de l'art dans les* Ennéades *de Plotin*, Louvain, 1955.

DODDS E.R., « Tradition and Personal Achievement in the Philosophy of Plotinus », *Journal of Roman Studies* 50, 1960, 4.

– « Numenius et Ammonius », dans *Les Sources de Plotin*, Entretiens sur l'Antiquité classique (5), Genève, Fondation Hardt, 1960, p. 1-32.

DUBOIS J.-D. et TARDIEU M., *Introduction à la littérature gnostique*, t. 1, collections retrouvées avant 1945, Paris, Cerf-CNRS, 1986.

DUFOUR R., *Annexe 1*, « Les Traités 30-33 : un grand Traité ? », dans *Plotin, Traités 30-37*, L. Brisson, J.-F. Pradeau (éd.), Paris, GF-Flammarion, 2006, p. 399-406.

ELSAS C., *Neueplatonische und gnostiche Weltablehnung in der Schule Plotins*, Berlin-New York, de Gruyter, 1975.

EMILSSON E. K., *Plotinus on Sense-Perception : A Philosophical Study*, Cambridge, 1988.

– *Plotinus on Intellect*, Oxford, Clarendon Press, 2007.

FATTAL M., « Beauté et métaphysique chez Plotin : le rôle du « *logos* venu des dieux » dans M. Fattal (éd.), *Logos et langage chez Plotin et avant Plotin*, Paris, L'Harmattan, 2003.

FINBERG H.P.R., « The Filiation of Aesthetic Ideas », *Classical Quaterly*, 20, 1926.

FLETCHER A., *The Theory of a symbolic mode*, Cornell University, 1964, p. 130.

FRAISSE J.-C., « La simplicité du Beau selon Plotin », *Revue de Métaphysique et de Morale*, 88, 1983, p. 53-62.

GARCIA BAZAN F., *Plotino y la gnosis. Un nuevo capitulo en la historia de las relaciones entre el helenismo y el judeocristianismo*, Buenos-Aires, Fund. para la Educ., la Ciencia & la Cultura, 1981.

GRABAR A., « Plotin et les origines de l'esthétique médiévale », dans *Les origines de l'esthétique médiévale*, Paris, Macula, 1992.

GUERRA C., « Porfirio editore di Plotino e la "paideia antignostica" », *Patavium*, 8, fasc. 15, 2000, p. 111-137.

GUIDELLI C., « Verità e arte nel trattato *Sul bello intelligibile* di Plotino », *Rivista di Estetica* (31), 1991, n. 37, p. 13-38.

HADOT P., « Être, Vie, Pensée chez Plotin et avant Plotin », dans *Les sources de Plotin*, Entretiens de la Fondation Hardt, t. V, Genève, 1960, p. 105-141.

- *Plotin ou la simplicité du regard*, Paris, 1973 [3].
- « Le mythe de Narcisse et son interprétation par Plotin », *Nouvelle Revue de Psychanalyse*, 13, 1976, p. 81-108.
- « Les niveaux de conscience dans les états mystiques selon Plotin », *Journal de Psychologie*, 77, 1980, p. 243-266.
- « Images mythiques et thèmes mystiques dans un passage de Plotin (V, 8, 10-13) », *Néoplatonisme. Mélanges offerts à Jean Trouillard*, Cahiers de Fontenay 19-22, ENS Fontenay-aux-Roses, 1981, p. 205-214.
- « Ouranos, Cronos and Zeus in Plotinus'Treatise against the Gnostics » dans Neoplatonism and Early Christian Thought, H. J. Blumenthal, R. Marcus (éd.), London, Variorum Reprint, 1981, p. 124-137.
- « Gnostiques I. Le Gnosticisme » *Dictionnaire de l'histoire du christianisme*, Paris, Encyclopædia Universalis et Albin Michel, 2000, p. 453-463.
- *Exercices spirituels et philosophie antique*, Paris, Albin Michel, 2002 [2].
- *Études de patristique et d'histoire des concepts*, Paris, Les Belles Lettres, 2010.

HARDER R., « Eine neue Schrift Plotins », *Hermes Zeiteschrift für Klassique Philologie*, 71, 1936, p. 1-10.

HOFFMANN Ph., « Le discours de Diotime. Les étapes de l'initiation à la Beauté », dans M. Groneberg (éd.), *Salut Socrate. Le* Symposium *de Platon adapté pour la scène*. Nouvelle traduction, commentaires, contributions, Centre de Traductions Littéraires, Lausanne, p. 197-216.

- « L'expression de l'indicible dans le néoplatonisme grec, de Plotin à Damascius », dans C. Lévy, L. Pernot (éd.), *Dire l'évidence (philosophie et rhétorique antiques)*, Cahiers de philosophie de l'Université de Paris XII-Val de Marne, n° 2, Paris, 1997, p. 335-390.

GOULET-CAZÉ M.-O., « L'édition porphyrienne des *Ennéades* », dans Porphyre, *La Vie de Plotin*, Paris, Vrin, 1982, p. 280-327.

INVERSEN H., *The myth of Egypt and its hieroglyphy*, Copenhague, 1961.

JURASZ I., « L'Intellect-Kronos chez Plotin. La place du mythe dans la noétique plotinienne », *Methodos. Savoirs et textes*, 2016, accessible en ligne sur le site http: //methodos.revues.org].

LAURENT J., « Plotin et la beauté de Zeus », *Archives de Philosophie* (61, 2), 1998, p. 251-267.

– « La beauté du dieu cosmique », dans J. Laurent (éd.), *Les dieux de Platon*, Caen, Presses Universitaires de Caen, 2003, p. 25-40.

– *L'éclair dans la nuit. Plotin ou la puissance du Beau*, Chatou, La Transparence, 2011.

L'ORANGE H.P., « The Portrait of Plotinus », *Cahiers archéologiques – Fin de l'Antiquité et Moyen Âge*, 1951, p. 15-30.

MARESTAING P., *Les écritures égyptiennes et l'antiquité classique*, Paris, 1913.

MOREAU J., « Origine et expression du Beau suivant Plotin » dans *Néoplatonisme. Mélanges offerts à Jean Trouillard*, Cahiers de Fontenay n os 19-22, Mars 1981, p. 249-263.

MOTTE L., « L'hiéroglyphe, d'Esna à l'Évangile de Vérité [Plotinus'account], *Deuxième journée d'Études coptes, Strasbourg, 25 mai 1984*, Cahiers de la Bibliothèque copte, 3, Louvain-Paris, Peeters, 1986, p. 111-116.

NARBONNE J.-M., « Action, contemplation et intériorité dans la pensée du Beau chez Plotin », *Dioti* (4), Toulouse, CRDP Midi-Pyrénées, 1998, p. 63-73 ; *Philopsis* (en ligne : http://www.philopsis.fr)

– *Plotinus in Dialogue with the Gnostics*, Leiden-Boston, Brill, 2011.

OLIVEIRA L. « A genealogia mítica Urano, Cronos e Zeus em Plotino », *Revista de Estudos Filosóficos e Históricos da Antiguidade* 25, 2008, p. 109-133.

O'MEARA D., « Gnosticism and the Making of the World in Plotinus », dans B. Layton (éd.), *The Rediscovery of Gnosticism*, Leiden, E. J. Brill, 1980, vol. I, p. 365-378.

– « Le problème du discours sur l'indicible chez Plotin », *Revue de Théologie et de Philosophie*, 122, 1990, p. 145-156.

– *Plotin. Une introduction aux* Ennéades, Fribourg-Suisse-Paris, Cerf-Éditions Universitaires de Fribourg, 1992.

– « Textes de Plotin sur la beauté : initiation et remarques », dans *Art et Vérité*, I. Schüssler, R. Célis, A. Schild (éd.), Lausanne, Genos, 1996, p. 56-68.

– « The hierarchical ordering of reality », dans L. P. Gerson (éd.), *The Cambridge Companion to Plotinus*, Cambridge University Press, 1996, p. 66-81.

PANOFSKY E., *Idea. Contribution à l'histoire du concept de l'ancienne théorie de l'art*, trad. fr. par H. Joly, Paris, Gallimard, 1983.

PÉPIN J., « L'épisode du portrait de Plotin » dans Porphyre, *La Vie de Plotin*, t. II, Paris, Vrin, 1992, p. 301-334.

PERNOT L., « Phidias à la barre », dans L. Pernot (éd.), *La rhétorique des arts*, Actes du colloque tenu au Collège de France en 2009, Paris, P.U.F., 2011, p. 11-35.

– « La concentration intellectuelle de Plotin (Porph., *Vit. Plot.* 8) », *Revue des Études Grecques*, t. 125, Janvier-Juin 2012, p. 131-157.

RICH A.N.M., « Plotinus and the Theory of Artistic Imitation », *Mnemosyne*, 13, 1960, p. 233-239.

ROLOFF D., *Plotin. Die Grossschrift III, 8; V, 8; V, 5; II, 9*, Berlin, de Gruyter, 1970.

RAPPE S.L., « Metaphor in Plotinus'Enneads V, 8, 9 », *Ancient Philosophy* (15, 1), 1995, p. 155-172.

SCHNIEWIND A., *L'éthique du sage chez Plotin. Le paradigme du* spoudaios, Paris, Vrin, 2003.

SCHÖNDORF H., *Plotins Umformung der platonischen Lehre vom Schönen*, Bonn, 1974.

SCOPELLO M., *Les Gnostiques*, Paris, Cerf, 1991.

TARDIEU M., « Gnostiques II. Les Collections gnostiques », *Dictionnaire de l'histoire du christianisme*, Paris, Albin Michel, Paris, Encyclopædia Universalis et Albin Michel, 2000, p. 463-473

TROUILLARD J., *La procession plotinienne*, Paris, 1955.

VASSALLO Ch., *La dimensione estetica nel pensiero di Plotino. Proposte per una nuova lettura dei trattati* Sul bello *e* Sul bello intelligibile, Napoli, Giannini Editore, 2009.

WHITTAKER J., « *Epékeina noû kai ousias* », *Vigiliae Christianae*, XXIII, 1969.

WOLTERS A. M., « Notes on the structure of *Enneads* II, 9 », dans H. van der Goot (éd.), *Life is Religion. Essays in Honor of Evan Runner*, St Catherine, Ontario, 1981, p. 93-94.

ZAGDOUN M.-A., *La philosophie stoïcienne de l'art*, Paris, CNRS Éditions, 2000.

– *L'esthétique d'Aristote*, Paris, CNRS Éditions, 2011.

INDEX

INDEX DES TEXTES CITÉS PAR PLOTIN DANS LE *TRAITÉ 31*

Il s'agit des textes que Plotin cite littéralement ou auxquels il peut faire allusion. Pour les références bibliographiques, voir la bibliographie. Pour Platon, l'édition utilisée est celle des Oxford Classical Texts et pour Aristote, celle de l'édition Bonitz.

INDEX DES TEXTES

Plotin

AUTEURS DE L'ANTIQUITÉ EN DEHORS DE PLOTIN

Pour les références bibliographiques, voir la bibliographie.
Pour les auteurs cités par Plotin, voir p. 271.

INDEX DES AUTEURS MODERNES

INDEX DES TERMES GRECS

Cet index rassemble un certain nombre de mots grecs employés par Plotin dans le Traité 31. *Ils ont été choisis surtout dans la mesure où ils sont liés aux thèmes fondamentaux du traité. Les chiffres gras devant les vocables seront utilisés dans l'index général pour permettre au lecteur de retrouver, dans le présent index grec, le mot grec correspondant à tel ou tel concept signalé dans l'index général. Les chiffres entre parenthèses correspondent aux chapitres et aux lignes du* Traité 31.

INDEX GÉNÉRAL

Les numéros entre parenthèses et en caractères gras renvoient aux numéros placés devant les vocables dans l'index grec.

TABLE DES MATIÈRES

PLOTIN
TRAITÉ 31, *De la Beauté Intelligible*

TABLE DES MATIÈRES

TABLE DES MATIÈRES

COMMENTAIRE

ACHEVÉ D'IMPRIMER
EN JUILLET 2018
SUR LES PRESSES
DE
L'IMPRIMERIE F. PAILLART
À ABBEVILLE

DÉPÔT LÉGAL : 3e TRIMESTRE 2018
No. IMP. 16024